토크 지저스

III

예
수
이
야
기

KB191850

토크 지저스 Ⅲ 예수 이야기

발행일	2021년 3월 5일

편저자	임동훈		
펴낸이	손형국		
펴낸곳	(주)북랩		
편집인	선일영	편집	정두철, 윤성아, 배진용, 김현아, 이예지
디자인	이현수, 한수희, 김민하, 김윤주, 허지혜	제작	박기성, 황동현, 구성우, 권태련
마케팅	김회란, 박진관		
출판등록	2004. 12. 1(제2012-000051호)		
주소	서울특별시 금천구 가산디지털 1로 168, 우림라이온스밸리 B동 B113~114호, C동 B101호		
홈페이지	www.book.co.kr		
전화번호	(02)2026-5777	팩스	(02)2026-5747

ISBN	979-11-6539-655-8 04230 (종이책)	979-11-6539-656-5 05230 (전자책)
	979-11-6539-635-0 04230 (세트)	

(주)북랩 성공출판의 파트너

북랩 홈페이지와 패밀리 사이트에서 다양한 출판 솔루션을 만나 보세요!

홈페이지 book.co.kr • **블로그** blog.naver.com/essaybook • **출판문의** book@book.co.kr

성경 속 인물 중심으로 예수 마음 닮아 가기

토크 지저스

III

예수 이야기

임동훈 편저

410편의 바이블 대하드라마,
반전과 반전의 파노라마가 펼쳐진다!

역사 속의 히어로를 통해
하나님의 사랑과 구원을 찾아라!

북랩 book Lab

1

〈토크 지저스〉(Talk Jesus, 예수를 말하라)의 원문은 'Talk torque of Jesus christ!(예수 그리스도의 회전력을 말하라!)'이다. 눈을 부릅뜨고 우주를 바라보라! 예수를 중심축으로 돌아가는 회전력이 얼마나 대단한지를 금방 알게 될 것이다. 우주 만물을 다 밀어내고도 남을 만한 원심력을 가지고 있다. 아무리 큰 초대형 태풍이나 토네이도도 지구의 해구까지 들어 옮길 수는 없다. 하지만 그리스도의 원동력은 우주의 블랙홀까지도 능히 빨아들일 수 있다.

제1권은 〈아브라함 이야기〉로 하나님의 우주 창조와 아담과 이브, 노아, 족장, 욥, 모세, 여호수아, 사사, 사무엘 등 110회, 제2권은 〈다윗 이야기〉로 통일 왕국과 분열 왕조, 다니엘, 에스더, 에스라, 느헤미야, 학개, 스가랴, 말라기 등 120회, 제3권은 〈예수 이야기〉로 신구약 중간기 30회, 4복음서 100회, 사도행전 50회로 모두 180회다. 따라서 본서는 총 3권으로 '바이블 410 대하드라마'로 구성되었다. 그리고 제4권은 〈교회 이야기〉로 온 세상 성도들에 의해 쓰여 지고 있으며, 제5권은 〈심판 이야기〉로 예수 그리스도의 재림 후 드러날 것이다.

본서는 성경 속의 인물 이야기로 구약의 제사, 제도, 율법, 설교, 시, 잠언, 예언서 등이 빠졌으며, 신약의 서신과 계시록도 제외되었다. 대신 하스몬 왕조와 헤롯 왕가 등 신구약 중간사가 들어갔다. 따라서 문자나 문장에 큰 의미를 두기보다는 문맥을 통해 이어지는 이야기의 흐름을 보아야 한다. 당시의 문화나 문학 양태 등을 유심히 살펴보고, 역사 속의 히어로를 통해 드러내시는 하나님의 사랑과 구원을 향유해야 한다.

성경은 하나님의 영감으로 기록되어 신령한 은혜가 깃들어 있다. 원칙적으로 일점일획도 빼거나 더할 수 없다. 우리를 향하신 하나님의 사랑이 변질되거나 퇴색할 우려가 있기 때문이다. 하지만 본서는 성경 인물에 따라 구성한 이야기책으로 필요에 따라 뺄 것은 빼고 줄일 것은 줄였으며, 의역한 경우도 더러 있다.

한 폭의 그림이 천 문장을 능가하고, 한 편의 메타포(은유)가 천 폭의 그림을 상회한다는 말이 있다. 사실 성경 속의 인물 이야기를 통한 예수 그리스도의 사랑과 구원의 메타포, 그 의미가 너무나 크고 심오하다. 어느 때는 세상에서 가장 좋은 소식으로 다가오지만, 어느 때는 정말 절망적이고 슬픈 이야기로 다가온다. 하지만 그 어떤 이야기 속에서도 우리를 향한 하나님의 사랑만은 결코 변하지 않는다. 따라서 그에 대한 응답은 반드시 내가 해야 하고, 그에 따른 보고서도 내가 직접 써서 제출해야 한다.

2

〈예수 복음(2015, 북랩)〉은 세상에서 가장 로맨틱한 그리스도의 러브 스토리다. 하나님의 아들이 성육신하여 세상을 구원한 이야기로

아가페 사랑의 진수를 보여준다. 이는 2000년 전의 역사적 예수를 다큐멘터리 드라마로 재구성한 것이다. 마가, 마태, 누가, 요한에 의해 순차적으로 기록된 복음서를 하나로 통합하고, 사도행전 이야기를 덧붙여 편집하였다. 따라서 〈예수 복음〉을 통해 하나님의 지극한 사랑을 엿볼 수 있고, 〈토크 지저스〉를 통해 예수의 무한한 구원을 맛볼 수 있다.

성경은 읽기 쉬워도 이해하기 무척 어려운 책이다. 정경 66권이 1600년 동안에 걸쳐 40여 명의 다양한 저자에 의해 기록되었다. 각 시대의 정치적 상황과 문화적 배경이 다 다르고, 시간과 도량형, 상징과 비유 등도 지금과 같지 않다. 성경 역사와 고고학을 살펴보고 성령의 영감과 조명도 받아야 하지만, 하늘보다 높고 바다보다 깊게 응축된 이야기를 다 이해하기란 불가능하다. 따라서 성경의 맥을 짚고 핵심을 찾는 것이 중요하다.

성경 속의 역사적 큰 줄기는 대체로 간단하다. 태초부터 전승한 〈아담 이야기〉, BC 30세기 〈노아 이야기〉, BC 20세기 〈아브라함 이야기〉, BC 15세기 〈모세 이야기〉, BC 10세기 〈다윗 이야기〉, 그리고 2000년 전 〈예수 이야기〉와 AD 1세기 〈사도들 이야기〉가 전부다. 그리고 지금은 〈교회 이야기〉가 전개되고 있으며, 마지막 때는 〈심판 이야기〉가 드러날 것이다.

인류의 역사는 우주의 시간이 시작된 이래 일직선상의 종말을 향해 나아가고 있으며, 예수 그리스도를 중심축으로 끊임없이 돌아가는 회전력과 구심력 안에서 진행되고 있다. 그 엄청난 구동력과 제동력에 의해 우리는 언젠가 레쉬트(창조) 이전의 아르케(태초)로 다시 들어갈 것이다. 창조 이래 아무도 본 적이 없고, 그 어떤 말로도 표명할 수 없는, 더할 나위 없이 청청하고 신성한 하늘나라가 우리 앞에 여실히 드러날 것이다.

필자는 이야기를 읽기 쉽고 이해하기 쉽게 쓰려고 노력하였으나, 그럴수록 점점 더 말이 꼬이고 어려워진다는 사실을 깨달았다. 쉽게 쓰든 어렵게 쓰든, 인간적 방법에는 한계를 느낄 수밖에 없었다. 이후 필자의 생각을 최대한 내려놓고, 약 1년간에 걸쳐 이야기의 주인공을 찾아 시대순으로 배열하였다. 따라서 본서를 통해 특별한 교훈이나 새로운 교리를 찾으려고 애쓸 필요는 없다고 본다.

3

성경은 아브라함과 다윗의 자손, 예수 그리스도의 이야기책이다. 어떤 사람은 단역 배우로, 어떤 사람은 남의 배역으로서 나름의 역할을 수행하였다. 어느 때는 준엄한 심판의 표적이 되기도 하고, 어느 때는 지극한 구원의 대상이 되기도 하였다. 실로 성경은 세상에서 가장 기쁜 소식이 되기도 하지만, 정말 무섭고 떨리는 경고장이 되기도 한다. 우리의 일거수일투족을 비춰주는 천리경이 되기도 하고, 각자의 마음속 생각을 속속들이 들춰내는 자명종이 되기도 한다.

성경에는 율법이나 설교, 예언, 노래, 편지, 격언, 시, 이야기, 소설, 수필 등 다양한 문학 장르가 들어 있다. 저자도 농부와 어부, 왕과 예언자, 세리와 의사 등 각계각층의 인물로 구성되었다. 이를 어떻게 이해하고 받아들여야 좋을까? 모든 성경이 하나님의 말씀인바 문자대로 복종해야 할까? 아니다. 영혼을 파괴하는 근본주의와 육신을 파멸하는 과격주의가 여기서 나온다. 하나님의 뜻은 아랑곳하지 않고 조문에 얽매여 자기만의 도그마를 만들기 때문이다. 그렇다면 현실에 맞게 재해석하고 적용해야 할까? 이는 더욱 위험하다.

하나님 아버지의 공의와 심판, 예수 그리스도의 사랑과 구원, 보혜사 성령의 인도와 도움이 우리에게 꼭 필요한 이유가 여기에 있다. 우리의 얄팍한 지식은 반드시 절제되고 또 절제되어야 한다. 자칫하면 생사람을 잡고도 남게 된다.

"안식일에 일하는 자는 반드시 죽여야 한다."

이 말씀으로 안식일에 나무를 한 사람이 돌에 맞아 죽었다.

"사람이 안식일을 위해 있는 것이 아니라 안식일이 사람을 위해 있는 것이다!"

이 말씀으로 죽을 수밖에 없는 사람들이 숱하게 살아났다.

"너희가 사람이 만든 장로의 유전을 지키려고 하나님이 제정하신 계명을 교묘히 범하고 있다!"

이것이 성경을 연구하고 가르치는 학자들의 한계이다.

우리는 성경 이야기 속으로 과감히 뛰어 들어가 나를 주인공으로 맞아야 한다. 태초부터 시작된 시간 여행을 계속하며 나에게 주어진 역할을 떳떳이 수행해야 한다. 그때 정말 찌릿하고 긴장감 도는 인생의 참맛을 느끼게 된다.

"아, 그래! 여기서 그게 잘못됐어!"

"이건 내가 바라는 바가 아니야!"

"오, 주여! 이 죄인을 용서하소서!"

"이제 다시 한번 해 보겠습니다!"

성경에는 조연을 두지 않는다. 아무리 하찮은 인물도 그가 주인공이요, 나의 배역으로서 역할을 충실히 감당하고 있다. 나발 이야기 속에서 내가 나발이고 다윗이며 아비가일이다. 어쩌면 가룟 유다일 수도 있고, 아나니아나 삽비라일 수도 있다. 발람의 꼬임에 빠진 고스비 사건의 주인공일 수도 있다. 여기서 우리는 무엇을 어떻게 적용하고, 우리가 왜 작은 예수로 살아야 하는지를 깨닫게 된다. 우리는 성경 속의 주인이지 손님이 아니다.

"맞아, 이게 나야! 나를 대신할 사람은 바로 나밖에 없어!"

4

영성은 하나님의 마음이다. 나의 얄팍한 선입견과 고정관념을 다 내려놓아야 한다. 성령이 나에게 임해야 성경 속의 주인공을 만날 수 있다. 모르는 것은 모르는 대로 그냥 놔두고, 현실과 맞지 않은 것은 덮어두어야 한다. 이보다 더 좋은 방법은 없다. 현실에 맞춰 재해석할 필요도 없다. 나의 기준으로 재단하고 판단하지 마라. 독선과 아집이 오만을 낳는다. 성경에 아첨하여 우상화하거나 무리하게 풀다가 이단이 된다.

우리는 우리의 예배 방법이나 봉사 활동까지 다시 살펴보아야 한다. 혹시 예배와 헌금, 교제와 섬김 등이 바알의 풍요와 안녕을 추구하는 수단이나 방편이라면, 그 즉시 내려놓아야 한다. 하나님과의 관계성을 파괴하여 인성과 영성을 동시에 무너뜨릴 수 있다. 이는 사탄의 전형적인 함정이다. 여기에 걸려들면 헤어날 길이 없다.

사실 영성은 하나님과의 진지한 만남과 교제를 통해 이루어지고, 그에 따른 열매로 하나님을 사랑하고 이웃을 사랑하는 것이다. 이게 본질이다. 그밖에 어떠한 종교적 의식이나 신앙적 절차도 필요치 않다. 그래서 주님은 예배 방법이나 장소보다 예배자의 마음가짐이 더욱 중요한바, 영과 진리로 예배를 드리라고 하셨다.

하나님의 계시를 나의 생각이나 유익의 틀에 꿰맞추지 말아야 한다. 자칫하면 선천적 본능이나 후천적 욕심에 사로잡혀 마귀의 올무에 걸리게 된다. 그래서 수많은 교파가 생겨나고 교권주의가 난립하게 되었다. 이는 정말 부끄럽고 민망한 일이다. 그것이 좋든 나쁘든, 나의 기준이 아니라 하나님의 경륜에 초점을 맞춰야 한다. 성경은 역사나 소설이 아니다. 과학이나 도덕은 더욱 아니다. 잘못하면 성령의 프리즘을 통해 다양하게 나타날 나의 스펙트럼을 소멸할 수 있다.

지중해 세계의 전쟁 이야기는 춘추 시대의 삼국지를 능가할 정도로 서스펜스하고 스펙터클하게 이어진다. 하지만 성경 속의 전쟁사는 영웅호걸들의 패권 다툼이나 주도권 쟁취가 목적이 아니다. 전쟁마다 택하신 백성을 구원으로 인도하시는 하나님의 신비로운 손길이 스며있다. 하나님의 계획은 우리의 생각을 훨씬 뛰어넘어 온 인류의 역사를 아우르며, 보편적이고 총체적인 파레시아의 정의를 구현하고 있다. 이것이 성경 이야기를 통해 우리가 맛볼 수 있는 가장 고귀한 특권이요, 고상한 은총이다.

5

신앙은 하나님을 섬기며 기뻐하고 즐거워하는 일이다. 반드시 작은 예수로 살아야 한다. 이것이 신앙인의 웰니스(Wellness) 시스템이다. 예수 없이 단 한시도 참 평화와 자유와 기쁨을 누릴 수 없다. 예수 믿고 죽어서 천국만 들어가면 된다는 생각은 정말 안이하고 무책임하다. 그렇게 살다가 인생을 망친 사람들의 이야기가 세상에 즐비하다.

우리에게 주어진 100년의 카이로스 시간은 1,200개월로 36,500일이다. 이 시간 안에 우리는 지구촌 순례자로서 사명을 마쳐야 한다. 나는 나로서 오직 나만의 휴먼 스토리를 써 나가야 한다. 하지만 사탄이 지배하는 물질주의 세상에서 작은 예수의 삶이 결코 쉬운 일이 아니다. 그렇다고 전혀 불가능한 일도 아니다. 그래서 바울이 의인은 믿음으로 말미암아 산다고 하였다.

독일 출신의 간호 선교사 서서평은, 1912년 조선에 들어와 22년 동안 빈민과 병자, 불우한 여성을 위해 인생을 통째로 바쳤다. 그녀의 신조는 'Not Success but Service!(성공이 아니라 섬김이다!)'였다. 이웃을 위해 자신을 드리고 헌신할 때, 예수 그리스도의 웰니스 길을 온전히 걸어갈 수 있으며, 영원한 생명을 풍성히 누리게 된다.

성숙한 신앙인은 굳이 초자연적 계시나 기적을 요구하지 않는다. 오히려 평범한 일상 속에서 주님과 함께하기를 기뻐한다. 요셉이나 다윗 이야기를 통해 우리는 예수 그리스도의 마음을 엿볼 수 있다. 그들은 범사에 주님의 임재를 경험하며 자기중심에 확실히 모시고 살았다. 기적과 표적을 통한 순탄한 꽃길이 아니라, 고난과 시험을 통해 험난한 가시밭길을 걸었다. 언제 어디서나 주님만 믿고 의지하였으며, 모든 일을 묵묵히 참고 견디며 자기희생을 마다하지 않았다.

어떤 사람은 성경을 통해 고고한 진리를 찾거나 심오한 도덕성을 회복하려고 애쓴다. 이는 정말 무익하고 헛된 일이다. 그러면 그럴수록 점점 더 큰 실망과 좌절감만 맛보게 될 것이다.

6

교회는 예수 그리스도의 몸이다. 사도들이 전수한 초대교회로 돌아가야 한다. 아울러 우리는 반드시 예수 그리스도의 품에 안겨야 한다. 이것이 오늘날 교회의 가장 시급하고 절박한 과제이다. 그래서 예수님은 호세아 6장 6절의 말씀을 가장 많이 인용하셨다.

"너희는 가서 '내가 자비를 원하고 제사를 원치 않는다!'고 한 말씀이 무슨 뜻인지 먼저 배워라!"

오늘날 교회는 사탄의 꼼수에 여지없이 걸려들었다. 현세의 가룟 유다는 오만한 목사와 거만한 장로다. 이들의 지옥행은 불을 보듯 뻔하다. 회개와 기도, 섬김과 나눔이 없는 교회는 허구이며, 하나님이 가장 가증히 여기신다.

금전이나 권세, 명예나 인기, 오락이나 쾌락 등은 풍요의 우상인 바알의 배설물이다. 바알이 공들여 쌓은 바벨탑으로 마귀가 가장 즐겨 사용하는 무기요, 미끼이다. 이는 세속적 사람에게 치명적으로 다가오지만, 영성적 사람에게는 아무 힘도 발휘하지 못한다. 실로 주님은 온 세상의 부귀영화와 권세, 명예를 다 주겠다는 지상 최고의 유혹을 받고도 일언지하에 거절하셨다.

사람의 선천적 본능이나 후천적 욕구는 그야말로 과유불급이다. 하나님께서 각자의 믿음을 테스트하기 위해 특별히 마련하신 경험 커리큘럼이다. 임의로 사용할 수 있는 자유도 주셨지만, 절제하고 통제할 책임도 아울러 주셨다는 것이다. 어쩌면 에덴동산의 선악과 열매일 수도 있고, 우리의 육신을 콕콕 찌르는 아픈 가시일 수도 있다.

예수는 우리를 성경 속의 이야기 안으로 과감히 초대하고 있다. 반추 동물이 여러 개의 위로 쉬지 않고 되새김질하며 자기 몸에 자양분을 공급하듯, 이 책을 읽고 기도하고 묵상하며 작은 예수로 살아내라고 독려하신다.

7

충성은 지극히 작은 부분까지 정성껏 섬기는 일이다. 어떤 목사가 아주 작은 교회를 섬기며 매사에 정성을 다하고 있었다. 하찮은 것 하나하나까지 최선을 다하는 모습이 정말 아름다웠다.

　어느 날 보니 그것이 차곡차곡 쌓여 열매를 맺었다. 아무짝에도 쓸모없어 보이던 건물 모서리에 핀 꽃까지 참 아름다웠다. 나아가 그 충성이 이웃을 살리고, 교회를 세우며, 하나님의 나라를 확장하고 있었다.

　그런데 세월이 지나자, 그 모든 것이 기부 은행에 차곡차곡 쌓여 마당에 끝없이 펼쳐져 있었다. 게다가 자기 필요에 따라 언제든지 그것을 갖다 쓸 수 있었다. 다른 사람에게 다시 나눠줄 수도 있었다. 그야말로 작은 정성 하나하나가 빠짐없이 하늘은행 통장에 모두 쌓여 있었던 것이다. (이는 2020. 12. 23 새벽에 본 환상이다.)

　우리 주님은 간음한 여인을 재판하는 과정에서 오직 몇 글자만 땅바닥에 썼을 뿐이다. 하지만 세상에서 가장 많은 이야기책을 남기셨다. 우리는 이 책을 반드시 먹어야 하며, 그래야 작은 예수로 살아낼 수 있다.

　'나는 그대가 진리 안에서 진실하게 살고 있다는 소식을 듣고 무척 기뻤습니다.(요한3서 1장 3절)'

2020. 12

예수나라 청지기

제3권
예수 이야기

제2편 구세주 이야기

제3편 사도들 이야기

제1편

마카비 이야기

(개요) BC 722년 북 이스라엘은 아시리아에 멸망하고, BC 586년 남 유다는 바빌론에 멸망한바, 백성은 포로로 잡혀갔다. 아시리아는 BC 608년 바빌론에, 바빌론은 BC 539년 메디아와 페르시아에 멸망하였다. 메디아는 페르시아에 합병되고, 키루스 왕의 식민지국 유화정책에 따라 유다 백성이 70년 만에 귀환하였다.

BC 538년 스룹바벨이 1차, BC 458년 에스라가 2차, BC 432년 느헤미야가 3차로 유대인을 인도하여 고향으로 돌아왔다. 스룹바벨이 성전을 재건하고, 느헤미야가 성벽을 수축하였다. 학개와 스가랴, 말라기 등이 BC 430년경 구약의 마지막 예언자로 활동하였다. 이후 신약의 세례 요한이 성경의 역사에 등장하는 약 400년 동안을 신구약 중간기라 한다.

그즈음 이스라엘의 신본주의 헤브라이즘과 그리스의 인본주의 헬레니즘의 문화적 충돌이 크게 일어났고, 유대인 가운데서도 신본주의를 고수한 바리새파, 인본주의를 수용한 사두개파, 수도원주의를 강조한 에세네파 등의 파벌이 등장하였다. 특히 사두개파는 부활과 천사와 영까지 부인하여 바리새파와 심각한 교리적 갈등을 빚기도 하였으며, 바리새파 중에서도 진보적 힐렐 학파와 보수적 샴마이 학파가 형성되었다. 성경을 필사하는 전문가 그룹도 생겨나 서기관이라 불렀다.

BC 175년 셀류코스 왕위에 오른 안티오코스 4세 에피파네스가 유대인에게 그리스 문화를 받아들이라고 강요하였다. 많은 유대인이 왕의 명령에 따랐으나 마카비 집안이 그에 저항하며 반란을 일으켰다. BC 168년 왕이 예루살렘 성전에 제우스 신상을 세우고, 유대인이 가장 싫어하는 돼지를 제물로 바치게 하였던바, 그야

말로 유대인의 자존심을 깡그리 뭉개버렸다.

BC 167년 모데인 지방의 제사장 맛다디아가 셀류코스 왕조에 반기를 들고 일어났다. 처음에는 신앙의 지조를 지키기 위한 싸움이었으나, 점차 종교와 애국심이 결합된 독립운동으로 전환되었다.

BC 166년 맛다디아가 죽고 그의 아들 유다 마카비가 지휘관이 되었다. 그가 3년 반 동안의 전쟁 끝에 BC 164년 성전을 정화하여 봉헌하고, 하누카라는 빛의 축제를 8일간 지켰다.

BC 160년 마카비가 전사하자 그의 동생 요나단이 BC 142년까지 군사령관과 대제사장의 직분을 수행하였다. 요나단의 사후에는 그의 형 시몬이 최고 지도자로서 시리아군과 대결하여 완전히 격퇴한바, 비로소 독립 국가로서 하스몬 왕조가 세워지게 되었다.

BC 134년 시몬이 죽자 그의 아들 요한 힐카누스가 BC 104년까지 다스렸다. 이후 아리스토블루스 1세, 알렉산더 얀네우스, 살로메 알렉산드라, 힐카누스 2세와 아리스토블루스 2세까지 왕조가 이어졌으나 잦은 내분으로 빌미를 제공한바, BC 63년 폼페이우스에 의해 로마의 속국으로 전락하고 말았다.

BC 47년 이두매 지방의 안티파테르가 로마의 율리우스 카이사르에 의해 유대의 총독으로 부임하였다. 이어서 BC 37년 그의 아들 헤롯이 유대의 왕이 되었고, AD 94년까지 4대에 걸쳐 130년 동안 헤롯 왕가가 이어졌다.

당시 혼혈인이라는 이유로 유대인과 갈등을 빚던 사마리아인은 그들의 성경을 따로 만들어 사용하였고, 예루살렘이 아닌 그리심 산에 성전을 세우고 따로 예배를 드렸다.

한편 BC 3세기부터 1세기까지 약 200년 동안에 걸쳐 편찬한 70인역 성경이 나왔다. 이스라엘 12지파에서 6명씩 차출된 72명의 장로와 학자들이 참여하였고, 그들이 이집트 알렉산드리아에 모여 히브리 성경을 헬라어로 번역한바, 하나님의 말씀이 온 세상에 전파되는 기회가 되었다.

알렉산더

만물이 그로 말미암고 그를 위해 창조되었다

BC 331년 마케도니아 왕 알렉산더가, 가우가멜라 전투에서 페르시아 왕 다리우스 3세를 쳐부수고 동방의 패권을 잡았다. 그리스와 페르시아, 이집트와 인도까지 이르는 역사상 가장 큰 제국을 이루었다. 그가 식민지국의 언어와 문화 등을 통일한바, 그리스 문화와 오리엔트 문화가 융합된 헬레니즘 문화가 형성되었고, 코이네 헬라어는 세계 공용어가 되었다.

알렉산더 왕이 12년간 통치하고, BC 323년 33세의 나이로 죽었다. 그가 죽기 전에 자기와 함께 자라난 측근 장군들을 불러 제국을 4개로 나눠주었다. 그들은 카산드로스, 리시마코스, 셀류코스, 프톨레미였고, 모두 왕위에 올라 대를 이어가며 집권하였다.

이후 북쪽은 셀류코스 왕조가, 남쪽은 프톨레미 왕조가 강력한 세력으로 자리를 잡았던바, 그들 사이에 끼인 이스라엘 백성은 이쪽저쪽 눈치를 살피며 어려움을 겪을 수밖에 없었다.

2

안티오코스(1)

지금도 많은 적그리스도가 일어나고 있다

그리스 제국에서 죄악의 뿌리가 돋아났다. 로마에 인질로 끌려간 안티오코스 4세 에피파네스가 왕이 되었다. 그때 반역자들이 나타나 이스라엘 백성을 선동하였다.

"이제 우리도 이방인과 함께합시다. 그들을 배척하고 우리가 얼마나 많은 고통을 당했습니까?"

그 말이 그럴듯하여, 여러 사람이 왕에게 달려가 이방인들의 풍습을 받아들이겠다고 청하여 승낙을 받았다. 그들이 예루살렘에 운동장을 세우고, 거룩한 언약을 폐기하고, 할례받은 흔적을 없애고, 이방인들과 함께함으로써 자기 민족을 팔고, 악에 가담하였다.

안티오코스는 왕국을 튼튼히 세운 후, 이집트까지 지배하려고 야심을 품었다. 대군을 거느리고 병거, 코끼리, 기병, 함대 등을 앞세워 이집트로 쳐들어갔다. 이집트 프톨레미 왕이 많은 사상자를 내고 도망쳤다. 그가 여러 요새 도시를 점령하고 많은 전리품을 빼앗았다.

이집트를 정복한 안티오코스가 회군하면서, 대군을 이끌고 예루살렘에 쳐들어왔다. 그들이 성전 깊숙이 들어가 금제단, 등경과 부속물, 제사상, 술잔, 그릇, 금향로, 휘장, 관 등을 모조리 약탈하고, 성전 정면에 씌운 금장식까지 벗겨 가져갔다. 금은은 물론 값비싼 기물들을 모두 빼앗고, 감춰둔 보물까지 찾아 훔쳐갔다. 그리고 많은 사람을 죽인 후, 오만불손한 욕설을 남기고 자기 나라로 돌아갔다.

이스라엘 방방곡곡에 큰 슬픔이 찾아왔다. 지도자와 장로들이 탄식하고 처녀, 총각들은 기운을 잃었으며, 여인들의 아름다움은 찾아볼 수 없었다. 신랑은 슬픔에 잠기고 신부는 신방에 앉아 탄식만 하였다. 온 땅이 주민들의 슬픔으로 초상집 같았고, 야곱의 집은 온통 수치로 뒤덮였다.

그리고 2년 후 안티오코스 왕이 유다의 여러 도시에 조공 징수원을 파견하였다. 그가 대군을 이끌고 예루살렘에 와서 거짓으로 평화를 선전하며 주민을 안심시켰다. 그리고 갑자기 도시를 습격하여 큰 타격을 주고, 이스라엘 백성을 무수히 죽였다. 도시를 약탈한 후 불을 지르고, 가옥과 성벽을 파괴하고, 아녀자들을 포로로 삼고, 가축을 빼앗았다.

그의 군졸들은 강한 성벽을 높이 쌓고, 튼튼한 망대를 세웠으며, 다윗의 도시를 재건하여 자기 요새로 삼았다. 죄 많은 이방인들과 유대인 반역자들을 그곳에 배치하여 기반을 굳혔다. 무기와 식량을 저장하고, 예루살렘에서 거둔 전리품을 거기 쌓아두었다.

예루살렘은 성소를 위협하는 복병이 되었고, 이스라엘 백성을 밤낮으로 괴롭히는 사악한 원수가 되었다. 성소 주위에서 죄 없는 사람들이 무참히 죽어 나갔고, 성소는 원수들의 손에 더럽혀졌다. 주민들은 그들을 피해 도망갔고, 예루살렘은 이국인의 거처가 되었다. 사람들이 낯설게 되자 그 자녀들도 땅을 버리고 떠나갔다.

성소는 광야같이 황폐하고, 축제일은 통곡의 날로 변하고, 안식일은 웃음거리가 되고, 명예의 전당이 조롱거리로 바뀌었다. 지난날 영광을 누린 만큼 수치를 당하게 되었고, 찬란한 때는 가버리고 상복을 입게 되었다.

안티오코스 왕이 온 나라에 영을 내려 누구나 자기 관습을 버리고, 한 국민이 되어야 한다고 주장하였다. 이방인들은 모두 왕의 명령에 순종하였고, 이스라엘 사람들도 왕의 종교를 받아들여 안식일을 더럽히고, 우상에게 제물을 바쳤다. 왕이 사신을 예루살렘과 유다의 여러 도시에 보내 칙령을 내렸다.

1 유대인은 이교도의 관습을 따르라.

2 성소 안에서 번제나 희생제물, 술을 바치는 따위를 하지 마라.

3 안식일과 기타 축제일을 지키지 마라.

4 성소와 성직자들을 모독하라.

5 이교의 제단과 성전과 신당을 세우라.

6 돼지와 부정한 동물들을 제물로 잡아 바치라.

7 사내아이에게 할례를 베풀지 마라.

8 온갖 종류의 음란과 모독 행위로 자신을 더럽히라.

9 율법을 버리고 모든 규칙을 바꿔라.

10 이 명령을 따르지 않는 자는 사형에 처한다.

왕은 이 명령을 내리고 국민을 감시할 감독관을 임명하였으며, 유다의 여러 도시에 명하여 각 도시마다 희생제물을 바치게 하였다. 많은 유대인이 율법을 버리고, 그들에게 가담하여 방방곡곡에서 나쁜 짓이 마구 저질러졌다. 그 밖의 이스라엘 사람들은 숨을 곳을 찾아 피난을 떠날 수밖에 없었다.

게다가 왕이 제단 위에 가증스러운 파멸의 우상을 세웠다. 사람들은 유다의 여러 도시에 이교 제단을 세우고, 집 대문 앞이나 거리에서 향을 피웠다. 율법서는 발견되는 대로 찢어 불살랐으며, 그것을 가지고 있거나 지키는 사람은 누구든지 왕명에 의해 사형을 당하였다.

그들이 여러 도시에서 권력을 휘두르며, 왕명을 위반한 이스라엘 사람들을 잡아들여 모질게 학대하였다. 매월 25일에는 옛 제단을 헐고, 새로 세운 제단 위에 희생제물을 바쳤다. 자기 아이들에게 할례를 받게 한 여자들은 법령에 따라 사형에 처했고, 그 젖먹이들도 목을 매달아 죽였으며, 그에게 할례를 베푼 사람까지 모두 죽였다.

그러나 그에 굴하지 않고 부정한 음식을 먹지 않기로 굳게 맹세한 사람들도 많았다. 그들은 자기 몸을 더럽히거나 거룩한 계약을 모독하느니, 차라리 죽음을 달게 받기로 결심하고 죽어 나갔다. 크고 무서운 하나님의 진노가 이스라엘 위에 내린 것이다.

✶ 3 ✶

맛다디아

순종하면 살 수 있는 법과 규정을 주었다

맛다디아가 예루살렘을 떠나 모데인에 가서 살았다. 요하립 가문의 제사장 시므온의 손자이자 요한의 아들이다. 그에게 아들 다섯이 있었다. 요한, 시몬, 유다 마카비, 엘르아살, 요나단이다. 그가 예루살렘에서 온갖 신성 모독이 일어나는 것을 보고 탄식하였다.

"아! 슬프다. 나는 왜 하필 이때 태어나 내 민족과 이 거룩한 도성이 망하는 것을 봐야 하는가! 왜 여기서 살다가 이 도성과 성소가 이국인의 손아귀에 넘어가는 것을 봐야 하는가! 예루살렘의 영광인 기물들이 약탈당하고, 어린이들이 거리에서 학살당하고, 젊은이들이 원수의 칼에 쓰러져 가는구나. 이 왕국을 나눠 먹지 않은 민족이 어디 있었으며, 이 나라의 재물을 약탈하지 않은 나라가 어디 있었던가? 이 왕국이 그 모든 장식을 빼앗기고 자유의 몸이 노예가 되었구나. 아름답고 찬란한 성소는 폐허가 되고 이방인의 손에 더럽혀지고 말았다. 이제 더 살아서 무엇을 하겠는가?"

맛다디아와 그 아들들이 입은 옷을 찢고, 몸에 삼베옷을 두르고 슬피 통곡하였다. 안티오코스 왕이 유대인에게 배교를 강요하고, 이교 제사를 드리게 하려고 부하들을 모데인으로 보냈다. 이스라엘 사람들이 많이 따랐지만, 맛다디아와 그 아들들은 따로 떨어져 한데 뭉쳤다. 왕의 부하들이 맛다디아에게 말하였다.

"아들들과 형제들의 지지를 받는 당신은 이 도시의 훌륭하고 힘 있는 지도자요! 모든 이방인과 유다 지도자와 예루살렘에 남은 사람들처럼 당신도 왕명에 복종하시오. 당신이 앞장선다면 당신과 당신의 아들들은 왕의 총애를 받을 것이며, 금은 등 많은 선물을 받고 부귀영화도 누릴 것이오."

"왕의 영토 안에 사는 모든 이방인이 왕명에 굴복하여, 자기 조상들의 종교를 버리고 그를 따르기로 했어도, 나와 내 아들들과 형제들은 우리 조상들이 맺은 계약을 끝까지 지킬 것이오. 우리는 하늘이 주신 율법과 규칙을 절대로 버릴 수 없소. 우리는 왕의 명령에 따를 수도 없고, 우리의 종교를 단 한 치도 양보할 수 없소."

그때 한 유대인이 와서 모든 사람이 보는 앞에서 왕명대로 모데인 제단에 희생제물을 드리려고 하였다. 맛다디아가 의분을 참지 못하고 뛰어 올라가 제단 위에서 죽였다. 그리고 이교 제사를 강요하기 위해 온 왕의 사신까지 죽이고 제단도 헐어버렸다. 전에 비느하스가 살루의 아들 시므리를 찔러 죽인 것처럼, 율법에 대한 열성을 보였다. 그리고 거리에 서서 큰소리로 외쳤다.

"율법에 대한 열성이 있고, 우리 조상이 맺은 계약을 지키려는 사람은 모두 나를 따라나서시오!"

그리고 모든 재산을 버려둔 채 아들들을 데리고 산으로 피신하였다. 그때 정의와 율법에 따라 살려는 사람들이 정착할 곳을 찾아 많이 떠났으며, 그들의 처자와 가축들이 뒤를 따랐다. 하지만 그들은 너무

나 큰 불행을 겪어야 했다.

왕의 명령을 거역한 사람들이 광야에 숨어 살고 있다는 보고가 왕의 부하들과 군사들에게 들어갔다. 큰 군대가 그들을 쫓아 나섰다. 그들이 있는 곳에 이르러 맞은편에 진을 치고, 안식일에 맞춰 공격할 준비를 하였다. 그리고 그들에게 크게 외쳤다.

"이제 모두 나와 왕명에 복종하라. 목숨만은 살려주겠다!"

"우리는 안식일을 더럽힐 수 없다. 죽어도 나가지 않는다!"

그들은 공격을 받고도 대항하여 싸우지 않았다. 돌을 던지거나 피신처에 방벽을 쌓지도 않았다.

"우리는 모두 깨끗이 죽겠다. 너희가 죄 없는 우리를 죽였다는 사실을 하늘이 알고 땅이 증언할 것이다!"

이처럼 적들이 안식일에 공격하여 그들은 처자들과 함께 고스란히 죽어갔다. 그들은 1,000명이나 되었다. 맛다디아와 그 동지들이 듣고, 동포의 죽음을 몹시 슬퍼하며 서로 말하였다.

"우리가 형제들을 뒤따라 그대로 죽을 수는 없다. 우리의 관습과 규칙에 따라 이방인들과 싸우지 않는다면, 그들이 머지않아 우리를 이 땅에서 몰살시키고 말 것이다."

그리고 결의하였다.

"우리를 공격하는 자가 있으면 안식일이라도 맞서 싸우자. 그러면 피신처에서 죽어간 우리 형제들처럼 몰살당하지는 않을 것이다."

그때 일부 하시딤 사람들이 와서 합세하였다. 그들은 모두 용감하고, 경건하게 율법을 지켰다. 박해를 피해 온 사람들이 그들을 지지하여 정식으로 군대를 조직하였다. 죄인들과 율법을 어긴 자들에게 분노를 표시하며, 그들을 쳐부수었다. 살아남은 적군들은 이방인들에게 도망쳐 피난처를 얻었다.

맛다디아와 그 동지들이 이교 제단을 찾아 헐어버리고, 할례받지 않은 이스라엘 아이들을 찾아 강제로 받게 하였으며, 교만한 자들을 모두 쫓아내었다. 모든 일이 순조롭게 되어 이방인들과 왕들의 손에서 율법을 구하였고, 죄인들이 승리할 기회를 주지 않았다. 맛다디아가 임종할 때 아들들을 불러 놓고 말하였다.

"오만과 횡포가 득세한 지금은 멸망의 때요, 격렬한 분노의 때다. 너희는 열심히 율법을 지키고, 우리 조상들이 맺은 계약을 위해 헌신하라. 옛날 우리 조상들이 이룬 업적을 기억하라. 그러면 큰 영광과 불멸의 이름을 얻을 것이다.

아브라함은 시련을 받고도 믿음을 지켜 의인이라는 인정을 받았다. 요셉은 곤경에 빠졌어도 계명을 지켜 이집트의 주인이 되었고, 우리 조상 비느하스는 큰 열성으로 영원한 제사장직을 보장받았다. 여호수아는 하나님의 명령을 완수하여 이스라엘의 재판관이 되었고, 갈렙은 회중 앞에서 올바르게 증언하여 땅을 물려받았다. 다윗은 자비로운 마음으로 영원한 왕권을 차지하였으며, 엘리야는 불타는 열성으로 율법을 지켜 하늘로 들려 올라갔고, 하나냐와 미사엘과 아사랴는 믿음으로 불구덩이에서 살아나왔으며, 다니엘은 끝내 결백하여 사자의 입에서 살아나왔다.

그러므로 너희는 대대로 명심하라. 하나님께 희망을 두면 힘을 잃지 않을 것이다. 죄인의 위협을 무서워하지 마라. 그의 영광은 벌레가 우글거리는 똥 더미로 변한다. 죄인은 오늘 높은 자리에 올랐다가 내일이면 찾아볼 수 없다. 그는 죽어서 흙이 되고, 그의 계획은 수포로 돌아간다.

아들들아, 용기를 내어 굳세게 살아라. 율법을 철저히 지켜라. 이것이 너희가 차지할 영광이다. 여기 있는 너희 형 시몬은 슬기로운 사람이

다. 항상 그의 말을 들어라. 그가 너희에게 아버지 구실을 할 것이다.

어릴 때부터 장사인 유다 마카비는 너희 군대의 지휘관이 되고, 여러 이교도들과의 싸움을 지휘할 것이다. 너희는 율법을 지키는 사람들을 모두 규합하여 우리 동포의 원수를 철저히 갚아야 한다. 너희를 학대한 이방인들에게 복수하고 율법이 명하는 것을 잘 지켜라."

맛다디아는 아들들에게 마지막 축복을 하고 그 조상들의 뒤를 따랐다. 온 이스라엘 백성이 그의 죽음을 크게 슬퍼하였다.

＊4＊
마카비

칼을 허리에 차고 왕의 영화와 위엄을 입으소서

유다 마카비가 아버지의 유업을 계승하였다. 모두 합심 협력하여 전쟁을 치렀다. 그가 민족의 영예를 널리 떨쳤다. 장수처럼 갑옷을 입고, 온갖 무기를 허리에 차고, 많은 전쟁에 치르며 진영을 보호하였다. 그의 용맹은 먹잇감을 앞에 놓고 으르렁대는 사자 같았다.

그는 범법자들을 뒤쫓아 잡았고, 자기 민족을 괴롭히는 자들을 태워 죽였다. 죄인들은 그 앞에서 위압을 당하였고, 악을 일삼는 자들은 어쩔 줄 몰라 벌벌 떨었다. 그를 통해 민족의 구원이 순조롭게 이루어졌다. 많은 왕들에게 쓴잔을 마시게 하였고, 자신의 활약으로 야곱을 기쁘게 하였다. 그가 유다의 여러 도시를 돌아다니며 하나님을 배반한 자들을 찾아 죽이고, 이스라엘이 받을 하나님의 진노를 면하게 하였다. 그의 명성은 땅끝까지 퍼져 나갔고, 흩어진 민족을 다시 끌어모았다.

아폴로니우스가 이방인과 사마리아인을 모아 큰 군대를 조직하고 전쟁을 걸어왔다. 유다가 그를 맞아 쳐부수고 죽였다. 그들이 많은 사상자를 내고 도망쳤다. 거기서 많은 전리품을 얻고, 아폴로니우스의 칼은 유다의 차지가 되었다. 그는 평생 그 칼을 가지고 싸웠다.

시리아군의 사령관 세론이 유다가 충성스런 역전의 용사들을 많이 모았다는 소식을 듣고 말하였다.

"이제 내 명성을 떨칠 때가 왔다. 왕명을 무시한 유다와 그 졸개들을 무찌르고, 이 나라에서 영광을 차지하자."

하나님을 배반한 유대인들도 대군을 조직하고 그에게 합세하였다. 그들이 벳호론 언덕 가까이 왔을 때, 유다가 얼마 안 되는 부하를 거느리고 싸우러 나갔다. 부하들이 적군을 보고 유다에게 말하였다.

"우리가 저 많고 강한 군대와 어떻게 싸울 수 있습니까? 게다가 오늘 아무것도 먹지 못해 기진맥진한 상태입니다."

"작은 군대가 큰 군대를 쳐서 이기는 것은 그리 어려운 일이 아니다. 하나님께서 함께하시면 군대의 크고 작음이 문제 되지 않는다. 전쟁의 승리는 군대의 수에 있는 것이 아니라 하늘이 주시는 힘에 있다. 불손하고 무례한 놈들이 작당하여 우리와 우리의 처자들을 없애고 재산을 약탈하려 덤벼들지만, 우리는 우리의 생명과 율법을 지키려고 싸우는 것이다. 하늘은 우리가 보는 앞에서 원수를 짓부숴버릴 것이다. 저들을 조금도 두려워하지 마라."

유다가 이 말을 하고 세론과 그 군대를 급습하여 쳐부수었다. 벳호론 언덕을 내리달려 평지까지 적군을 쫓아갔다. 적은 800명이나 쓰러져 죽고 나머지는 블레셋 땅으로 도망쳤다. 사람들은 유다와 그 형제들을 두려워하기 시작하였고, 주위의 이방인들은 공포에 사로잡혔다. 유다의 명성은 마침내 왕의 귀에 들어갔고, 그의 이야기는 모든 이방인들 사이에 자자하게 퍼졌다.

안티오코스 왕이 듣고 몹시 노하여 온 나라의 용사를 모아 막강한 군대를 조직하였다. 국고를 풀어 그들에게 1년분의 봉급을 주며 모든 사태에 대비하라고 명령하였다. 그러자 국고에 돈이 다 떨어졌다. 예전부터 내려오는 각 지방의 풍속까지 없앴던바, 내란과 재앙으로 여러 속국에서 들어오던 조공도 잘 들어오지 않았다.

왕이 아낌없이 예물을 주는 등 역대 어느 왕보다도 많은 경비를 써다가, 지금 그럴만한 돈이 없다는 사실을 깨닫고 크게 당황하였다. 일단 페르시아로 가서 여러 속국들에게 조공을 받아들이고, 많은 돈을 긁어오려고 생각하였다.

그가 왕족 중에서 탁월한 리시아에게 왕의 직무를 맡기고, 유프라테스 강에서 이집트 접경까지 다스리게 하였다. 그리고 자신이 돌아올 때까지 왕자 안티오코스를 맡아 기르게 하였으며, 군대의 절반과 코끼리부대를 주면서 자기 뜻에 따라 모든 일을 잘 처리하라고 당부하였다.

특히 유다 지방과 예루살렘의 주민들에 대해서는, 군대를 보내 이스라엘의 병력과 예루살렘에 남은 자들을 모조리 소탕하여, 그곳에서 유대인에 대한 기억조차 지워버리게 하라고 명령하였다. 그리고 그들이 살던 영토에 이국인들을 데려다가 살게 하고, 그들의 토지를 이국인들에게 나눠주라고 하였다.

그리고 왕은 군대의 나머지 절반을 이끌고 수도 안티오키아를 출발하여, 유프라테스 강을 건너 북쪽 지방의 여러 나라를 통과하여 진군하였다.

리시아가 도리메네스의 아들 프톨레미와 니가노르와 고르기아를 유다 땅으로 보냈다. 이들은 왕의 측근 중에서도 가장 유력하였다. 그가 보병 4만과 기병 7천을 주면서 왕의 명령대로 유다 땅을 쳐부수라고 하였다.

그들이 군대를 이끌고 진군하여 낮은 지대에 있는 엠마오 가까이 이르러 진을 쳤다. 에돔과 블레셋에서 온 부대도 그들과 합세하였다. 그곳 상인들이 소문을 듣고 이스라엘 사람들을 노예로 사려고, 많은 은금과 수갑을 가지고 그들의 진영을 찾아갔다.

유다와 그 형제들이 자기 영토 안에서 진을 친 적군을 보고 사태가 험악하게 된 것을 알았다. 이스라엘 민족을 몰살시키라는 왕명이 떨어진 사실도 알았다. 그들이 서로 격려하며 말하였다.

"쓰러져 가는 우리 민족과 성전을 수호하기 위해 싸우자!"

그리고 다 함께 모여 전쟁을 준비하고 기도하였다. 하나님께서 자비를 베풀어 불쌍히 여겨주시기를 빌었다.

"예루살렘은 집 한 채 없는 황야같이 되었고, 드나드는 주민도 볼 수가 없구나. 성소는 원수의 발에 짓밟히고, 외인이 요새를 점령하여 이방인의 거처가 되었다. 야곱의 기쁨은 온데간데없고, 퉁소와 비파 소리도 들리지 않는구나."

그들이 예루살렘 맞은편에 있는 미스바로 갔다. 전에 이스라엘 사람들의 기도처가 거기 있었다. 그날 단식하고 베옷을 몸에 둘렀다. 머리에 재를 뿌리고 옷을 찢으며 통곡하였다. 이방인들은 앞일을 우상에게 물어보았지만, 그들은 율법을 펴서 앞일을 알아보았다. 제복과 첫 수확물과 십일세를 가지고 왔다. 서약한 기간을 마친 나실인들을 데려다 놓고, 하늘을 우러러보며 크게 외쳤다.

"이들을 우리가 어떻게 하면 좋습니까? 어디로 데리고 가야 합니까?

당신의 성소는 짓밟히고 더러워졌으며, 모욕을 당하고 슬픔에 잠겼습니다. 이방인들은 우리를 몰살하려고 한데 모였습니다. 우리를 없애려는 저들의 계략을 주님이 아십니다. 주께서 우리를 도와주시지 않으면, 우리가 어떻게 그들을 당할 수 있겠습니까?"

그리고 나팔을 불고 크게 함성을 질렀다. 유다가 천인대장, 백인대장, 오십인대장, 십인대장을 임명하여 백성을 지휘하게 하였다. 그때 집을 짓던 사람, 약혼한 남자, 포도를 심던 사람, 겁쟁이는 율법이 정한 대로 자기 집에 돌아가도 좋다고 선포하였다. 그리고 진군하여 엠마오 남쪽에 진을 쳤다. 유다가 말하였다.

"이방인들이 우리와 우리의 성소를 짓부수려고 집결하였다. 내일 그들과 싸워야 한다. 무장하고 만반의 준비를 해라. 우리 민족과 성소가 망하는 것을 보니, 차라리 싸우다가 깨끗이 죽는 편이 낫다. 하나님이 원하시면 무엇이든지 그대로 이루어질 것이다."

✳5✳
고르기아
———————————
믿지 않는 자와 멍에를 같이하지 마라

고르기아가 보병 5천과 기병 1천을 이끌고, 야음을 틈타 유대인의 진지를 기습하려 하였다. 몇 사람이 요새에서 나와 고르기아를 안내하였다. 유다가 그 소식을 듣고 엠마오에 있는 왕의 군대를 치려고 나갔다. 적군들은 아직 진지를 떠나 흩어져 있었다. 밤중에 고르기아가

유다 진지에 이르러 아무도 없는 것을 보고, 산속으로 찾아 나섰다.

"이놈들이 우리를 피해 산으로 도망쳤구나."

날이 샐 무렵 유다가 군사 3천을 이끌고 평야에 나타났다. 그들의 갑옷과 무기는 보잘것없었다. 이방인들은 단단히 무장한 군대로서 기병대의 호위를 받는 역전의 용사였다. 유다가 부하들에게 말하였다.

"적군의 수효를 보지 말고 그 공격도 무서워하지 마라. 바로의 군대가 우리 조상들을 추격했을 때, 홍해에서 어떻게 구출되었는가를 생각하라. 이제 우리는 하나님께 호소하자. 그가 우리를 불쌍히 여기실 것이고, 우리와 맺은 계약을 상기하실 것이며, 우리 앞의 적들을 오늘 무찔러주실 것이다. 이제 모든 이방인들이, 이스라엘을 구원하시는 분이 계시다는 사실을 알게 될 것이다."

적들이 돌진하는 유다 군을 멀리서 보고 진지에서 나왔다. 유다의 부하들이 나팔을 불고 진격하자 이방인들이 평야 쪽으로 도망쳤다. 적의 후방 부대는 전부 칼에 맞아 쓰러졌고, 유다 군은 계속 추격하여 3천 명을 죽였다. 유다가 군대를 이끌고 돌아와 말하였다.

"전리품을 탐내지 마시오. 우리는 더 싸워야 합니다. 고르기아와 그 군대가 바로 저 산속에 있습니다. 적을 경계하며 정신을 차리고 그들을 무찌르시오. 그리고 마음대로 전리품을 차지하시오."

그때 산봉우리에서 적군 몇이 동태를 살피고 있었다. 자기들 진지에서 여전히 솟아오르는 연기를 보고 군대가 도망쳤음을 짐작하였다. 그들이 사태를 파악하고 새파랗게 질렸다. 그때 유다의 군대가 평야에서 공격 태세를 갖춘 것을 보고, 그들은 지레 겁을 먹고 블레셋 땅으로 도주하였다. 유다가 다시 돌아가 적진을 약탈하여 많은 금은과 보라색 천과 주홍색 천과 보물을 거두었다. 그들이 회군하면서 하늘을 향해 찬양하였다.

"하나님은 선하시고 그의 자비는 영원하시다!"

그날 이스라엘 백성이 큰 승리를 거두었다. 도망친 적들이 리시아에게 그 일을 보고하였다. 리시아는 이스라엘에서 계획한 일이 제대로 되질 않고, 왕명을 받들 수 없게 되었다는 사실을 알고 충격을 받아 낙담하였다.

다음 해 리시아가 정예부대 6만과 기병 5천을 모아 이스라엘을 치려고 하였다. 그의 군대가 에돔으로 들어와 벳술에 진을 쳤다. 이에 유다는 군대 1만을 거느리고 맞섰다. 적군이 강한 것을 보고 유다가 기도하였다.

"이스라엘을 구원하시는 하나님, 찬양을 받으소서. 주께서 다윗의 손을 빌려 거인의 공격을 물리치셨으며, 요나단과 그 시종의 손에 블레셋 군대를 넘겨주셨습니다. 저 적군을 주의 백성 이스라엘의 손에 넘겨주시고, 그 보병과 기병에게 치욕을 안겨주소서. 저들을 공포 속으로 몰아넣어 주시고, 스스로 강하다고 생각하는 저들의 콧대를 꺾어 파멸시켜 주소서. 주를 사랑하는 우리가 한칼로 저들을 쳐부수게 하소서. 주의 이름을 기억하는 모든 사람들로 하여금 주를 찬미하고 노래하게 하소서."

그리고 유다가 적과 교전하여 백병전을 벌인 끝에 5천 명을 죽였다. 리시아의 군대는 여지없이 무너지고, 생사를 걸고 싸우는 유다 군의 사기는 올라갔다. 리시아가 안티오키아로 퇴각하였다. 더 큰 군대를 조직하여 다시 치려고 용병을 모집하였다.

✳6✳
하누카

예루살렘에서 봉헌절 축제가 열리고 있었다

유다와 그 형제들이 말하였다.

"이제 적을 다 무찔렀으니 예루살렘에 올라가 성소를 정화하고 다시 봉헌합시다!"

그리고 전군이 시온 산으로 올라갔다. 성소는 황폐하고 제단은 더럽혀져 있었다. 성전 문은 다 타버리고 그 뜰은 잡초가 우거졌으며, 제사장의 방은 산산이 부서지고 말았다. 그들이 옷을 찢고 머리에 재를 뿌렸다. 크게 통곡하며 땅에 엎드렸다. 나팔 소리를 신호로 하늘을 쳐다보며 크게 부르짖었다.

유다가 부하들에게 요새 안의 적군을 공격하게 하고, 자신은 성소를 정화하였다. 율법에 충실하고 흠 없는 제사장을 뽑아 성소를 깨끗이 하였다. 더럽혀진 돌들을 부정한 곳으로 옮겼다. 그들이 의논한 끝에 이방인의 손에 더럽혀진 제단이 치욕 거리가 되지 않게 헐어버렸다. 그 돌들은 예언자가 나타나 처리 방법을 제시할 때까지 적당한 곳에 쌓아두었다.

그리고 율법에 따라 자연석을 가져다가 제단을 새로 쌓았다. 성소와 성전의 내부를 수리하고 성전 뜰을 정화하였다. 거룩한 기물을 새로 만들고, 등경과 분향 제단과 상을 성소 안에 들여놓았다. 제단에 향을 피우고 등에 불을 붙였다. 등불이 성소 안을 환하게 비추었다. 상에 빵을 얹고 휘장을 쳤다.

이렇게 모든 일을 마치고 새로 만든 제단에 희생제물을 바쳤다. 이방인이 제단을 더럽힌 바로 그 날과 시간에 맞춰, 노래와 비파와 퉁소와 꽹과리로 연주하며 다시 바쳤다. 모든 백성이 땅에 엎드려 하나님을 경배하며 찬양하였다. 축제는 8일 동안 이어졌다. 기쁜 마음으로 제물을 바치고 구원과 감사의 예물을 드렸다. 성전의 정면을 금으로 만든 왕관과 방패로 장식하고, 제사장들의 방을 수리하여 문을 달았다. 이방인이 안겨준 치욕의 흔적은 사라지고, 사람들은 크게 기뻐하였다.

유다와 그 형제들과 이스라엘의 온 회중이, 매년 기슬레우월 25일부터 8일간 기쁜 마음으로 빛의 축제를 지키기로 하였다. 그들은 시온 산 주위에 높은 성벽을 쌓고, 든든한 망대를 세워 이방인이 그 거룩한 산을 짓밟지 못하게 하였다. 유다가 시온 산을 지키기 위해 수비대를 배치하고 벳술 진지를 강화하였다.

✳7✳

디모데

교만하고 거만하고 자만하는 자를 낮추신다

유대인이 제단을 다시 쌓아 성소를 복구하였다는 소식을 듣고 이방인이 몹시 노하였다. 그들이 함께 살고 있는 유대인을 죽이기 시작하였다. 유다는 이스라엘을 괴롭히던 에서의 후손을 공격하여 큰 타격을 주었고, 그들을 굴복시킨 후 많은 전리품을 빼앗았다.

그리고 전에 길목에 숨었다가 지나가는 이스라엘 사람들을 잡아간

바이얀 자손들의 악한 짓을 생각하고, 그들을 여러 망대 속에 몰아넣어 공격하였다. 유다가 그들을 완전히 없애기로 작정하고 망대에 불을 질러 모두 태워 죽였다.

유다가 암몬으로 건너갔다. 무장한 군대와 수많은 민중이 집결하고 있었다. 그들의 사령관은 디모데였다. 그들과 여러 번 싸워 쳐부수고 부락들을 점령한 후 돌아왔다.

길르앗의 이방인이 자기 영토 안에 사는 이스라엘 사람들을 죽이려고 모여들었다. 그들이 다데마 요새로 피하여 유다와 그 형제들에게 편지를 써 보냈다.

"우리 주위의 이방인들이 합세하여 우리를 죽이려고 합니다. 그들은 우리가 피신한 이 요새를 점령하려고 공격 준비를 했습니다. 그들의 사령관은 디모데입니다. 빨리 와서 우리를 구해주십시오. 우리는 벌써 많은 사람을 잃었습니다. 튜비의 동포들이 모두 학살되었습니다. 이방인들이 그 처자들을 잡아가고 재산을 빼앗은 후, 1천 명가량을 죽였습니다."

유다가 이 편지를 읽고 있을 때, 갈릴리에서 또 전령들이 왔다. 그들은 다 떨어진 옷을 입고 있었다.

"프톨레미와 두로와 시돈의 주민들과 갈릴리의 전 이방인들이 합세하여 우리를 죽이려고 합니다."

유다가 회의를 열어 의논한 후 그의 형 시몬에게 말하였다.

"형님은 부하들을 골라 갈릴리의 동포를 구하십시오. 나는 동생 요나단과 길르앗으로 가겠습니다."

유다는 스가랴의 아들 요셉과 민중의 지도자 아사랴에게 나머지 군대를 맡겨 수비를 당부하며 명령하였다.

"이 백성을 지켜라. 우리가 돌아올 때까지 이방인들에게 싸움을 걸지 마라."

시몬에게 병력 3천이 배당되고, 유다에게 병력 8천이 배당되었다. 시몬은 갈릴리로 가서 이방인들과 여러 차례 싸워 그들을 무찌르고 프톨레미 성문까지 추격하였다. 이 전투에서 이방인 3천 명을 죽이고 많은 전리품을 빼앗았다. 시몬이 갈릴리와 아르바타 유대인들을 구출하고 크게 기뻐하며 돌아왔다. 그들은 처자와 재산을 모두 되찾았다.

유다 마카비와 그의 동생 요나단은 요단강을 건너 3일 동안 광야로 진군하여 나바티아 사람 몇을 만났다. 그들이 유다의 군대를 맞아 길르앗의 유대인들이 당한 일을 알려주었다. 많은 유대인이 큰 요새 도시에 갇혀 있으며, 길르앗의 다른 도시에도 일부 유대인들이 잡혀 있고, 다음 날 적들이 요새를 공격하여 그들을 없앨 계획을 세웠다고 전해주었다.

유다가 방향을 바꿔서 광야 길로 진군하여 보스라를 점령하였다. 남자들을 모조리 죽이고 재산을 노획한 후 도시를 불살랐다. 그리고 밤중에 군대를 이끌고 다데마의 요새로 진군하였다. 아침이 되자 무수한 적군이 사다리와 기구를 동원하여 요새에 있는 사람들을 공격하였다. 이미 싸움이 시작되어 나팔 소리와 고함 소리가 하늘을 찌를 것 같았다. 유다가 부하들을 격려하였다.

"오늘 우리 동포를 위해 싸우자!"

유다가 3부대로 나눠 나팔을 불고, 큰 소리로 기도하며 적의 후면을 공략하였다. 디모데군이 마카비가 쳐들어온 것을 알고 도망치기 시작하였다. 마카비가 적군 8천 명을 죽이고 큰 타격을 안겨주었다.

그리고 알레마를 공격하여 남자들을 죽이고 도시를 약탈한 후 불태웠다. 거기서 진군을 계속하여 가스포와 마케드와 보소르와 길르앗 여러 도시를 점령하였다. 디모데는 군대를 새로 조직하여 진을 쳤다. 유다가 정탐꾼을 보내 적진을 살피게 하였다. 그들이 돌아와 보고하였다.

"우리 주위의 모든 이방인이 디모데와 합세하여 아주 큰 군대를 만들었습니다. 아랍인 용병까지 끌어와 강 건너편에 진을 치고, 공격할 태세를 갖췄습니다."

유다가 싸우러 나갔다. 그의 군대가 강가로 접근할 때 디모데가 부하들에게 말하였다.

"유다가 먼저 이쪽으로 건너오면 우리가 그를 당하지 못할 것이며, 그가 겁을 먹고 강 건너편에 진을 치면 우리가 건너가 승리할 것이다."

유다가 강가에 이르러 율법학자들을 배치하고 명령하였다.

"여기 아무도 진을 치지 못하게 하라. 전원이 나가 싸워야 한다."

그리고 선두에 서서 강을 건너자 모든 부하들이 뒤따랐다. 이방인들은 유다의 군대 앞에서 패하여 무기를 버리고, 카르나임의 성전 경내로 도망쳤다. 유다가 그 도시를 점령하고, 성전과 사람들을 모두 불태웠다. 카르나임이 유다에 굴복하자 적군은 더이상 저항할 수 없었다.

＊8＊
에브론

___

네 친구나 아비의 친구를 저버리지 마라

유다가 길르앗에 있는 이스라엘 사람들을 신분과 지위를 가리지 않고 모두 모았다. 그들이 재산을 거두어 큰 집단을 이루었으며, 처자들과 함께 유다 땅으로 출발하였다. 도중에 큰 요새 도시 에브론에 도착하였다. 다른 길이 없어 그 도시 가운데로 지나갈 수밖에 없었다. 그런데 그들이 받아들이지 않고 성문을 돌로 막았다. 유다가 친선 사절을 보냈다.

"우리는 우리 땅으로 가기 위해 잠시 이 땅을 지나가려고 합니다. 조금도 해칠 생각이 없으며 오직 통과하려는 것뿐입니다."

그러나 그들은 끝내 성문을 열어주지 않았다. 유다가 전군에 명하여 각자 위치에서 진을 치라고 하였다. 그날 낮과 밤을 꼬박 공격하여 그 도시를 장악하였다. 모든 남자를 죽이고 쑥대밭으로 만든 후, 시체를 밟으며 통과하였다.

유다의 군대가 요단강을 건너 벳산 앞 큰 평야에 이르렀다. 유다는 줄곧 낙오자를 모으고 백성을 격려하며 유다 땅에 도착하였다. 그들이 기쁨에 넘쳐 시온 산으로 올라가 번제를 드렸다. 한 사람도 목숨을 잃지 않고 안전하게 돌아온 것을 감사하며 제사를 드렸다.

✳ 9 ✳
요셉과 아사랴
각자 받은 은사가 다르니 분수를 지키라

유다와 요나단이 길르앗 땅에 있고, 그의 형 시몬이 갈릴리에 있을 때, 스가랴의 아들 요셉과 군대 지휘관 아사랴가 마카비 형제들의 용감한 행동과 전공에 대한 소문을 듣고 말하였다.

"우리도 나가서 우리 주위에 있는 이방인들을 죽이고 이름을 떨칩시다."

그들이 휘하 군대에게 명령을 내리고 얌니아로 진군하였다. 고르기아와 그 부하들이 도시에서 나와 그들을 맞아 싸웠다. 요셉과 아사랴가 패배하여 유다 땅 경계까지 쫓겼고, 그날 하루 이스라엘 사람 2천 명이 죽었다. 그들이 유다의 말을 듣지 않고 사사로이 공을 세우려 하였기 때문이다. 그들은 하나님께서 이스라엘을 구원할 임무를 맡긴 가문이 아니었다.

유다와 그 형제들은 온 이스라엘과 모든 이방인들 사이에 큰 명성을 떨쳤다. 사람들이 그들을 찬양하며 몰려들었다. 그들이 남쪽 땅에 사는 에서의 자손을 공격하여 헤브론과 그 주변 마을을 점령하고, 요새들을 쳐부수며 주위의 망대들을 불살랐다. 또 블레셋 땅으로 진격하여 마리사를 지났다. 그때 명성을 얻으려고 무모하게 싸우러 나갔던 제사장 몇이 전사하였다. 유다가 아조토로 향하였다. 거기서 제단을 헐고 그들의 우상을 불태웠다. 그리고 여러 도시에서 재물을 약탈하여 유다 땅으로 돌아왔다.

✳10✳

유파톨

성급한 자보다 미련한 자가 더 희망이 있다

안티오코스가 내륙 지방을 지나다가 페르시아 엘리마이스에 금은이 많다는 말을 들었다. 그곳 신전에는 재물이 무척 많았고, 마케도니아 왕의 아들로 그리스의 첫째 왕인 알렉산더가 남겨놓은 금 투구와 갑옷과 무기들도 그 신전 안에 있었다. 그가 그곳을 점령하여 재물을 약탈하려고 하였으나 뜻을 이루지 못했다. 그 도시 사람들이 그의 계획을 미리 알고 맞서 싸워 왕을 쫓아버렸기 때문이다.

왕이 비통에 잠겨 바빌론으로 도망쳤다. 그가 페르시아에 머물 때 유다를 공격한 리시아의 군대가 참패하였다는 보고가 들어갔다. 그가 큰 충격을 받고 속이 상하여 병상에 눕게 되었다. 모든 일이 자기 뜻대로 되지 않기 때문이다. 겹친 슬픔으로 오랫동안 병상에 누워 있다가 마침내 죽음이 가까이 온 것을 느꼈다. 그가 모든 친구들을 불러놓고 말하였다.

"내 눈에 잠이 사라지고 근심과 걱정으로 마음이 아프다. 처음에 나는 이렇게 생각하였다.

'권좌에 있을 때 나는 좋은 사람으로서 모든 사람이 나를 좋아하였다. 내게 이런 큰 고통과 슬픔이 닥치다니 어찌 된 일이냐?'

그러나 돌이켜 보니 내가 예루살렘에 몹쓸 짓을 하였다. 거기 있는 금은 기물을 모두 빼앗고, 까닭 없이 주민들을 몰살하려고 군대를 보냈다. 그래서 지금 이 재난을 당하고 있다. 아! 나는 큰 슬픔을 안고 이국땅에서 죽어간다."

그리고 친구 빌립을 불러, 온 왕국의 통치를 맡겼다. 자기 왕관과 옷과 반지를 주고, 왕자 안티오코스를 잘 가르쳐 좋은 왕이 되게 해달라고 부탁하였다. 리시아는 왕이 죽었다는 소식을 듣고, 어릴 때부터 길러온 왕자 안티오코스를 왕위에 앉혔다. 그리고 그 이름을 유파톨이라 불렀다.

예루살렘 요새 안에 있던 자들이 이스라엘 사람들을 성소 주위에 몰아넣고, 기회만 있으면 해를 끼치고 못살게 굴며 이방인의 세력을 도와주었다. 유다가 그들을 진멸하기로 하고 온 백성을 모아 공격 채비를 하였다. 그때 그 일부가 포위망을 뚫고 빠져나가 이스라엘의 다른 반역자들과 합류하여 왕에게 가서 말하였다.

"언제 정의의 칼을 뽑아 우리 형제들의 원수를 갚아주시겠습니까? 우리는 기꺼운 마음으로 폐하의 부왕을 섬겨왔습니다. 그의 말씀대로 행하고 칙령에 복종하였습니다. 우리는 우리 동족의 원수가 되었고, 그들은 우리를 닥치는 대로 죽이고 재산을 강탈했습니다. 그들은 우리에게 손을 뻗쳐 전 영토를 짓밟고 있습니다.

자, 보십시오. 오늘도 그들은 예루살렘 요새를 점령하려고 진을 쳤습니다. 이미 성소와 벳술을 그들의 요새로 만들지 않았습니까? 폐하께서 서둘러 먼저 치시지 않으면, 그들은 말씀드린 것보다 더 흉악한 짓을 할 것이고, 그때는 폐하께서도 감당할 수 없을 것입니다."

왕이 듣고 몹시 노하여 자기 친구인 보병 사령관들과 기병대장들을 모두 불러 모았다. 다른 나라와 섬나라의 용병들도 모집하였다. 그 군대는 보병 10만, 기병 2만, 전쟁 훈련을 잘 받은 코끼리 32마리였다. 그들이 에돔을 지나 벳술에 진을 치고, 성을 공략하는 기구를 만들어 여러 날 싸웠다. 유다의 군대도 성을 나와 기구들을 불사르며 용감하게 싸웠다.

유다가 그 요새를 떠나 벳스가랴에 진을 치고 왕의 군대와 맞섰다. 왕이 아침 일찍 일어나 군대를 이끌고 급히 벳스가랴를 향해 돌진하였다. 거기서 그의 군대가 전투태세를 갖추고 나팔을 불었다. 그들이 코끼리에게 포도즙과 오디의 붉은 즙을 보이며 자극시키고, 네모난 진지 사이에 배치하였다.

그리고 쇠사슬 갑옷에 구리 투구를 쓴 보병 1천과 정예 기병 5백이 코끼리마다 배치되었다. 코끼리가 어디를 가든지 그들은 미리 그곳에 가 있었고, 코끼리가 움직이면 함께 따라 움직였다. 코끼리 등에는 방비책으로 단단한 나무 탑을 얹고, 띠로 코끼리 배에다 묶었다. 그 탑 속에는 코끼리를 모는 사람 외에 병사가 3명씩 타고 있었다. 왕이 나머지 기병들을 자기 군대의 양측에 배치하여 네모난 진지를 보호하고, 적이 두려워하게 하였다.

태양이 금과 구리로 만든 방패들을 비추자 주위의 산들이 불타오르는 횃불 같았다. 왕의 군대 일부는 산등성이에, 또 일부는 얕은 평지에 배치되어 보무당당하고 질서 있게 전진하였다. 수많은 군사들의 고함 소리와 행진하는 소리, 무기가 서로 부딪치는 소리를 듣고 떨지 않을 사람이 없었다. 그들은 실로 막강하였다.

유다가 군대를 거느리고 그들을 맞아 싸워 6백 명을 쓰러뜨렸다. 그때 엘르아살이 적의 코끼리 중에서 월등히 큰 코끼리를 보았다. 그 무장이 굉장하여 틀림없이 그 안에 왕이 타고 있으리라 생각하였다. 동포를 구하고 용명을 영원히 남기기 위해 자기 목숨을 내놓기로 하였다. 그가 적의 네모난 진지 안으로 뛰어 들어가 그 코끼리에게 용감히 달려들었다. 좌충우돌하며 적을 치자 적병들이 양쪽으로 물러섰다. 그가 코끼리 밑으로 파고들어 칼로 배를 찔러 죽였다. 코끼리가 쓰러지는 바람에 그도 깔려 그 자리에서 숨졌다.

유대인들은 왕의 군대가 너무 강하고, 사기도 높은 것을 보고 일단 퇴각하였다. 왕의 군대 일부는 유대인들을 치려고 예루살렘으로 올라갔고, 왕은 유다 지방과 시온 산을 향해 진을 쳤다.

벳술 사람들은 마침 그 고장의 안식년으로 농사를 짓지 못해 양식이 떨어진바, 더이상 버틸 수가 없었다. 그들이 도시를 버리고 물러 나왔다. 왕이 벳술 사람들에게 화평을 제의하였다. 왕이 벳술을 점령하고 수비대를 배치하였다. 그리고 오랫동안 성소를 포위하여 투석대와 성을 공략하는 여러 기구를 장치하고, 분화기와 투석기, 활과 돌을 투사하는 기계로 공격하였다.

유대인들도 성을 공략하는 기구를 만들어 대항하며 오랫동안 싸웠다. 그런데 그 해가 안식년이고, 이방인들 사이에 살다가 유다로 돌아온 동포들이 남은 식량을 다 먹었던바, 결국은 식량이 부족하였다. 기근을 참다못해 모두 자기 집으로 돌아가고 성소에 남은 사람은 얼마 되지 않았다.

그때 안티오코스 왕의 유언을 받은 빌립이, 군대를 이끌고 돌아와 정권을 잡으려고 한다는 소문이 리시아의 귀에 들어갔다. 그가 다급히 철군을 결심하고 왕과 지휘관들과 병사들에게 말하였다.

"우리는 날이 갈수록 약해지고 식량마저 떨어지고 있습니다. 우리가 맞서고 있는 적은 대단히 강합니다. 우리는 본국의 사태를 수습할 책임도 있습니다. 적군과 악수하고 화해합시다. 저들에게 자유를 주고 율법에 따라 살 수 있도록 합시다. 우리가 율법을 폐지하여 이 모든 일이 벌어진 것입니다."

이 제안이 왕과 지휘관들의 마음에 들었다. 왕이 사람을 보내 화평을 제의했고, 유대인들은 그 제의를 받아들였다. 그들이 강화 조건을 지키겠다고 맹세하여 유대인들이 그 요새를 비우고 나왔다.

왕이 시온 산으로 들어가 견고한 요새를 보고, 자기가 맹세한 약속을 깨뜨리며 그 산성을 무찌르라고 명령하였다. 그리고 급히 안티오키아로 돌아갔다. 그는 빌립이 그 도시를 장악한 것을 보고, 그와 싸워 실력으로 점령하였다.

11

알키모스
어찌하여 배신자들을 보고만 계십니까?

셀류코스의 아들 데메드리오가 로마를 벗어나, 얼마 안 되는 군대를 이끌고 해안 지방의 한 도시에 상륙하여 자기를 왕이라 선포하였다. 그가 자기 조상들의 왕궁으로 들어갈 때, 그의 군대가 안티오코스 유파톨과 리시아를 체포하여 끌고 왔다. 데메드리오가 보고를 받고 말하였다.

"그들의 낯짝도 보기 싫다!"

그의 군대가 그들을 죽였다. 데메드리오가 왕좌에 올랐다. 그때 자기 민족을 배신하고 율법을 어긴 이스라엘 사람들이 알키모스와 함께 그를 찾아갔다. 그는 그들의 우두머리로 대제사장을 노렸다. 그들이 왕에게 말하였다.

"유다와 그 형제들이 폐하의 친구들을 몰살하고 우리를 고향에서 추방하였습니다. 폐하께서 가장 믿으시는 한 분을 보내주십시오. 유다가 우리를 살육하고 왕의 영토를 짓밟은 그 참상을 보게 하시고, 원수와 동조자들을 모두 벌하여 주십시오."

왕이 자기 친구 중에서 바키데스를 뽑았다. 그는 유프라테스 강 서쪽 지방의 영주로 온 왕국에서 이름이 널리 알려진 충신이었다. 왕이 반역자 알키모스를 이스라엘의 대제사장으로 임명하여 그와 함께 보내며, 직접 복수하라고 명령하였다.

그들이 대군을 이끌고 유다 땅에 도착하였다. 바키데스가 유다와 그 형제들에게 평화 사절을 보냈으나 속임수였다. 유다와 그 형제들이 적의 대군을 보고 그 평화 제안을 믿지 않았다. 그때 율법학자들이 알키모스와 바키데스에게 가서 일을 공정하게 처리할 것을 요구하였다. 그들은 하시딤이라는 경건파로서 이스라엘 쪽에서 처음으로 화평을 제의하였다. 알키모스가 그들에게 평화를 보장하며 맹세하였다.

"우리는 당신들과 당신들의 친구에게 아무런 해도 끼치지 않을 것입니다."

그들이 유다로 돌아와 말하였다.

"아론의 후예 한 사람이 제사장으로 그 군대와 함께 와 있습니다. 우리에게 아무 해도 끼치지 않을 것입니다."

그렇게 안심시킨 후 알키모스가 그날 60명을 체포하여 죽였다. 그래서 이 사건을 예언한 성경이 이루어졌다.

'성도들의 살이 사방에 흩어지고, 그 피가 예루살렘 주변에 물처럼 흘러도 그들을 묻어줄 사람이 아무도 없습니다.'(시편 79:3)

그리하여 온 백성이 공포에 휩싸여 서로 말하였다.

"저들에게는 진실도 정의도 없다. 제 입으로 한 맹세도 협약도 다 깨뜨려버렸다."

바키데스가 예루살렘에서 철수하여 벳자잇에 진을 쳤다. 거기서 귀순한 탈주병과 이스라엘 백성 여럿을 잡아 깊은 우물에 던졌다. 그가 그 지방을 알키모스에게 맡기고, 그를 보호할 군대를 남겨두고 왕에게 돌아갔다.

알키모스는 대제사장으로서 위신을 지키려고 안간힘을 썼다. 반역자들이 모두 그에게 모여들었다. 그들이 유다 땅을 지배하면서 이스라엘 사람을 못살게 굴었다. 그들이 이방인들 이상으로 이스라엘 사람에게 악행을 저질렀다.

유다가 유다 땅을 두루 다니며 이탈자들에게 보복하고, 그들이 지방으로 돌아다니지 못하게 하였다.

12
니가노르
악한 자는 모두 내게서 물러가라

알키모스는 유다와 그의 군대가 점점 강해지는 것을 보고 도저히 맞설 수 없음을 깨달았다. 그가 데메드리오 왕에게 가서 유다와 그 부하들이 흉악한 자들이라고 고발하였다. 왕이 니가노르 장군을 유다로 보내며 그 민족을 아주 완벽히 없애버리라고 명령하였다.

니가노르는 이스라엘을 미워하고 적대시하였다. 그가 대군을 이끌고 예루살렘에 올라와 유다와 그 형제들에게 거짓으로 평화 사절을 보냈다.

"우리 이제 전쟁하지 맙시다. 나는 평화로운 분위기 속에서 당신을 만나려고 부하 몇 사람만 데리고 왔습니다."

그리고 니가노르가 유다에게 와서 서로 평화의 인사를 나누었다. 그들이 유다를 납치할 만반의 준비를 하고 있었다. 유다가 그 정보를 듣고 다시 만나려고 하지 않았다. 니가노르는 계획이 탄로 난 것을 알고 카파르살라마 부근으로 진군하여 유다와 맞서 싸웠다. 그의 부하 500명이 죽고 살아남은 자들이 다윗의 도시로 도망쳤다.

니가노르가 시온 산으로 올라갔다. 제사장들이 장로들과 함께 나와 환영하고, 왕을 위한 번제물을 보여주었다. 그가 그들을 비웃고 조롱하였다. 거만한 말로 지껄이며, 그들에게 침을 뱉고 분노를 터뜨리며 맹세하였다.

"유다와 그 군대를 당장 내 손에 넘기지 않으면, 내가 승리하고 돌아와 이 건물을 불사를 것이다."

그리고 그가 떠났다. 제사장들이 성전으로 들어가 제단과 성소 앞에 서서 눈물을 흘리며 기도하였다.

"이곳은 주님이 세우신 거룩한 집입니다. 당신의 백성이 주의 이름을 부르는 곳이며, 당신께 기도드리고 간구하는 곳입니다. 저자와 그 군대에게 원수를 갚아주시고, 한칼에 저들을 죽여주십시오. 저들이 범한 모독을 잊지 마시고, 절대로 살려두지 마십시오."

니가노르가 예루살렘을 떠나 벳호론에 진을 치자 시리아에서 온 지원 부대가 합세하였다. 유다는 군사 3천 명으로 아다사에 진을 치고 기도하였다.

"옛날 아시리아 왕이 보낸 자들이 당신을 모독했을 때, 천사가 나타나 적군 18만 5천 명을 하룻밤에 죽였습니다. 오늘도 니가노르가 당신의 성전을 모독하였습니다. 모든 백성이 보고 믿을 수 있도록 그 군대를 무찔러주십시오. 그가 저지른 행위대로 갚아주십시오."

그리고 양쪽 군대가 교전하였다. 니가노르가 가장 먼저 죽고, 그의 군대는 참패를 당하였다. 그들이 도망치자 유다의 군대가 아다사에서 게젤까지 온종일 추격하였다. 그 부근의 모든 유대인들이 나와 패잔병의 길을 막았던바 그들은 돌아설 수밖에 없었고, 한 사람도 살아남지 못하고 모두 칼에 맞아 죽었다.

유다의 군대가 많은 물자를 탈취하고 전리품을 거두었다. 니가노르의 머리와 거만하게 내저은 오른팔을 잘라 예루살렘 사람들이 보는 곳에 걸어놓았다. 예루살렘 사람들이 기쁨에 넘쳐 그날을 큰 명절로 삼아 경축하였다. 그때부터 얼마 동안 평화가 있었다.

13

로마 동맹

어리석은 통치자는 백성을 억압한다

유다가 로마인에 대한 말을 들었다. 로마군은 대단히 강하지만, 동맹을 맺으면 호의를 베풀고 우호 관계를 유지한다는 것이다. 그들이 갈리아를 정복하고 조공을 바치게 하였으며, 스페인 지방의 은광과 금광을 차지하려고 싸웠다는 이야기도 들었다. 그들의 영토가 아주 먼 곳에 있어도, 빈틈없는 계획과 인내심으로 잘 다스렸다. 대부분의 왕들이 조공을 바쳤고, 변방에서 반란을 일으킨 왕들을 쳐부수고 큰 타격을 입혔다.

그들은 깃딤 왕 필리포스와 페르세우스를 비롯하여, 반항하는 군대를 무력으로 진압하고 정복하였다. 코끼리 120마리와 기병과 전차 등 막강한 군대를 이끌고, 온 아시아 왕 안티오코스를 분쇄하였다. 안티오코스를 사로잡고 그 뒤를 잇는 왕들에게 많은 조공과 인질을 바치게 하였다. 인도와 메디아, 리디아 등 가장 좋은 땅을 빼앗아 차지하였다.

그리스인이 로마인을 멸망시킬 계획을 세웠다. 로마인이 한 장군을 보내 그들과 싸웠다. 그리스인이 많은 사상자를 내고 아녀자들은 포로로 잡혀갔다. 그들은 로마의 노예가 되고, 땅은 정복되고, 요새는 무너지고, 재산은 약탈당하였다.

그밖에도 로마에 대항하는 나라나 섬들은 모두 분쇄되었고, 그들의 노예가 되었다. 그러나 동맹국들과는 우호 관계를 유지하였다. 그러자 원근 각처의 모든 왕들이 그 이름만 들어도 무서워하였다. 그들이 마음만 먹으면 누구든지 왕을 시킬 수도 있고 끌어내릴 수도 있었던바,

그들의 위세는 정말 대단하였다.

　그러나 로마인은 왕관을 쓰거나 진홍색 용포를 두르고 거만을 부리지 않았다. 320명 원로원 의원들이 날마다 모여 백성을 잘 다스릴 방법을 모색하였다. 그리고 해마다 한 사람을 뽑아 백성을 다스리고 온 나라를 통치하게 하였다. 백성은 그에게 복종하였고, 그를 시기하거나 질투하는 사람이 없었다.

　유다는 요한의 아들 유폴레모스와 엘르아살의 아들 야손을 뽑아 로마로 보내며, 그들과 우호 조약을 맺게 하였다. 그리스인의 시리아 왕국이 이스라엘 백성을 노예로 삼으려는 것을 알고, 그 속박에서 벗어나려는 속셈이었다. 그들이 아주 긴 여행 끝에 로마에 도착하여 원로원으로 들어가 호소하였다.

　"우리는 마카비라는 유다와 그 형제들과 유다 땅의 온 백성이 보내서 왔습니다. 여러분과 평화 동맹을 맺고 우호 조약을 체결하기 원합니다."

　이 제의가 원로원 의원들의 마음에 들었다. 그들이 청동 탁자에서 답장을 써 예루살렘으로 보내며, 동맹 관계를 맺은 공식 문서로서 보관하게 하였다.

　"우리는 로마인과 유대인이 바다와 육지에서 영원히 번영하기를 빈다. 두 민족에게는 전쟁이 없고 원수로서 침략이 없을 것이다. 만일 우리 동맹 가운데 어느 한쪽에서 전쟁이 일어나면, 서로의 요청에 따라 기쁜 마음으로 참전해야 하며, 적군에게 식량이나 무기, 돈, 선박 등을 제공하거나 보급해서는 안 된다.

　우리는 아무 조건 없이 이 협정을 지켜야 한다. 이것이 로마인과 유대인 사이에 맺은 조약문이다. 앞으로 여기에 무엇을 첨가하거나 삭제할 때는 양쪽 합의에 따라야 하며, 그렇게 첨가하거나 삭제한 것도 효력을 갖는다."

그리고 로마인이 다음과 같이 덧붙였다.

"시리아 왕 데메드리오가 당신들에게 저지른 악행에 대하여, 우리는 벌써 다음과 같이 편지를 써서 보냈소.

'어찌하여 그대는 우리의 우방이자 동맹국인 유대인에게 가혹한 속박을 가하는가? 만일 유대인이 그대의 잘못에 대하여 다시 탄원하면, 그들의 권익을 지키기 위해 절대 좌시하지 않을 것이고, 바다와 육지에서 그대와 맞서 싸울 것이다.'

그러니 당신들은 안심하기 바라오."

✳14✳
바키데스
잣나무야 통곡하라. 아름다운 나무들이 쓰러졌다

데메드리오는 니가노르와 그의 군대가 전장에서 쓰러졌다는 보고를 받고, 우익군과 더불어 바키데스와 알키모스를 다시 유다 땅으로 보냈다. 그들이 갈릴리 길로 행군하여 아르벨라 지방의 매살롯을 향하여 진을 치고, 그곳 사람들을 많이 죽였다. 그리고 예루살렘을 향해 진을 쳤다가, 보병 2만과 기병 2천을 거느리고 베레아로 향하였다.

유다는 정예병 3천 명을 이끌고 엘라사에 진을 치고 있었다. 적군의 수효가 많은 것을 보고, 대부분이 진지를 이탈하여 8백 명만 겨우 남았다. 전투가 임박하여 군대가 흩어진 것을 보고, 유다는 마음이 무너져 내렸다. 그는 낙담했으나 남은 병사들에게 말하였다.

"용기를 내라. 우리가 저들을 대적할 수 있다. 돌진하자!"

"우리에게는 그럴 만한 힘이 없습니다. 일단 우리의 목숨을 구하고, 동포들과 함께 와서 싸웁시다. 지금은 우리의 수가 너무 적습니다."

"우리가 적군을 보고 도망가다니, 그런 일은 절대 있을 수 없다. 우리가 죽을 때가 되었다면 용감하게 싸우다가 죽자. 우리의 명예에 오점을 남기지 말자."

그때 적군이 진격하여 유다 군과 맞섰다. 적의 기병대는 2부대로 나뉘었고, 투석병과 궁수들이 선봉에 서고, 강력한 돌격대가 앞으로 나왔다. 바키데스는 오른쪽에 서 있었고, 주력 부대가 나팔을 불며 양쪽에서 진격하였다. 유다의 군대도 나팔을 불었다. 양쪽 진영의 함성이 땅을 진동하였고, 전투는 아침부터 저녁까지 계속되었다.

유다는 바키데스와 그 주력 부대가 오른쪽에 있는 것을 보고, 자기 주위에 몰려든 용감한 군사들과 함께 진격하여, 적군의 오른쪽 부대를 무너뜨리고 아스돗 산까지 추격하였다. 적의 좌익군은 우익군이 무너진 것을 보고, 발길을 돌려 유다와 그의 병사들을 바짝 뒤쫓았다. 싸움이 격렬하여 양쪽이 모두 많은 사상자를 냈다. 이 전투에서 유다는 전사하였고, 그의 부하들은 도망쳤다.

요나단과 시몬이 유다의 시체를 거두어 모데인에 있는 조상들의 묘지에 안장하였다. 온 이스라엘 사람들이 여러 날 통곡하며 그의 죽음을 슬퍼하였다.

"이스라엘을 구한 영웅이 죽다니, 이게 웬일인가?"

유다의 행적과 그가 치른 전쟁, 공적과 명성에 대한 이야기는 너무 많아 다 기록할 수도 없다. 그가 죽은 후 사방에서 율법을 저버린 자들이 나타났다. 그때 큰 기근까지 들어 온 나라가 그들의 손에 넘어가고 말았다.

바키데스는 이스라엘을 반역한 자들을 뽑아 각 지방을 다스리게 하였다. 그들이 유다의 동지들을 찾아 바키데스에게 끌고 갔다. 그가 그들을 웃음거리로 만들고 보복하였다. 그리하여 뜻있는 이스라엘 사람들이 큰 압박을 받게 되었다.

✳ 15 ✳
요나단(1)

군사가 많다고 해서 승리하는 것이 아니다

유다의 동지들이 모여 요나단에게 말하였다.

"당신의 형 유다가 죽은 후, 바키데스나 우리 민족을 배신한 자들에게 대항할 만한 사람이 없습니다. 오늘 당신을 우리의 영도자로 삼았으니, 전쟁을 지휘하여 주십시오."

그때부터 요나단이 자기 형 유다의 후계자가 되었다. 바키데스는 이 사실을 알고 요나단을 죽이려 하였다. 요나단과 그의 형 시몬, 그의 모든 동지들이 드고아 광야로 물러나 아스팔 못가에 진을 쳤다. 바키데스도 그 사실을 알고, 전군을 이끌고 요단을 건넜다.

요나단이 보급대의 책임자인 자기 형 요한을 보내며, 동지인 나바티 아인들에게 많은 양의 짐을 맡아달라고 부탁하였다. 그런데 메드바 지방의 얌브리 사람들이 나와 요한을 붙잡아 죽이고, 그가 가지고 가던 물건을 모두 빼앗아갔다. 그 후 얌브리 사람들의 결혼식이 있었고, 요나단과 그의 형 시몬에게 정보가 들어왔다.

"얌브리 사람들이 신부인 가나안 귀족의 딸을 데리고, 큰 대열을 지어 나다밧에서 오고 있습니다."

그들이 자기 형 요한의 죽음을 생각하며 길목에 매복하고 있었다. 사람들이 웅성거리며 많은 짐을 진 행렬이 눈에 들어왔다. 신랑과 그 친구들과 형제들이 악단과 가수와 무장한 사람들을 데리고, 신부의 일행을 맞으러 나왔다.

요나단 형제가 달려 나와 그들을 치자 많은 사람이 쓰러지고 일부는 산으로 도망쳤다. 그들의 물건을 모두 전리품으로 차지하였다. 그리하여 결혼식은 울음바다가 되었고, 음악 소리는 통곡으로 변하였다. 이렇게 요나단 형제는 자기 형의 원수를 갚고 요단강 습지에 도착하였다. 그 소식을 듣고 바키데스가 안식일을 골라 큰 군대를 거느리고 요단강에 이르렀다. 요나단이 부하들에게 말하였다.

"일어나 우리의 목숨을 걸고 싸우자. 오늘은 어제나 그제와 같지 않다. 지금 우리는 배수진을 쳤다. 뒤에는 요단강이, 옆에는 습지와 덤불이 가로막고 있다. 후퇴하거나 빠져나갈 길이 없다. 이제 하늘을 향해 부르짖고, 적들의 손에서 구해달라고 기도하자!"

전투가 시작되자 요나단이 칼을 뽑아 바키데스를 치려고 손을 뻗쳤다. 그가 칼을 피해 뒤로 물러섰다. 그때 요나단과 그 군사들이 요단강에 뛰어들어 건너편으로 헤엄쳐 갔다. 적군은 강으로 뛰어들지 않았다. 그날 바키데스 쪽에서 1천 명이 쓰러졌다.

바키데스는 예루살렘으로 돌아가 유다의 여러 성읍들, 곧 여리고, 엠마오, 벳호론, 베델, 딤나다, 바라돈, 데폰 등을 요새화하여, 높은 성벽과 성문과 빗장으로 튼튼히 채웠다. 그리고 이스라엘을 대항하여 싸울 수비대를 배치하였다. 또 벳술과 게젤, 예루살렘 요새를 더욱 견고하게 하여 군대를 배치하고 양식을 쌓아두었다. 그리고 그 지방 지도자의 아들들을 인질로 잡아 요새 안의 감옥에 가두었다.

알키모스는 성소 안의 벽을 헐어 예언자의 업적을 없애려고 하였다. 그들이 벽을 허물기 시작할 때, 알키모스가 갑자기 쓰러져 작업이 중단되었다. 그의 입이 막히고 굳어 더이상 말할 수 없었으며, 큰 고통 속에서 죽어갔다. 그가 죽는 것을 보고 바키데스는 왕에게 돌아갔다.

이후 2년 동안 유다 땅이 평온하였다. 그때 무모한 자들이 모두 모여 모의하다가 말하였다.

"지금 요나단과 그 일당이 태평성대를 누리고 있잖소? 바키데스를 다시 모셔옵시다. 저들을 하룻밤 사이에 일망타진할 수 있을 것이오!"

그리고 바키데스를 찾아가 함께 모의하였다. 그가 대군을 이끌고 출발하며 유다에 있는 자기 동맹자들에게 비밀 편지를 보냈다. 요나단과 그 부하들을 잡으라는 것이었다. 하지만 그 음모가 탄로 나 실패하였다. 요나단이 그 음모를 주도한 유대인 반역자 50명을 색출하여 죽였다.

요나단과 시몬이 군사들을 이끌고, 광야에 있는 벳바시로 물러가 무너진 성읍을 수축하고 견고하게 하였다. 바키데스가 모든 군대를 소집하고, 유다 땅의 동조자들에게 명령을 내렸다. 그가 진군하여 벳바시를 향해 진을 치고, 기구를 만들어 여러 날 성을 공격하였다.

요나단이 그 성에 자기 형 시몬을 남겨두고 밖으로 나갔다. 몇 사람만 데리고 가서 천막에서 생활하는 오도메라와 그 형제들, 바시론 가문의 사람들을 굴복시켰다. 그들이 요나단의 군대와 합세하여 바키데스 군을 치면서 올라갔다. 그때 시몬과 그 군대도 성에서 나와 공격 기구를 불사르고 바키데스군을 쳤다. 이렇게 양면에서 공격하자 마침내 그가 무너졌다.

바키데스는 원정 계획이 무위로 끝났음을 알고, 싸움을 권유한 무도한 자들에게 몹시 화를 내며 그들을 많이 죽였다. 그리고 자기 나라에 돌아가기로 작정하였다. 요나단이 알고 사절을 보내 화친을 청하며 포로들을 넘겨달라고 하였다. 그가 받아들여 그대로 하였다. 그는 일평생 요나단을 해치지 않겠다고 맹세하고, 유다 땅에서 잡아간 포로들을 넘겨주었다. 그리고 다시는 유다 땅에 발을 들여놓지 않았다.

이윽고 이스라엘에서 전쟁이 멈추었다. 요나단이 미그맛에 자리를 잡고 백성을 다스리기 시작하였으며, 반역자들을 모두 색출하여 없앴다.

✳ 16 ✳
알렉산더 에피파네스
세속의 제물로라도 친구를 사귀라

안티오코스의 아들 알렉산더 에피파네스가 데메드리오의 영토인 프톨레마이스에 가서 그 도시를 점령하였다. 주민들이 환영하는 것을 보고 자기를 왕으로 선포하였다. 데메드리오 왕이 큰 군대를 모아 출전하며 생각하였다.

'요나단이 알렉산더와 결탁하기 전에 우리가 먼저 우호 관계를 맺는 것이 좋겠다.'

그리고 요나단에게 편지를 보내 높은 지위를 약속하였다. 요나단과 그 형제들과 동포들이, 그가 저지른 온갖 악행을 기억하고 있을 것이라 믿었기 때문이다. 그래서 데메드리오가 요나단에게 군대를 소집하여 무장할 수 있는 권한을 주고 동맹을 맺었다. 아울러 예루살렘 요새 안에 잡아둔 인질을 보내라고 부하들에게 명령하였다.

요나단이 예루살렘에 와서 온 주민과 요새의 군대들이 다 들을 수 있도록 그의 편지를 읽었다. 그들은 왕이 요나단에게 군대를 모집할 권한을 주었다는 말을 듣고 몹시 두려워하였다. 요새를 지키던 군인들이 인질을 보내주었고, 요나단은 그들을 집으로 돌려보냈다.

요나단이 예루살렘을 수축하고 건설하는 일에 착수하였다. 도시의 방어를 위해 성벽을 쌓고, 네모난 돌로 시온 산을 둘러쌓도록 일꾼들에게 명령하였다. 모든 일이 착착 진행되었다.

그때 바키데스가 세운 요새 안의 이국인들이 보고 모두 도망쳤다. 그들은 저마다 살던 곳을 버리고 자기 고향으로 돌아갔다. 그러나 벳술은 피난처로서 율법과 계명을 저버린 자들 몇이 그대로 남아있었다.

알렉산더 왕은 데메드리오가 요나단에게 편지를 보내 여러 가지를 약속했다는 소식을 들었다. 요나단과 그 형제들이 치른 전쟁 이야기와 빛나는 공적들과, 그들의 노고에 대해서도 듣고 생각하였다.

"그와 같은 인물을 어디서 얻을 수 있겠는가? 그를 친구로 삼고 동맹을 맺어야겠다."

그리고 편지를 써서 요나단에게 보냈다.

"알렉산더 왕이 요나단 형제에게 인사드립니다. 나는 당신이 용감하며 친구가 될 만하다는 말을 들었습니다. 오늘 당신을 귀국의 대제사장으로 임명하고, 왕의 친구라는 칭호를 주는 바입니다. 내 편이 되고 친구가 되어주시기 바랍니다."

그리고 진홍색 제사장복과 황금관을 보냈다. 요나단이 초막절에 그 제사장복을 입고, 군대를 모집하여 충분한 무기를 갖추었다. 데메드리오 왕이 듣고 마음을 아파하며 말하였다.

"알렉산더가 유대인들과 우호 관계를 맺고, 자기 지위를 굳히고 있다. 우리는 무엇을 하고 있었는가? 나도 그들에게 편지를 써서 격려하고 높은 지위와 선물을 약속하며 그들의 도움을 구해야겠다."

그리고 편지를 보냈다.

"나 데메드리오 왕이 유다 국민에게 인사합니다. 당신들이 우리와 협약을 지키고, 우호 관계를 계속하여 우리의 적과 동조하지 않았다는 말을 듣고 기쁘게 생각합니다. 앞으로도 계속 우리와 신의를 지켜 주시기 바랍니다. 당신들이 우리에게 보여준 호의에 대해 후히 사례하겠습니다.

당신들에게 여러 가지를 면제할 것이며 선물도 내릴 것입니다. 지금 당장 모든 자유를 주고, 조공과 소금세와 왕관세를 면제하며, 공물의 1/3세와 과일의 1/2세도 오늘부터 면제합니다. 기한 없이 유다와 사마리아, 갈릴리, 그리고 유다에 편입된 세 지역에서 지금 말한 세를 받지 않겠습니다. 예루살렘을 신성한 장소로 인정하고 1/10세와 그 밖의 다른 조세도 면제합니다.

또 예루살렘 요새의 지배권을 포기하고 대제사장에게 양도합니다. 그는 이 요새를 수비하기 위해 자기 군대를 배치할 수 있습니다. 유다 땅에서 나의 왕국 각처로 끌려온 유대인 포로는, 누구를 막론하고 무조건 자유를 주고 석방합니다. 아무도 유대인의 가축세를 받지 못할 것입니다.

유대인의 모든 축제일과 안식일과 초하루 축제와 그 밖의 축일로 정해진 날은 물론, 축제 전후 3일간을 온 왕국의 유대인들이 자유롭게 쉴 수 있는 날로 선포합니다. 이날에는 어느 누구도 유대인에게 강제로 일을 시키거나 부담을 줄 수 없습니다.

유대인은 3만 명까지 왕의 군대에 편입될 수 있고, 그들은 왕의 군대와 똑같이 대우받을 것입니다. 유대인 중에서 어떤 사람은 여러 곳에 있는 왕의 큰 요새에 배치될 것이고, 또 어떤 사람은 왕국의 요직을 맡아 왕의 신임을 얻게 될 것입니다. 유대인을 다스리고 지휘할 사람은 유대인 중에서 나올 것이며, 유다 민족의 율법에 따라 살아갈 것입니다. 이는 유다 땅에서 왕명으로 적용될 것입니다.

사마리아 지방에서 유다로 편입된 세 지역은 완전히 유다 땅이 되고, 한 사람의 영주 밑에 속할 것이며, 대제사장 이외의 아무 권위에도 속하지 않습니다. 성소에 필요한 경비를 충당하기 위해 나는 프톨레마이스와 그 인접 지역을 예루살렘 성소의 소유로 줍니다.

또 내가 적당하다고 생각하는 지역에서 받아들이는 세입 중에서, 해마다 은 1만 5천 세겔을 성전에 바치겠습니다. 전에 성전 금고에 들어오지 않던 보조금을 징수하여 성전에 바쳐 성전을 위해 쓰도록 하겠습니다. 그리고 해마다 성전 수입에서 나라에 바치던 세금 은 5천 세겔도 면제합니다. 이 돈은 성전을 관리하는 제사장들의 몫이기 때문입니다.

예루살렘 성전과 그 경내에 피난한 사람들은, 비록 왕에게 빚을 졌거나 다른 어떤 빚을 졌더라도 안전이 보장되고, 그가 나의 왕국 안에서 가지고 있는 소유물도 안전하게 보장됩니다. 성전을 건축하거나 수축하는 모든 비용은 나의 금고에서 지급될 것이며, 예루살렘 성벽의 건축과 그 주위를 강화하는 비용과, 유다 전역에 성을 쌓는 모든 비용도 역시 왕의 금고에서 지급될 것입니다."

요나단과 백성이 듣고 믿기지 않아 그 제의를 받아들이지 않았다. 데메드리오가 이스라엘에서 저지른 엄청난 악행과 그들을 괴롭혔던 일이 생각났기 때문이다. 그들은 오히려 먼저 호의를 표시한 알렉산더를 더 좋게 여겼던바, 그와 꾸준히 동맹 관계를 유지하였다.

✳ 17 ✳
프톨레미

속이는 자는 자기도 속고 남도 속인다

알렉산더 왕이 대군을 모집하여 데메드리오를 쳤다. 교전 끝에 알렉산더가 데메드리오를 추격하여 무찔렀다. 데메드리오는 분전하였으나 전사하였다. 알렉산더가 이집트 왕에게 사신을 보내 전하였다.

"내가 이제 조상 때부터 내려오는 왕권을 찾았습니다. 데메드리오와 그 군대를 무찌르고 왕좌도 차지했습니다. 우리가 서로 우호 관계를 맺고, 당신의 딸을 내 아내로 주십시오. 내가 당신의 사위가 되어 누구나 만족할 만한 예물을 보내드리겠습니다."

프톨레미 왕이 대답하였다.

"당신이 조상들의 땅에서 왕좌를 계승하였다니 축하합니다. 당신의 편지대로 하겠습니다. 우리가 서로 만나볼 필요가 있으니, 프톨레마이스에서 나를 맞아주십시오. 당신의 뜻대로 내가 당신의 장인이 되겠습니다."

그리고 프톨레미가 딸 클레오파트라를 데리고 이집트를 출발하여 프톨레마이스에 도착하였다. 알렉산더 왕은 그를 영접하였고, 프톨레미는 딸 클레오파트라를 그의 아내로 주었다. 왕의 결혼식답게 굉장히 호화롭게 예식을 올렸다.

그때 알렉산더 왕이 요나단에게 편지를 보내 자기를 만나러 오라고 하였다. 요나단이 위풍을 떨치며 프톨레마이스에 갔다. 그가 두 왕과 그 친구들에게 은금과 그 밖의 많은 예물을 바치고 환심을 샀다. 몇몇 율법을 저버린 이스라엘의 악당들이 몰려와 그를 고소했으나, 왕은 그 말을 들은 척도 하지 않았다. 왕은 오히려 그의 옷을 벗기고 진홍색 제사장복을 입히라고 하였다. 그리고 요나단을 자기 옆에 앉히고 신하들에게 말하였다.

"이분과 함께 시내로 들어가 무슨 구실로든지 고발하지 못하도록 하고, 조금도 괴롭히지 말도록 모든 사람에게 이르라!"

요나단이 왕의 명령으로 영광을 받으며 진홍색 제사장복을 입은 것을 보고, 그를 비난하던 자들이 모두 도망쳤다. 이렇게 왕은 그를 영광스럽게 하였고, 가장 친한 친구 중의 하나로 삼아 그 지방의 군사와 행정 책임자로 세웠다. 요나단이 매우 기뻐하며 예루살렘으로 돌아왔다.

✳18✳
아폴로니우스
악한 자가 입을 열면 마을이 망한다

데메드리오 왕의 아들 데메드리오가 크레타 섬을 떠나 선조들의 땅에 이르렀다. 그 소식을 들은 알렉산더 왕이 몹시 걱정되어 안티오키아로 돌아왔다. 데메드리오가 코일레 시리아의 총독 아폴로니우스를 사령관으로 임명하였다. 그가 대군을 모집하여 얌니아에 진을 치고, 대제사장 요나단에게 전갈을 보냈다.

"우리에게 반항하는 자는 그대뿐이다. 그대로 인해 나는 웃음거리가 되고 조롱거리가 되었다. 그대는 어찌하여 그 산속에서 세도를 부리며 우리에게 대항하는가? 그대가 군대를 가지고 우리와 싸울 자신이 있거든 우리가 있는 평지로 내려오라. 여기서 한번 겨뤄보자.

여러 도시의 군대가 나를 지지하고 있다. 그대는 내가 누구이며, 또 우리를 돕고 있는 사람들이 누구누구인지를 사람들에게 물어보라. 그대의 조상들이 그 땅에서 싸우다가 2번이나 패주했다는 사실을 알 것이고, 우리와 도저히 맞설 수 없다는 사실도 알 것이다. 이곳은 돌이나 자갈이 없고 숨을 곳도 없다. 여기서 그대는 나의 기병과 보병에 도저히 대항할 수 없을 것이다."

요나단이 분개하여 병력 1만을 뽑아 예루살렘을 떠났다. 시몬도 그를 돕기 위해 합세하였다. 요나단이 욥바 성을 향해 진을 쳤다. 거기 아폴로니우스의 수비대가 주둔하고 있었던바, 그 성 사람들이 성문을 잠그고 들어오지 못하게 하였다. 요나단의 군대가 그 성을 공격하자 사람들이 무서워 성문을 열어주었고, 요나단은 욥바 성을 점령하였다.

아폴로니우스가 그 소식을 듣고, 기병 3천과 큰 군대를 정비하여 아조토를 향해 진군하였다. 욥바 성을 그냥 지나가는 척하며 평야로 진군하였다. 그가 막강한 기병대를 믿었던 것이다. 요나단이 아폴로니우스를 추격하여 아조토까지 가서 맞붙어 싸웠다. 아폴로니우스가 기병 1천을 미리 유다 군 후방에 숨겨놓았다. 요나단은 그 사실을 알고 있었다. 적군이 요나단의 군대를 포위하고 아침부터 저녁까지 활을 쏘아댔다. 요나단 군이 그곳을 잘 방어하였다.

적의 말들이 지칠 대로 지쳤을 때, 시몬이 군대를 이끌고 나타나 적의 주력 부대와 맞서 싸웠다. 그들은 시몬에게 대패하여 도망쳤고, 기병대도 평지에서 산산이 흩어졌다. 적은 목숨을 건지기 위해 아조토로 건너가 그들의 우상 다곤을 모신 신전으로 들어갔다. 요나단이 아조토와 그 주위의 여러 도시를 불사르고 약탈하였으며, 다곤 신전과 그 속으로 도피한 적들을 불살랐다. 이렇게 하여 칼에 쓰러진 자와 불에 타 죽은 자가 8천 명에 이르렀다.

요나단이 계속 진군하여 아스칼론 성을 향해 진을 쳤다. 사람들이 성문을 열고 나와 그를 성대하게 맞아들였다. 요나단과 그의 군대가 많은 전리품을 얻어 예루살렘으로 돌아왔다. 알렉산더 왕이 보고를 받고 요나단에게 더욱 큰 영예를 주었다. 관습에 따라 왕의 친족에게만 주는 황금 띠 죔쇠를 그에게 보내고, 에그론과 거기 딸린 지역의 영도권을 주었다.

✳ 19 ✳
데메드리오
한 사람은 심고 다른 사람은 거둔다

이집트의 프톨레미 왕이 바닷가의 모래같이 많은 군대와 선박을 모아놓고, 알렉산더 왕국을 정복하려는 음모를 꾸몄다. 그가 평화를 내세우며 시리아로 갔다. 여러 도시의 사람들이 문을 활짝 열고 맞아들였다. 알렉산더 왕의 장인으로 잘 영접하라는 명령이 내려졌기 때문이다. 그는 가는 곳마다 수비대라는 명목으로 자기 군대를 주둔시켰다.

프톨레미가 아조토 가까이 이르렀을 때, 그곳 사람들이 다 타버린 다곤 신전과 폐허가 된 아조토 성과 그 주변의 도시들을 보여주었고, 사방에 버려진 시신과 요나단이 불살라 죽인 시체를 보여주었다. 그 사체가 왕이 지나가는 길가에 산더미처럼 쌓여있었다. 아조토 사람들이 요나단을 비난하려고 그렇게 하였으나, 왕은 아무 말도 하지 않았다. 요나단이 욥바에서 왕을 성대하게 맞아 서로 인사하고 하룻밤을 같이 보냈다. 그가 왕과 함께 엘류데로스 강까지 갔다가 예루살렘으로 돌아왔다.

프톨레미 왕이 바닷가에 있는 셀류기아에 이르기까지 모든 해안 도시를 장악하고, 알렉산더 왕에 대한 흉계를 꾸며나갔다. 그리고 데메드리오 왕에게 사신을 보내 말하였다.

"나와 계약을 맺읍시다. 알렉산더가 차지한 내 딸을 당신에게 주겠소. 그리고 당신 부왕의 왕국을 다스리게 하겠소. 알렉산더가 나를 죽이려고 하여 내가 딸을 준 것을 후회하고 있소."

프톨레미가 알렉산더 왕국을 탐한바, 그를 중상하고 자기 딸을 데려다가 데메드리오에게 주었다. 그와 알렉산더 사이는 자연히 멀어졌고, 서로 적개심을 노골적으로 드러내게 되었다. 프톨레미가 안티오키아로 들어가 아시아 지방의 왕으로서 왕관을 썼다. 그는 이집트와 아시아 두 왕국의 왕관을 동시에 썼다.

그때 길리기아 사람들의 반란을 평정하려고 갔던 알렉산더 왕이 소식을 들었으며, 프톨레미와 싸우려고 진군해 왔다. 프톨레미가 군대를 이끌고 진격하여 알렉산더를 패주 시켰다. 알렉산더는 아라비아로 도망갔고, 프톨레미 왕이 완전한 승리를 거두었다.

아라비아의 잡디엘이라는 사람이 알렉산더의 목을 베어 프톨레미에게 보냈다. 그러나 3일 후 프톨레미 왕도 죽었고, 그가 여러 요새에 배치한 수비병들은 주민들의 손에 피살되었다. 그래서 데메드리오가 왕이 되었다.

요나단이 예루살렘 요새를 공격하려고 유대인들을 모았다. 그들이 성을 공격하는 기구를 많이 만들어 세웠다. 그런데 율법을 저버리고 자기 민족을 배신한 일부 유대인들이, 데메드리오 왕에게 가서 요나단이 요새를 포위하였다는 사실을 밀고하였다.

데메드리오가 즉시 출전하여 프톨레마이스로 갔다. 요나단에게 포위를 풀고 자기와 대화하자는 편지를 써 보냈다. 요나단은 계속 포위할 것을 명령하고, 이스라엘의 장로와 제사장 몇 사람을 뽑아 위험을 무릅쓰고 프톨레마이스로 갔다. 그가 은금과 옷가지와 여러 가지 선물을 많이 가지고 가서 왕의 환심을 샀다.

그때 율법을 저버린 유대인 몇이 왕에게 요나단을 참소했으나, 왕은 전의 다른 왕들과 같이 요나단을 잘 대접하고, 모든 신하들 앞에서 그를 높여주었다. 그리고 그의 대제사장직과 모든 명예직을 인정하고, 왕의 가장 친한 친구로 삼았다. 요나단이 유다 땅은 물론이고, 사마리아에 속한 세 지방에서 거두는 조공의 면제를 조건으로 300달란트의 돈을 바치겠다고 약속하였다. 왕이 그 청을 받아들이고 요나단에게 글을 써주었다.

"나 데메드리오 왕은 나의 동지 요나단과 유다의 국민에게 인사합니다. 내가 아버지처럼 존경하는 라스데내스에게 보낸 편지의 사본을 여러분에게도 보냅니다.

'나 데메드리오 왕이 아버지로 모시는 라스데내스에게 인사드립니다. 나의 친구이며 나에게 모든 의무를 다하는 유다 국민이 나에게 표시한 호의를 고맙게 생각하여 그들에게 잘 대하려고 작정했습니다. 나는 유다의 영토는 물론, 아파이레마, 룻다, 라마다임 지방을 그들의 영토로 인정합니다. 이 세 지방은 그 주위의 모든 지역과 함께 사마리아에서 유다로 편입된 땅으로, 전에는 왕이 거기서 나는 곡식과 과일에 대해 매년 세를 부과하던 곳입니다. 이 땅을 예루살렘에서 희생 제사를 지내는 사람들을 위해 주기로 했습니다. 그들이 우리에게 바쳐야 할 1/10세와 염전세와 왕관세 등을 모두 면제하겠습니다. 이것은 오늘

부터 영원히 취소되지 않을 것입니다.'

그러므로 이 편지의 사본을 눈에 잘 띄는 거룩한 산 위에 두십시오.
꼭 부탁합니다."

✻ 20 ✻
트리폰

서 있는 사람은 넘어지지 않도록 조심하라

데메드리오 왕이 온 나라가 자기 통치하에서 평온하고 반항 세력이
없다고 생각하였다. 이방인의 여러 성에서 고용한 외인부대만 남기고
모든 군대를 해산시켜 집으로 돌려보냈다. 그런데 그의 선왕 시대부터
봉사한 군인들이 그에게 적개심을 품고 있었다.

알렉산더의 옛 부하였던 트리폰이 모든 군대가 데메드리오에게 불
만을 품고 있다는 사실을 알고, 알렉산더의 어린 아들 안티오코스를
기르고 있는 아라비아 사람 이말코에게 갔다. 그는 데메드리오가 지금
까지 한 일과 그의 군대가 그에게 적개심을 품고 있다는 사실을 그에
게 말하고, 어린 안티오코스를 자기 아버지의 대를 이을 왕으로 세우
겠다며 자기에게 넘겨달라고 강력히 요청하였다. 그리고 거기서 여러
날 동안 머물렀다.

요나단은 데메드리오 왕에게 사신을 보내며, 이스라엘 사람을 대적
하는 예루살렘 요새 안의 군대와 다른 요새의 군대를 철수시킬 것을
요청하였다. 데메드리오가 요나단에게 사신을 보내 말하였다.

"나는 귀하의 요청대로 나의 군대를 철수시킬 뿐만 아니라, 적당한 시기에 귀하와 귀하의 국민에게 최상의 영예를 드리겠습니다. 지금 나의 모든 군대가 반란을 일으키고 있습니다. 나를 위해 싸울 군대를 보내주시면 좋겠습니다."

요나단이 정예 병력 3천을 안티오키아의 데메드리오에게 보냈고, 왕은 그 병력을 보고 대단히 기뻐하였다. 그때 안티오키아 사람들이 도시 중앙에 집결하여 왕을 죽이려고 하였던바, 그들의 수가 12만 명이나 되었다. 왕은 궁전 안으로 도망쳤고, 시민들은 그 도시의 주요 도로를 점령한 후 전투를 개시하였다.

왕이 유다군에게 원조를 요청하였다. 유다군이 왕에게 모였다가 거리로 나가서, 그날 10만 명을 죽이고 거리를 불 질렀으며, 많은 노획품을 거두고 왕을 구출하였다. 안티오키아 시민들은 유대인들이 손쉽게 성을 점령하는 것을 보고, 사기를 잃어 왕에게 호소하였다.

"저희들과 화해하고 유대인들이 이 성을 더이상 해치지 않도록 해주십시오!"

그들이 무장을 해제하고 왕과 화해하였다. 유대인들은 왕과 그 나라의 모든 국민 앞에서 영예를 얻은 후, 많은 전리품을 가지고 예루살렘으로 돌아왔다. 그래서 데메드리오 왕이 다시 왕좌에 앉았고, 온 나라는 그의 통치하에서 평온을 되찾았다. 그러나 왕은 약속을 어기고, 요나단이 자기에게 베풀어준 호의에 보답하기는커녕 오히려 적대시하며 몹시 괴롭혔다.

트리폰이 어린 안티오코스를 데리고 돌아왔다. 안티오코스가 왕이 되어 왕관을 썼다. 데메드리오를 떠났던 모든 군대가 안티오코스에게 모여들어 그를 대항하여 싸웠다. 데메드리오가 패배하여 도망쳤다. 트리폰이 코끼리 부대를 장악하고 안티오키아를 지배하였다.

어린 안티오코스가 편지를 보내 요나단의 대제사장직을 인정하고, 4지방의 영주로 임명하며 왕의 친구로 삼겠다고 하였다. 그리고 금 그릇과 식기들을 선물로 보내고, 황금잔으로 마실 수 있는 권리, 진홍색 제사장복을 입을 수 있는 권리, 황금 띠 죔쇠를 착용할 권리를 주었다. 아울러 요나단의 형 시몬을 두로의 계단이라 불리는 지방에서 이집트의 국경까지 이르는 온 지역의 영주로 임명하였다.

요나단이 유다를 떠나 유프라테스 강 건너편과 여러 도시를 순회하였다. 그때 시리아의 온 군대가 모여들어 그의 편이 되었다. 그가 아스칼론에 갔을 때 사람들이 성대하게 환영하였다. 그러나 가자의 시민들은 성문을 잠그고 맞아들이지 않았다. 그가 성을 포위하고 주변 도시를 불태우고 약탈하였다. 가자의 시민들이 요나단에게 탄원하여 그들과 화해하고, 그들의 지도자 아들들을 인질로 붙잡아 예루살렘으로 보냈다. 그리고 그 지방을 통과하여 다마스쿠스까지 갔다.

그때 요나단은 데메드리오 군의 장군들이 그 일을 방해하기 위해 갈릴리 가데스에 와 있다는 소리를 들었다. 요나단이 형 시몬을 본국에 남겨두고 그들과 싸우러 나갔다. 시몬은 벳술을 향해 진을 치고, 여러 날 동안 공격하여 그 도시를 봉쇄하였다. 적군이 화해를 요청하여 시몬이 받아들였다. 그리고 그들을 쫓아버리고, 그 도시를 점령한 후 수비대를 배치하였다.

요나단과 그 군대는 게네사렛 호숫가에 진을 치고 아침 일찍 하솔 평원으로 진군하였다. 이국 군대가 평원에서 요나단을 맞아 싸우는 한편, 그를 기습하려고 산중에 복병을 배치하였다. 그들이 갑자기 뛰쳐나와 전투에 가담하였다. 요나단의 군대는 모두 도망치고, 압살롬의 아들 맛다디아와 갈피의 아들 유다 외에 살아남은 자가 없었다. 그들은 요나단 군의 지휘관들이었다.

요나단이 옷을 찢고 머리에 흙을 뿌리며 기도하였다. 그리고 다시 전장으로 돌아가 적군을 무찌르고 패주 시켰다. 도망친 병사들이 보고 다시 요나단에게 돌아왔다. 그들이 가데스까지 적군을 추격하여 진을 쳤다. 그날 이국 병사 3천이 죽었고, 요나단은 예루살렘으로 돌아왔다.

✳ 21 ✳

평화 사절단

내가 주는 평화는 세상의 것과는 다르다

요나단이 로마인과의 우호 관계를 굳히고, 앞으로도 계속 유지하기 위해 평화 사절단을 보냈다. 또 같은 목적으로 스파르타와 다른 곳에도 편지를 보냈다. 사신들이 로마 원로원에 들어가 말하였다.

"대제사장 요나단과 유다 국민이 로마인과의 우호 관계와 동맹을 전과 같이 계속 유지하기 위해 우리를 보냈습니다."

로마인은 그들이 안전하게 유다로 돌아갈 수 있도록 하라는 내용의 편지를 각 지방의 장관에게 써서 그들에게 주었다. 요나단이 스파르타 사람들에게도 편지를 써 보냈다.

"대제사장 요나단과 장로와 제사장과 유다 온 국민이 스파르타 형제에게 인사합니다. 여러분의 왕 아레오스가 전에 우리의 대제사장 오니아스에게 보낸 편지의 사본을 여기 동봉합니다. 그는 여러분을 우리의 형제라고 불렀습니다. 오니아스는 귀국의 사신을 성대하게 환영하였고, 동맹과 우호 관계를 맺는다는 선언을 한 편지도 받았습니다.

우리는 우리의 힘이 되는 성경을 가지고 있어 굳이 동맹이나 우호 관계를 맺지 않아도 되지만, 우리와 여러분의 사이가 멀어지지 않도록 여러분과 형제 관계를 맺고, 우호 관계를 계속 유지하고자 합니다. 이에 우리가 이 편지를 여러분에게 보내는 바입니다. 우리가 여러분의 편지를 받은 지도 꽤 오래되었습니다.

우리는 언제나 여러분을 생각하고 있습니다. 축제일이나 그 밖의 다른 적당한 날에, 희생 제물을 바치고 기도할 때도 여러분을 잊지 않습니다. 형제를 생각하는 것은 마땅히 해야 할 일이 아니겠습니까? 여러분이 받은 영광은 곧 우리의 기쁨입니다.

우리는 여러 가지 어려움을 겪으며 많은 전쟁을 치렀습니다. 우리 주변의 이국 왕들이 우리를 공격하였습니다. 그러나 우리는 그 전쟁 때문에 여러분이나 다른 동맹국, 또는 친구들에게 누를 끼치려고 하지 않았습니다. 우리가 하늘의 도움을 받고 있기 때문입니다.

우리는 원수들의 수중에서 구출되고 원수들은 굴복하고야 말았습니다. 우리는 안티오코스의 아들 누메니오스와 야손의 아들 안티파테르를 뽑아, 전에 로마인과 맺은 우호 관계와 동맹을 계속 유지하려고 보냈습니다.

우리는 이들로 하여금 여러분 나라에도 가서 인사드리고, 여러분과 우리의 형제 관계를 계속 유지하자는 내용의 편지를 전달하도록 하였습니다. 이 일에 대한 회신을 보내주시면 좋겠습니다.

'스파르타의 왕 나 아레오스가 유다의 대제사장 오니아스에게 인사를 보냅니다. 어떤 문헌에서도 찾아볼 수 있듯이 스파르타인과 유대인은 서로 형제이고, 두 민족이 다 아브라함의 후예입니다. 이러한 사실을 서로 알고 있으니, 귀국이 얼마나 번영했는지 나에게 편지로 알려주시면 좋겠습니다. 나는 여러분의 가축과 재산이 우리의 것이고, 우리의 것이 여러분의 것이라는 사실을 밝힙니다. 그러므로 나는 이 사실을 귀하에게 전하라고 나의 사신에게 명령했습니다.'

이는 아레오스가 오니아스에게 보낸 편지의 사본입니다."

＊22＊
요나단(2)

아, 용사들이 쓰러지고 무기가 사라졌구나

요나단은 데메드리오의 장군들이 전보다 훨씬 많은 군대를 이끌고, 자기를 치려고 돌아왔다는 정보를 들었다. 그가 예루살렘을 떠나 진군하여 하맛 지방에서 그들과 만났다. 그는 적군이 자기 나라에 침입할 기회를 허락하지 않았다.

그가 적진에 보낸 정찰병들이 돌아와 보고하였다. 적군이 그날 밤 유대인들을 습격할 태세를 갖추고 있다는 것이었다. 요나단이 해가 진 후, 무장을 단단히 하고 전투태세로 깨어 있으라고 명령하였다. 그리고 진영 주위에 전초병을 배치하였다.

적군은 요나단과 그의 병사들이 전투태세를 갖추었다는 소식을 듣고, 지레 겁을 먹고 자기 진영에 불을 피워놓고 달아났다. 밤새도록 불이 타오르고 있었던바, 요나단은 적군이 도망친 줄 아침까지 모르고 있었다. 즉시 적군을 추격하였으나 벌써 엘류데로스 강을 건너가 놓치고 말았다. 그래서 공격의 대상을 바꿔 자바대인이라는 아라비아인들에게 진격하여 그들을 쳐부수고 물건을 노획하였다. 그리고 다마스쿠스로 가서 그 부근의 온 지방을 두루 다녔다.

시몬은 자기 진지를 떠나 아스칼론과 그 주위에 있는 요새까지 진군하였다. 그리고 방향을 바꿔 욥바로 진격하여 그 도시를 재빨리 점령하였다. 그 도시 사람들이 욥바 요새를 데메드리오 군에게 주려고 한다는 소문이 들렸기 때문이다. 그리고 수비대를 배치하여 그곳을 지키게 하였다.

요나단은 예루살렘으로 돌아와 백성의 장로들을 소집하여 의논하였다. 유다 땅 여러 곳에 요새를 세우고, 예루살렘 성벽을 더 높이 쌓으며, 요새와 예루살렘 시내와의 사이에 아주 높은 장벽을 세우기로 하였다. 이 장벽으로 요새와 도시를 갈라 요새 안의 군인들을 고립시킴으로써, 시내 사람들과 사고파는 일을 하지 못하게 하려는 것이었다.

예루살렘 동쪽 계곡의 성벽이 일부 무너져 사람들은 도시를 재건하기 위해 모여들었다. 요나단이 가페나다라는 구역의 성도 수축하였다. 시몬도 평원 지대의 아디다라는 도시를 재건하고, 성문을 달아 빗장으로 잠그고 요새로 만들었다.

그때 트리폰이 안티오코스 왕의 왕관을 빼앗아 쓰고 아시아의 왕이 되려는 야망을 품었다. 요나단이 전쟁까지 서슴지 않을 것이라는 생각이 들어 먼저 요나단을 잡아 죽이려고 하였다. 그가 군대를 이끌고 벳산으로 진군하였다.

요나단도 전열을 갖추어 정예병 4만을 이끌고 트리폰과 맞서 싸우기 위해 벳산으로 갔다. 트리폰은 요나단의 대군을 보고 그와 맞서 싸우기를 꺼려하였다. 요나단을 성대하게 환영하고 자기 모든 친구들을 소개하며 선물을 주었다. 그리고 자기에게 복종하듯 요나단에게 복종하라고 명령하였다.

"우리는 지금 전쟁을 하고 있지 않습니다. 어찌하여 이 모든 군대를 이끌고 와서 나를 괴롭히려 하십니까? 이들을 모두 집으로 돌려보내고, 부하 몇 사람만 뽑아 귀관을 호위하게 하여 나와 함께 프톨레마이스로 갑시다. 나는 그 도시는 물론, 그 밖의 모든 요새와 주둔군과 관리들을 귀관에게 넘겨주고 돌아가겠습니다. 내가 여기 온 것이 바로 그 때문입니다."

요나단이 그 말을 곧이듣고 자기 군대를 돌려보냈다. 군인들은 유다 땅으로 돌아갔고, 요나단 곁에는 3천 명만 남았다. 그중에서 또 2천 명을 갈릴리로 보내 결국 요나단과 함께한 군인들은 1천 명밖에 없었다. 요나단이 프톨레마이스에 들어가자 그들이 성문을 잠그고 체포하였으며, 그와 함께 산 병사들을 갈로 저 죽였다.

트리폰이 요나단의 군대를 전멸시키려고 보병과 기병을 갈릴리와 대평원 지대로 출동시켰다. 요나단의 군대는 요나단과 함께한 군인들이 모두 죽었음을 알았다. 그들이 서로 격려하고 일치단결하여 전투 준비를 하고 앞으로 나아갔다.

추격하던 적군은 요나단의 군대가 목숨을 걸고 결사적으로 항전하려는 태세를 보이자, 지레 겁을 먹고 돌아갔다. 요나단의 군대가 무사히 유다 땅으로 돌아왔다. 요나단과 그 부하들의 죽음을 몹시 슬퍼하며 큰 공포에 사로잡혔다. 온 이스라엘 국민이 그들의 죽음을 크게 슬퍼하였다. 그러자 주위의 모든 이방인들이 말하였다.

"유대인들은 지도자를 잃었고, 이제 그들을 도울 사람은 없다. 지금이 우리가 그들을 쳐부술 가장 좋은 때다. 후대 사람들이 그들을 아주 잊어버리게 하자."

그리고 그들을 멸망시킬 궁리를 하였다.

시몬(1)

작은 일에 충성하면 큰일에도 충성한다

시몬은 트리폰이 유다 땅을 침입하여 백성을 전멸시키려고 대군을 모았다는 소문을 들었다. 온 백성이 공포에 떨고 있다는 사실도 알았다. 그가 예루살렘으로 올라가 백성을 모아놓고 격려하며 말하였다.

"나와 내 형제들과 우리 가문이 율법과 성소를 지키려고 힘을 다한 사실과, 우리가 치른 전쟁과 그 고통이 어떠했는지는 여러분이 잘 알고 있습니다. 나의 형제들은 모두 이스라엘을 위해 죽었고, 살아남은 사람은 나 하나뿐입니다.

나는 내 형제들보다 조금도 나은 점이 없지만, 언제 어떠한 어려움을 당하더라도 내 목숨을 절대 아끼지 않겠습니다. 나는 내 민족과 성소를 위하여, 그리고 여러분의 처자를 위해 원수를 갚을 것입니다. 모든 이방인이 지금 우리를 없애려고 증오심에 불타 모여 있습니다."

이 말을 듣고 백성의 사기가 다시 높아졌다. 그들이 큰 소리로 대답하였다.

"당신은 당신의 동생 유다와 요나단의 대를 이은 우리의 지도자입니다. 우리 지휘관이 되어 싸워주십시오. 당신의 명령이라면 무조건 복종하겠습니다."

시몬이 모든 전투원을 소집하여 예루살렘 성의 수축을 급히 완성하고, 성 주위의 방비를 튼튼히 하였다. 그리고 압살롬의 아들 요나단에게 많은 군대를 주어 욥바로 파견하였다. 요나단이 욥바의 주민들을 모두 쫓아내고 그곳에 주둔하였다.

트리폰이 유다 땅을 침공하기 위해 대군을 이끌고 프톨레마이스를 출발하였다. 그가 포로 된 요나단을 데리고 갔다. 이에 맞서 시몬은 평야를 향하여 아디다에 진을 쳤다. 트리폰은 시몬이 그의 동생 요나단을 대신하여 들고일어난 사실을 알고 사신을 보내 말하였다.

"네 동생 요나단은 그 직책상 왕의 금고에 돈을 바치지 않아 우리에게 붙잡혀 있다. 지금 은전 100달란트를 가지고 오라. 그리고 요나단이 석방되어 우리에게 반항하지 못하도록 그의 아들 둘을 인질로 보내라. 그러면 그를 석방시켜 주겠다."

시몬은 그 말이 속임수라는 사실을 알았지만, 백성에게 큰 원한을 살까 싶어 돈과 아이들을 데려오라고 사람을 보냈다. 그가 돈과 아이들을 보내지 않아 요나단이 죽었다는 원망을 듣기 싫었던 것이다. 그래서 시몬이 그 요구를 들어주었다. 그러나 요나단은 석방되지 않았다.

트리폰이 유다를 침공하여 없애려고 출격하였다. 그가 아도라라는 곳으로 길을 돌아갔다. 시몬과 그 군대가 그를 따라다니며 침공을 막았다. 예루살렘 요새 안에 있는 자들이, 그에게 사람을 보내 광야를 거쳐 자기들에게 올 것과 식량을 보내줄 것을 독촉하였다. 그가 전 기병대를 출동시키려고 준비하였으나, 그날 밤 폭설이 내려 출동할 수 없었다. 그가 그곳을 떠나 길르앗 지방으로 갔다. 바스카마 가까이 이르러 요나단을 죽여 땅에 묻고, 군대를 돌려 자기 땅으로 돌아갔다.

시몬이 사람을 보내 동생 요나단의 유골을 가져와 조상들의 도시 모데인에 묻었다. 온 이스라엘 사람들이 몹시 통곡하며 그의 죽음을 여러 날 동안 슬퍼하였다.

시몬은 자기 아버지와 형제들의 무덤 위에 앞뒤를 매끈하게 간 돌로 기념비를 높이 세워 먼 곳에서도 볼 수 있게 하였다. 또 부모와 형제들을 기념하는 피라미드 7개를 만들어 쌍쌍이 마주 세워놓았다. 그리고 주위에 큰 기둥들을 세우고, 그 기둥 꼭대기에 영원한 기념물로 여러 가지 전리품을 장식하였으며, 그 전리품 곁에 배를 조각하여 붙여 놓아 바다를 항해하는 사람들도 그것을 볼 수 있었다.

트리폰이 어린 왕 안티오코스에게 반역하여 그를 죽이고 아시아의 왕관을 썼다. 그 후 온 나라를 크게 어지럽혔다. 시몬은 유다 나라의 여러 곳에 요새를 구축하고 그 주위에 높은 탑과 큰 성벽을 쌓았으며, 성문을 달고 빗장으로 단단히 잠근 후 요새 안에 식량을 비축하였다. 그리고 한 사람을 뽑아 데메드리오 왕에게 보냈다. 트리폰이 온갖 약탈을 자행한 사실을 알리고 세금을 면제해 달라고 탄원하였다. 데메드리오 왕이 그에 답하여 편지를 써 보냈다.

"나 데메드리오 왕이 대제사장이자 왕들의 친구인 시몬과 장로들과 유다의 백성에게 인사합니다. 귀하가 보낸 황금관과 종려나무 가지를 잘 받았습니다.

나는 여러분과 완전한 화평을 맺고 세금을 면제하는 허가를 내리기 위해 이 편지를 써 보내는 바입니다. 내가 전에 허가한 것이 지금도 유효합니다. 여러분이 세운 요새는 여러분의 것임도 인정합니다. 지금까지의 어떤 과실이나 범죄도 용서하며, 여러분의 빚으로 남아있는 왕관세도 면제하고, 예루살렘에서 징수하던 다른 어떠한 세금도 이제부터 받지 않겠습니다.

여러분 중에서 혹시 나의 친위대에 편입할 만한 사람이 있으면 입대하도록 하십시오. 여러분에게 평화가 있기를 빕니다."

그래서 이스라엘은 이방인의 모든 속박에서 벗어났다. 이스라엘 민족은 그들의 공문서와 계약서에 '유대인의 대제사장이자 사령관이며 지도자인 시몬 제1년'이라 쓰기 시작하였다.

시몬이 게젤 요새를 향해 진을 쳤다. 그 주위에 군대를 배치하고 공격 기구를 만들어 성 가까이 설치하였다. 그리고 요새의 탑 하나를 맹렬히 공격하여 점령하였다. 병사들이 기구를 타고 성안으로 들어갔다. 성은 금세 아수라장이 되었다. 사람들이 처자를 데리고 성벽 위로 올라가, 옷을 찢으며 큰 소리로 화평을 청하였다.

"우리가 저지른 악행을 벌하지 마시고 자비를 베풀어주시오!"

시몬이 전투를 중지시켰다. 주민들을 성에서 내쫓고 우상을 깨끗이 치운 후, 찬미와 감사의 노래를 부르며 입성하였다. 부정한 물건을 성 밖으로 다 던져버리고, 오직 율법을 지키는 사람만 그곳에 살게 하였다. 그리고 성의 방위를 굳건히 하고, 자신이 살 집도 그 안에 마련하였다.

그동안 예루살렘 요새 안의 자들이, 시골을 왕래하며 물건을 사고 파는 것이 금지되어 숱하게 많은 사람이 굶어 죽었다. 그들이 소리를 지르며 화평을 요청하여 시몬이 받아들였다. 그리고 그들을 요새에서 추방하고, 온갖 더러운 것을 치워 깨끗이 하였다.

유대인들이 종려나무 가지를 손에 들고 흔들며 환호하였다. 비파와 꽹과리와 거문고 소리에 맞춰 찬미와 노래를 부르며 요새 안으로 들어왔다. 민족의 큰 적이 참패를 당하고 이스라엘 밖으로 쫓겨난 것을 축하하였다. 시몬이 매년 이날을 경축일로 정하였다.

그리고 요새 가까이 있는 성전 산의 방비를 더욱 굳히고, 부하들과 함께 그 안에 살았다. 시몬이 자기 아들 요한이 성인이 된 것을 보고, 군사령관으로 임명하여 게젤에 주둔시켰다.

✳ 24 ✳
시몬(2)

내가 생명의 면류관을 너에게 주겠다

데메드리오 왕이 군대를 소집하여 트리폰과 싸우려고, 메디아에 가서 원조를 요청하려고 하였다. 페르시아와 메디아의 왕 아르사케스는 데메드리오가 자기 영토 안에 들어온 것을 알고, 그를 생포하라고 장군 하나를 보냈다. 그가 출격하여 데메드리오의 군대를 무찌르고, 그를 붙잡아 아르사케스에게 데리고 갔다. 그가 데메드리오를 감금하였다.

시몬이 다스리는 동안 유다 땅은 평온하였다. 그의 생각은 오직 자기 민족의 행복이었고, 백성은 그의 권위와 영광을 환영하며 기뻐하였다. 욥바를 취하여 자기 항구로 만들고, 여러 섬에 이르는 해로를 터놓아 그 영광이 더욱 빛났다. 나라의 영토를 넓히고 온 나라를 안전하게 다스렸다. 많은 포로를 붙잡아 왔고, 게젤과 벳술과 예루살렘 요새를 지배하며 불결한 모든 것을 치워버렸다. 아무도 그에게 대항하는 자가 없었다.

백성은 평화롭게 자기 땅을 가꾸었고, 땅은 많은 곡식을 내었으며, 평지의 나무들도 많은 열매를 맺었다. 노인은 거리에 나와 이야기꽃을 피우며 태평세월을 구가하였고, 젊은이는 화려한 군복을 입고 있었다. 여러 도시에 식량을 공급하고, 무기를 공급하여 방위를 튼튼히 하였다. 나라에 평화가 깃들고 이스라엘에 기쁨이 넘쳤다. 사람마다 자기 포도나무와 무화과나무 아래 앉았고, 그들의 마음을 괴롭힐 자는 아무도 없었다. 모든 원수가 땅에서 자취를 감추었고, 그 시대의 모든 왕들도 멸망하였다.

시몬은 작은 자에게 더욱 힘을 북돋아 주고, 스스로 율법을 엄수하며, 율법을 저버린 자와 악한 자를 모두 없애버렸다. 성전을 아름답게 꾸미고 기물을 많이 갖춰놓았다.

요나단이 죽었다는 소식이 로마와 스파르타에 전해지자 그곳 사람들이 몹시 슬퍼하였다. 그들이 요나단의 형 시몬이 대제사장이 되어 자기 나라와 여러 도시들을 다스리고 있다는 소식을 듣고, 그의 동생 유다와 요나단이 맺은 우호 동맹을 갱신하려고 계약서를 놋쇠 판에 새겨 보냈다. 그 계약서가 예루살렘의 모든 회중 앞에서 낭독되었다.

"스파르타의 지도자들과 온 시민이, 형제국인 유다의 대제사장 시몬과 장로들과 제사장들과 온 국민에게 인사합니다. 사신들이 여러분의 영광과 영예에 관한 이야기를 들려주었습니다.

우리는 그들의 내방을 기뻐하였고, 그들이 말하는 대로 우리의 공문서에 '유다의 사신 안티오코스의 아들 누메니우스와 야손의 아들 안티파테르는, 우리와의 우호 관계를 갱신하려고 우리에게 왔다. 온 국민은 기쁜 마음으로 예의를 갖춰 그들을 환영하고, 그들이 말한 내용을 기록하여 국가의 보존 문서궤에 넣어 스파르타 국민으로 하여금 항상 기억하도록 하였다. 그리고 대제사장 시몬에게 이 사본을 만들어 보내는 바이다.'고 기록하였습니다."

그 후 시몬은 로마와의 동맹을 굳히기 위해 누메니우스에게 무게가 1천 므나나 되는 큰 황금 방패를 들려 로마로 보냈다. 유다 백성이 이 소식을 듣고 말하였다.

"시몬과 그의 아들들에게 어찌 감사해야 할지 모르겠구나. 그의 형제들과 일가는 조금도 굴하지 않고, 이스라엘의 적과 싸워 격퇴시킨 후 자유를 쟁취하였다."

그리고 놋쇠판에 계약서를 여러 개 새겨 시온산의 여러 기념비에 붙여놓았다.

"대제사장 시몬의 제3년 엘룰월 18일, 아사라멜에서 제관과 백성과 그 지도자와 나라의 장로가 성대하게 모인 가운데 다음과 같이 공포되었다.

이 나라에 전쟁이 여러 번 있었지만, 요아립 가문의 한 제사장 맛다디아의 아들 시몬과 그 형제들은, 성전과 율법을 지키기 위해 위험을 무릅쓰고 원수들과 대항하여 이 나라에 큰 영광을 안겨주었다. 요나단은 백성들을 일치단결시키고 백성의 대제사장이 되었다가, 마침내 죽어 자기 조상들에게로 돌아갔다.

원수들이 나라를 침공하여 성소에 손을 대려고 하였을 때, 시몬은 결연히 일어나 나라를 위해 싸웠으며, 자신의 막대한 재산을 다 바쳐 이 나라의 군대를 무장시키고 봉급을 주었다. 또 유다 나라의 여러 도시와 국경에 있는 벳술의 방비를 견고히 하였다. 벳술은 전부터 적군의 무기고가 있던 곳이다. 여기에 유대인 수비대를 배치시켰다. 해안 도시 욥바와 전부터 적이 살고 있던 아조토에 인접한 게젤 시를 요새화하였다. 그곳에 유대인들을 정주시켰고, 그 모든 도시를 부흥시키는 데 필요한 것을 공급하였다.

유다 백성은 시몬의 애국심과 나라의 영광을 빛내려는 갸륵한 마음을 보고 대제사장으로 모셨다. 그들은 시몬이 백성을 공정하게 다스리고 나라에 대한 충성심을 보였으며, 나라의 명예를 높이기 위해 전심전력한 것을 알고 있었다.

이방인들이 침략하여 다윗의 도시 예루살렘을 공략하여 요새를 구축하고, 성소 주위를 더럽히며 성역을 몹시 어지럽혔다. 그런데 시몬이 탁월한 영도력을 발휘하여 그들을 몰아내는 데 성공하였다. 이방인들이 쫓겨난 그 요새 안에 시몬은 유대 군인들을 배치하고, 유다 지방과 예루살렘을 지키기 위해 진지를 구축하는 한편, 예루살렘 성벽을 더욱 높이 쌓아올렸다.

데메드리오 왕이 그를 대제사장으로 인준하고 자기 친구로 삼아 최고의 영예를 주었다. 왕은 로마인이 유대인을 친구, 동맹자, 형제라고 부른 것과, 시몬의 사신을 후하게 환대했다는 사실을 들었다.

유다 국민과 제사장은 다음과 같이 결정하였다. 진정한 예언자가 나타날 때까지 우리는 시몬을 영원한 영도자, 대제사장으로 삼는다. 시몬은 유다 국민을 다스리는 통치자로서 성전을 관리하고, 온 국민의 활동을 감독하며, 나라와 무기와 요새를 장악할 것이다.

모든 국민은 시몬에게 복종해야 한다. 나라의 모든 문서는 시몬의 이름으로 처결되어야 한다. 시몬은 자색 왕복을 입고 황금 장식물로 단장할 권한이 있다. 국민이나 제사장 가운데 어느 누구도 이 결정을 무효로 할 수 없으며, 시몬의 동의 없이 어떤 회의도 소집할 수 없고, 자색 왕복을 입을 수 없다.

이 규정 중 하나라도 어기거나 반대하는 자는 누구든지 벌을 받을 것이다. 우리 국민은 이 결정을 집행할 권한을 시몬에게 부여하는 데 찬성하였으며, 시몬은 대제사장이 될 것을 수락하였고, 유다 국민과 제사장들의 통치자와 수령으로서, 최고의 권한을 가지고 만백성을 다스릴 것에 동의하였다."

이 비문을 놋쇠 판에 새겨 성전 경내의 돋보이는 곳에 붙여두기로 하였다. 그리고 사본을 만들어 시몬과 그의 아들들이 언제든지 볼 수 있도록 성전 금고 속에 보관하였다.

안티오코스(2)

배신자가 배신하고 파괴자가 파괴한다

데메드리오 왕의 아들 안티오코스가 해외에서, 유다의 제사장이자 수령인 시몬과 온 유다 국민에게 편지를 보냈다.

"나 안티오코스 왕이 대제사장이자 수령인 시몬과 유다 국민에게 인사드립니다. 내 조상들이 물려준 왕국이 몇몇 악질분자의 손에 넘어갔는바, 나는 나라를 되찾아 잃은 국권을 회복하려고 합니다. 그래서 나는 많은 용병을 모집하고 군함을 마련하였습니다. 이제 내 나라를 망치고 나라 안의 많은 도시를 잿더미로 만든 자들에게, 복수하기 위해 그 나라에 상륙하고자 합니다.

나는 선왕들이 당신에게 베풀어준 모든 면세 조치를 그대로 인정하며, 당신에게 준 그 외의 모든 특권도 그대로 인정하겠습니다. 당신 자신의 화폐를 만들어 당신 나라 안에서 쓰는 것을 허락합니다. 예루살렘과 그 성전에는 간섭하지 않겠습니다. 당신이 마련한 모든 무기와 당신이 세워 장악하고 있는 모든 요새는 다치지 않겠습니다. 당신이 왕에게 바칠 현재와 미래의 모든 부담금을 영원히 면제하겠습니다. 우리가 나라를 되찾으면 당신과 당신의 국민과 성전에 큰 영예를 드리겠고, 당신들은 온 땅에서 명예를 떨치게 될 것입니다."

안티오코스가 그의 선조의 땅으로 쳐들어갔다. 트리폰에게 붙은 병사는 거의 없고, 모든 군대가 안티오코스 왕을 따랐다. 트리폰이 안티오코스의 추격을 받아 바닷가의 도르로 도망쳤다. 그가 자기를 따르는 군인이 없어졌다는 사실을 깨달았다. 안티오코스가 도르를 향해 보병 12만과 기병 8천을 거느리고 진을 쳤다. 도르 시를 포위하고 군함들을 연안에 따라 세워 아무도 드나들지 못하게 봉쇄하였다.

한편 누메니우스와 그 일행은 여러 왕들과 나라로 보내는 편지를 가지고 로마를 떠났다.

"로마의 집정관인 루기오가 프톨레미 왕에게 인사드립니다. 우리의 친구이자 동맹자인 유대인들의 사신 몇이 이전의 우호 동맹을 갱신하겠다고 우리를 찾아왔습니다. 그들은 대제사장 시몬과 유다 국민이 보낸 사람들로서, 무게가 1천 므나 되는 황금 방패를 하나 가지고 왔습니다.

이에 우리는 여러 왕들과 나라에 편지를 보내며, 유대인을 해치지 말 것, 유내인이나 그 도시나 지방과 싸우지 말 것, 유대인과 싸우는 자들을 돕지 말 것을 당부하기로 결정하였습니다. 그리고 우리는 그들이 가져온 방패를 받기로 하였습니다. 그러므로 유다 나라에서 악질분자 노릇을 하던 자들이 당신 나라에 피신하거든 대제사장 시몬에게 넘겨주시고, 그가 그들을 처벌할 수 있도록 해주시기 바랍니다."

로마의 집정관 루기오가 이 편지를 데메드리오 왕, 아탈루스 왕, 아리아라데스 왕, 아르사케스 왕에게 보냈고, 또 삼프사메스, 스파르타, 델로스, 민도스, 시시온, 카리아, 사모스, 밤필리아, 리키아, 하리카르나소스, 로도스, 바셀리스, 코스, 시데, 아리도스, 고르티나, 크니도스, 키프로스, 키레네 등 여러 나라에도 같은 편지를 보냈다. 그리고 편지의 사본을 대제사장 시몬에게도 보냈다.

도르를 향해 진을 친 안티오코스 왕이 계속 그 도시를 공격하였다. 트리폰의 군대를 완전히 포위하여 한 사람도 들어가거나 나가지 못하게 만들었다.

시몬은 정예병 2천과 금은 등 많은 장비를 보내 안티오코스를 도왔다. 그러나 그는 시몬의 원조를 거절하고 전에 맺은 약속을 깨뜨리며 우의를 끊었다. 그리고 자기 친구 아테노비우스를 시몬에게 보내 전하였다.

"그대는 지금 욥바와 게젤과 예루살렘의 요새를 점령하고 있지만, 그것은 내 왕국에 속한 도시들이오. 그대들은 그 여러 도시를 폐허로 만들고 나라에 큰 해를 끼쳤으며, 내 왕국의 여러 지방을 빼앗았소. 이제 그대들이 빼앗은 도시를 내놓고, 유다 땅을 제외하고 여러 지방에서 거둔 세금을 내놓으시오. 그것이 싫거든 그대들이 끼친 파괴의 대가로 은전 500달란트를 나에게 지급하고, 여러 도시에서 거둔 세금의 보상으로 500달란트를 더 주시오. 이를 이행하지 않으면 우리가 그대들을 치러 가겠소."

아테노비우스가 예루살렘에 와서, 시몬의 화려한 생활과 진열장에 가득 찬 금은 기물과 수많은 시종들을 보고 깜짝 놀랐다. 안티오코스 왕의 전갈을 받고 시몬이 대답하였다.

"우리는 외국 땅을 한 뼘도 빼앗은 적이 없소. 우리가 차지한 땅은 외국인의 것이 아니고 우리 선조들로부터 물려받은 것이오. 우리의 적들이 한때 그것을 부당하게 차지했을 뿐이오. 이제 때가 되어 우리가 우리 조상들이 물려준 것을 지키게 되었소. 욥바와 게젤의 사람들이 우리 백성과 땅에 큰 해를 끼친 바 있으나, 우리는 기꺼이 그 대가로 100달란트를 지급할 용의가 있소."

아테노비우스가 매우 노하여 아무 대답도 하지 않고 안티오코스 왕에게 돌아갔다. 그가 시몬의 대답을 전하고 그의 화려한 생활과 본 것을 모두 보고하자, 왕은 화가 치밀어 어찌할 바를 몰랐다.

트리폰이 배를 타고 오르토시아로 도망쳤다. 왕이 켄데베우스를 해안 총사령관으로 임명하고 보병과 기병을 주면서, 유다를 향해 진치게 하고 케드론을 요새로 만들어 그 성문을 굳게 방비하라고 하였다. 유다 국민을 공격하려는 속셈이었다. 그리고 왕은 트리폰을 추격하였다.

켄데베우스가 얌니아로 가서 괴롭히고, 유다로 진입하여 사람들을 사로잡아 학살하기 시작하였다. 왕이 명령한 대로 케드론을 요새로 만들고 기병과 보병을 배치한바, 유다로 통하는 여러 길을 망볼 수 있게 되었다.

＊26＊
요한 힐카누스
인자를 천대까지 베풀 것이다

요한이 자기 아버지 시몬에게 가서 켄데베우스가 한 일을 알렸다. 시몬이 두 아들 유다와 요한을 불러 말하였다.

"나와 내 형제들과 우리 집안은 어려서부터 이스라엘을 위해 싸웠고, 여러 번 승리하여 나라를 구하였다. 나는 이제 늙었지만 너희들은 하나님의 자비를 입어 성인이 되었다. 나와 내 형제들의 자리를 이어받아 우리 겨레를 위해 힘써 싸워라. 하늘이 너희를 도와주시기 바란다."

요한이 나라에서 병사 2만과 기병을 뽑았다. 켄데베우스를 치러 출전하여 그날 밤 모데인에서 묵고, 다음 날 아침 일찍 일어나 평야로 진군하였다. 거기 수많은 적의 보병과 기병이 그들과 대치하여 있었고, 양군 사이에 시내가 가로놓여 있었다.

요한과 그 부하들이 적을 향해 진을 쳤다. 부하들이 시내를 건너기 두려워하는 것을 보고, 요한이 앞장서 건너자 부하들도 모두 뒤따라 건넜다. 그가 보병을 두 부대로 나누고, 그 사이에 기병을 배치하였다. 적의 기병이 무척 많기 때문이다.

그들이 일제히 나팔을 불자 켄데베우스와 그 군대는 패주하였고, 많은 적병이 부상을 당해 쓰러지고 나머지는 요새로 도망쳤다. 요한의 형 유다가 부상을 입었으나 추격을 계속하였다. 마침내 켄데베우스가 케드론까지 쫓겨 갔다. 적의 일부가 아조토 평야의 여러 탑 속에 숨었던바, 요한이 불을 질러 적병 2천 명을 죽였다. 그리고 유다로 안전하게 돌아왔다.

∗ 27 ∗
프톨레매오

아비의 죄를 자손 4대까지 벌할 것이다

아브보스의 아들 프톨레매오가 여리고 평야의 사령관이 되어 많은 금은을 가지고 있었다. 그는 대제사장의 사위였으나 야심을 품고, 장인과 그 아들들을 죽일 흉계를 꾸몄다.

시몬이 민정을 살피면서 유다의 여러 도시를 순시하고 있었다. 그가 자기 아들 맛다디아와 유다를 데리고 여리고로 내려갔다. 아브보스의 아들이 도크라 요새로 그들을 유인하여, 자기 부하들을 몰래 숨겨둔 방으로 맞아들이고 주연을 베풀었다. 그들이 술에 취하자 프톨레매오와 그 부하들이 무기를 들고 벌떡 일어나, 시몬과 그 두 아들과 종들을 죽였다. 이처럼 그가 반역하여 선을 악으로 갚았다.

프톨레매오가 그 사실을 왕에게 알리고 지원병을 보내줄 것과, 유다 나라와 도시들을 자기에게 넘겨줄 것을 요청하였다. 그리고 요한을 없애라고 사람들을 게젤로 보냈다. 또 천인대장들에게 편지를 띄워 자기에게 오면 은금과 많은 선물을 주겠다고 미혹하였다. 예루살렘과 성전의 산을 뺏으려고 군대까지 보냈다.

어떤 사람이 게젤에 있는 요한에게 앞질러 가서 그의 부친과 형제들이 피살되었다는 사실과, 프톨레매오가 그마저 죽이려고 사람을 보냈다는 정보를 알려주었다. 요한이 듣고 매우 놀랐다. 자기를 죽이려는 사들이 도착하사 그들을 체포하여 죽였다.

✳ 28 ✳
하스몬 왕조
사람의 원수가 자기 집안의 식구이다

BC 134년 요한이 유대의 통치자와 대제사장이 되어 105년까지 30년간 다스렸다. 유대는 정치적으로 안정되어 자유를 누렸고, 경제적으로 부유하게 되었다. 하지만 헬라 문화를 받아들인 혁신 정책으로 사두개파는 그를 지지하였으나, 바리새파는 사사건건 불만을 품게 되었다.

BC 104년 요한의 장남 유다가 왕위를 계승하여 유대를 다스렸으나 2년 만에 병들어 죽고, 그의 동생 알렉산더 안네우스가 왕위를 이어

받아 BC 76년까지 유대를 다스렸다. 그는 자기 왕위를 견고히 하려고 형의 미망인 살로메 알렉산드라와 결혼하였다.

그때 사두개파와 바리새파의 골이 더욱 깊어져 6년간 내전을 치르게 되었다. 바리새파가 셀류쿠스 데메드리오 3세의 도움을 받아 얀네우스를 완패시켰다. 그러자 다시 외세에 의한 식민 지배가 우려되었던 바, 유대인들이 하스몬 왕조에 많은 자금을 지원하여 얀네우스가 그들을 물리치게 되었다.

그러나 얀네우스가 외세를 끌어들인 바리새파 지도자 800명을 색출하여 십자가에 매달았고, 그 자리에서 그들의 가족 6,000명까지 몰살시켰다. 바리새파의 불만은 더욱 고조되었고, 하스몬 왕조의 정세는 더욱 불안하였다.

그때 로마는 지중해 세계를 제패할 야욕을 품고 있었던바, 그들의 불만은 유대의 지배를 용이하게 만든 기회를 제공하였다. 얀네우스가 죽자 그의 아내 살로메 알렉산드라가 9년 동안 유다를 다스렸다. 그녀가 두 아들 가운데 장남인 힐카누스 2세에게 대제사장직을 내렸던바, 이번에는 사두개파의 불만을 사고 바리새파의 지지를 받았다.

BC 67년 살로메가 죽자 힐카누스 2세의 동생인 아리스토불로가 형의 실권을 빼앗고 권력을 장악하였다. 그때 도움을 준 사람이 이두메 출신의 안티파테르였다. 그는 헤롯왕의 아버지였다.

이렇게 권력을 장악한 아리스토불로는 사두개파의 지지를 받았고, 실권을 빼앗긴 그의 형 힐카누스 2세는 바리새파의 지지를 받았던바, 형제의 권력 다툼은 바리새파와 사두개파의 종교 분쟁으로 확대되어 하스몬 왕조의 몰락을 앞당기게 되었다.

∗ 29 ∗
폼페이우스

주님이 악한 통치자의 권력을 꺾으셨다

BC 64년 로마의 폼페이우스 장군이 시리아를 정복하고 유대까지 위협하였다. 아리스토불로와 힐카누스 형제는 서로 그의 도움을 요청하였던바, 폼페이우스는 실권한 힐카누스의 손을 들어주었다. 그러나 아리스토불로가 그 결정을 받아들이지 않았다. 이를 빌미로 폼페이우스가 BC 63년 예루살렘을 점령하고, 힐카누스를 대제사장으로 세웠다. 그리하여 결국은 하스몬 왕조에 의한 독립의 꿈은 깨어지고, 다시 로마의 속국으로 전락하였다.

그때 안티파테르가 로마의 편에 서서 많은 도움을 주었던바, 율리우스 카이사르에 의해 유대의 총독으로 임명되었다. 안티파테르가 대제사장의 정치적 권한을 박탈하여 힐카누스는 종교적 지도자로 남게 되었다. 그러나 안티파테르는 유대인이 아니라 이두매 출신으로 백성의 지지를 받지 못했다. 유대인의 로마에 대한 적대감은 심화되었다.

BC 44년 로마의 통치자 카이사르가 죽자 안티파테르는 유대인에 의해 독살되었으며, 그의 두 아들 파사엘과 헤롯이 유대와 갈릴리의 분봉왕이 되었다. 이후 파사엘이 죽자 헤롯이 정식으로 유대의 왕이 되었다.

✳ 30 ✳
헤롯왕
악인이 권세를 잡으면 백성이 탄식한다

BC 37년 헤롯이 로마군과 함께 예루살렘을 점령하고 유대와 사마리아, 갈릴리, 베뢰아, 이두매를 포함하는 왕국을 다스렸다. 이후 로마의 초대 황제 아우구스투스의 신임을 받아 BC 4년까지 33년간 유대를 통치하였다.

헤롯은 왕궁과 도로, 공원, 시장, 망대 등의 토목 공사를 많이 하였으며, 로마 황제의 이름을 따서 가이사랴와 티베리우스 등 계획도시를 조성하기도 하였다. BC 20년부터 성전을 재건하기 시작하여 그의 사후 AD 64년까지 85년간에 걸쳐 제3의 성전을 완공하였다. 하지만 6년 후인 AD 70년 로마의 티투스 장군에 의해 성전은 돌 하나도 돌 위에 남지 않고 다 파괴되었다.

헤롯왕은 동방 박사들의 방문으로 불거진 유대인의 왕 사건으로, 베들레헴 부근의 2살 이하 유아를 모두 살해하고 자기도 죽었다. 그가 죽기 전에 나라를 분할하여 유대와 사마리아는 아켈라오, 갈릴리와 베뢰아는 안티파스, 이두레와 드라고닛은 빌립에게 나눠주었다.

그의 아들 안티파스는 갈릴리 지방을 AD 39년까지 다스리며 세례 요한을 죽였고, 아그립바 1세는 AD 44년까지 다스리며 사도 요한의 형 야고보를 칼로 죽였으며, 아그립바 2세는 AD 94년까지 다스리며 베스도 총독과 함께 사도 바울을 심문하였다.

그러나 아그립바 2세를 마지막으로 130년간 이어진 헤롯 왕가의 역사도 막을 내리고, 팔레스타인 유대인은 전 세계로 흩어져 디아스포라로 남게 되었다.

(후기) 마카비 가문의 요나단 대제사장이 바위산을 깎아 만들고, BC 35년 헤롯이 성벽을 쌓아 왕궁으로 사용한 마사다에서 유대인의 자존심이 걸린 최후의 저항운동이 있었다. 헤롯이 유대인의 반란과 로마의 침공에 대비하여 피난처로 만든 요새였다.

AD 66년 요세푸스와 바르코크바의 주도로 독립 전쟁을 다시 시도하였으나, 로마의 티투스와 세베루스에 의해 좌절되었다. 결국은 70년 예루살렘이 함락되고 성전이 파괴되었다. 그때 제사장 벤 야이르의 주도로 열심당원 960명이 마사다로 들어가 필사적으로 저항하였다.

로마의 총사령관 티두스 장군이 실바 징군에게 8개 군단을 맡겨 그들을 고시시키려고 하였다. 실바가 로마군 9천과 유대인 포로 6천을 이용하여 인공 언덕을 쌓고 망루를 세웠다. 그들이 성에 불을 지르고 진격하려고 하였을 때, 마침 서풍이 세차게 몰어 들어가지 못하고 다음 날 아침을 기다릴 수밖에 없었다.

그날 밤 벤 야이르는 대원들을 향해 최후의 연설을 하였다. 로마군에 항복하여 황제 숭배를 강요받기보다는, 야훼 하나님만을 섬기는 유대인으로서 떳떳이 죽자는 것이었다. 그래서 우선 10명을 제비뽑아 950명을 죽이고, 최종 1명을 다시 뽑아 9명을 죽인 후 그도 자결하였다. 이로써 3년간의 유대인 독립운동은 960명의 자결로 끝나게 되었던바, AD 73년 4월 15일이었다.

이후 유대인은 전 세계로 흩어져 디아스포라로 살게 되었고, 로마는 이스라엘의 지명까지 팔레스타인으로 고쳐 지중해 세계에서 유다라는 국가를 아예 지워 버렸다.

7세기 이슬람 사라센군이 예루살렘을 점령하여 유대인의 성전이 있던 자리에 회교 사원을 건립하였으며, 11세기 아르바누스 2세 교황이 성지 회복을 위해 십자군을 소집하여 8차례의 전쟁을 시도하였으나 200년 만에 결국은 실패하였다.

13세기 이집트의 마메루크 왕조가 팔레스타인을 지배하였으며, 16세기 오스만 제국의 슬레이만 1세가 예루살렘을 정복하여 400년간 통치하며 예루살렘 성벽을 재건하였다.

1896년 오스트리아의 유대인 테오도르 헤르츨이 이스라엘 국가 수립을 예언하고 시온주의 운동을 펼치게 되었으며, 제1차 세계대전 중에 영국이 팔레스타인 지역을 탈환한바, 1917년 국제연맹이 영국의 위임 통치를 결의하였다. 1939년부터 1945년까지 이어진 제2차 세계대전에서 유대인 600만 명이 살해된바, 살아남은 유대인들의 이스라엘 귀환이 속속 이루어졌다.

1948년 5월 14일 데이비드 벤구리온이 이스라엘의 국가 수립을 선포하였다. 이로써 약 2000년 만에 국권이 회복되고 나라가 다시 세워지게 되었다. 그러나 아랍권의 즉각적인 반대에 부딪혀 1973년까지 4차례의 중동전쟁을 치렀으며, 1978년 미국의 중재로 이집트와 평화협정을 체결하게 되었다.

제2편

구세주 이야기

사가랴(1)

주께서 의인의 길을 평탄케 하신다

유대 왕 헤롯 때, 아비야 조에 배속된 제사장 사가랴가 있었다. 그의 아내 엘리사벳도 아론의 후손이었다. 이들은 하나님의 계명과 규율을 빈틈없이 지키며 의롭게 살았으나, 슬하에 자녀가 없었다. 엘리사벳은 원래 아기를 갖지 못하는 여성이었고, 이제는 내외가 모두 나이도 많았다.

사가랴가 사기 소의 차례가 되어 하나님 앞에서 제사장의 직무를 수행하게 되었다. 관례에 따라 제비를 뽑자 주님의 성소에 들어가 분향하는 일을 맡았다. 그때 다른 사람은 모두 밖에서 기도하고 있었다. 주님의 천사가 나타나 사가랴가 분향하는 제단 오른편에 섰다. 사가랴가 깜짝 놀라 두려움에 휩싸였다. 천사가 말하였다.

"사가랴, 두려워하지 마라. 하나님께서 네 기도를 들어주셨다. 네 아내 엘리사벳이 아들을 낳을 것이니 이름을 요한이라 하라. 그 아이는 네게도 기쁨과 즐거움이 되겠지만, 많은 사람이 그의 태어남을 기뻐할 것이다.

그는 하나님 앞에서 큰 인물이 되어 포도주나 독주를 입에 대지 않을 것이며, 모태로부터 성령이 충만하여 많은 이스라엘 자손을 하나님의 품으로 돌아오게 할 것이다.

또 엘리야의 심령과 능력을 가지고 주님의 선구자로 와서 아버지와 자식을 화해시키고, 거역하는 자들에게 올바른 생각을 심어주어 주님을 맞이할 백성이 되도록 준비할 것이다."

"제가 그 일을 어떻게 믿을 수 있겠습니까? 저는 이미 늙었고, 제 아내도 나이가 많으니 말입니다."

"나는 하나님을 섬기는 시종 가브리엘이다. 하나님께서 이 기쁜 소식을 네게 전하라고 나를 보내셨다. 보라, 때가 되면 내 말이 그대로 이루어질 것이다. 하지만 네가 내 말을 믿지 않았으니, 이 일이 이루어지는 날까지 너는 벙어리가 되어 말하지 못할 것이다."

사람들은 밖에서 사가랴가 나오기를 기다리고 있었다. 그가 성소 안에서 너무 오래 지체하므로 이상히 여겼다. 그러다가 막상 밖으로 나와서도 말을 하지 못하자, 사람들은 그가 성소 안에서 신비로운 환상을 본 줄 알았다. 사가랴가 손짓과 몸짓으로 의사를 표시하며 제사장의 직무를 마치고 집으로 돌아갔다.

그리고 얼마 후 사가랴의 아내가 아기를 가졌다. 엘리사벳이 5개월 동안 집 안에 숨어 지내다가 비로소 입을 열었다.

"주께서 나를 어여삐 보시고 이런 은혜를 베풀어주셨으니, 나도 이제 사람들 앞에서 부끄럽지 않게 되었다!"

＊2＊
마리아(1)
그대가 하나님의 은총을 받았다

엘리사벳이 임신하고 6개월이 되었을 때, 하나님께서 가브리엘 천사를 갈릴리 나사렛 마을로 보내셨다. 가브리엘이 다윗 가문의 요셉과 정혼한 처녀 마리아를 찾아갔다. 천사가 말하였다.

"은혜를 가득히 받은 처녀여, 기뻐하라. 주께서 그대와 함께하신다."

마리아가 몹시 당황하며 곰곰이 생각하였다.

"이 말이 대체 무슨 뜻일까?"

"마리아, 두려워하지 마라. 그대가 하나님의 은혜를 입었다. 보라, 그대가 잉태하여 아들을 낳을 것이니 이름을 예수라 하라. 그는 위대하신 분이라, 지극히 높으신 하나님의 아들이라 불릴 것이다. 주 하나님께서 그에게 다윗의 왕위를 주실 것이다. 그는 영원히 야곱의 집을 다스릴 것이며, 그 나라는 끝이 없을 것이다."

"저는 처녀입니다. 어찌 그런 일이 있을 수 있겠습니까?"

"성령이 그대에게 임하시고 지극히 높으신 하나님의 능력이 그대를 감싸주시리니, 태어나실 아기는 거룩하신 분이라, 하나님의 아들이라 불릴 것이다. 보라, 그대의 친척 엘리사벳도 노년에 아기를 가졌다. 원래 아이를 갖지 못하는 여성으로 알려졌으나 임신한 지 벌써 6개월이 되었다. 하나님께 불가능한 일은 없다."

"보세요, 저는 주님의 여종입니다. 그 말씀대로 이루어지기를 바랍니다."

천사가 마리아를 떠나갔다.

✳ 3 ✳
엘리사벳
의인의 자손은 복을 받는다

마리아가 서둘러 유대 산골의 한 마을을 찾아갔다. 사가랴의 집에 들어가 엘리사벳을 문안하였다. 엘리사벳 태중의 아기가 뛰어 놀았다. 엘리사벳이 성령으로 충만하여 큰소리로 노래하였다.

"그대는 모든 여성 가운데 가장 복을 받았습니다. 그대의 태중에 있는 아기 또한 복을 받았습니다. 내 주님의 어머니가 나를 찾아오시다니 이게 어찌 된 일입니까?

보세요, 그대의 인사말이 내 귀에 들리는 순간 내 아기도 기뻐서 뛰었습니다. 주님의 말씀이 정말 이루어지리라 믿었으니 그대는 정녕 복되십니다."

＊4＊
마리아(2)
지금은 은혜의 때요 구원의 날이다

마리아가 찬가를 불렀다.

"내 영혼이 주님을 찬양합니다. 내 마음이 나의 구주 하나님을 기뻐합니다. 그가 여종의 비천한 신세를 돌보셨습니다. 이제부터 모든 세대가 나를 복되다 할 것입니다. 전능하신 분이 내게 큰 은혜를 베푸신 덕분입니다.

그는 거룩하시며, 그의 자비는 그를 경외하는 사람들에게 대대로 있을 것입니다. 그가 강하신 팔로 권능을 행하시고, 마음이 교만한 자를 흩으셨습니다. 권세를 부리는 자를 그 자리에서 내치시고, 낮고 천한 사람을 높이셨습니다. 주린 사람을 좋은 음식으로 배불리시고, 부한 자를 빈손으로 돌려보내셨습니다.

그가 약속하신 자비를 기억하시고, 그의 종 이스라엘을 도우셨습니다. 우리 조상에게 약속하신 자비는 아브라함과 그 자손에게 영원할 것입니다."

마리아가 엘리사벳과 3개월쯤 지내다가 집으로 돌아갔다.

✳ 5 ✳
세례 요한(1)
그는 환하게 타오르는 등불이었다

엘리사벳이 아들을 낳았다. 이웃과 친척이 함께 기뻐하였다. 주님이 베푸신 큰 은혜의 소식을 들었기 때문이다. 아기가 태어난 지 8일 만에, 그들이 할례식에 참석하여 아버지의 이름을 따서 이름을 사가랴로 지으려 하였다. 아기 어머니가 나섰다.

"아닙니다. 요한이라고 지어야 합니다."

"이 가문에 그런 이름을 가진 사람이 아무도 없지 않습니까?"

그리고 아기 이름을 무엇으로 짓기 원하는지 사가랴에게 손짓하며 물어보았다. 그가 서판을 달라고 하여 '요한'이라고 썼다. 사람들이 다 놀랐다. 그때 사가랴의 입이 열리고 혀가 풀려 말하였다.

"하나님을 찬양합니다!"

모든 사람이 보고 두려워하였다. 이 이야기가 온 유대 산골에 퍼지며 큰 화제가 되었다. 듣는 사람마다 마음에 새기며 말하였다.

"그 아기가 장차 어떠한 인물이 될까?"

주님의 손길이 아기를 보살피고 계심이 분명하였다.

✳ 6 ✳
사가랴(2)
예언을 멸시하지 마라

사가랴가 성령이 충만하여 예언하였다.

"이스라엘의 주 하나님은 찬양을 받으실 분이다. 그가 자기 백성을 돌보시고 구원을 베풀어주셨기 때문이다. 그의 종 다윗의 집에서 우리를 위해 구세주를 일으키셨다. 거룩한 예언자들의 입을 빌려 오래전부터 말씀하신 그대로다. 우리의 원수와 우리를 미워하는 모든 자의 손에서 건지시는 구원이다.

그가 우리 조상에게 자비를 베풀어주시고 그의 거룩한 언약을 기억하셨다. 이는 그가 우리에게 주시려고 우리 조상 아브라함에게 맹세하신 그대로다. 우리를 원수의 손에서 구해내시고 아무 두려움 없이 그를 섬기게 하셨다. 그리고 그 앞에서 한평생 거룩하고 의롭게 살아가도록 하셨다.

아가야, 너는 지극히 높으신 하나님의 예언자라 불릴 것이다. 주님의 선구자로 와서 주님의 길을 닦고 예비할 것이다. 죄를 용서받고 구원 얻는 길을 백성에게 전할 것이다.

이는 우리 하나님의 사랑과 자비에서 비롯되었다. 하늘 높은 곳에서 구원의 태양이 떠오르게 하실 것이다. 어둠과 죽음의 그늘에 앉은 백성에게 빛을 비추실 것이다. 그리하여 우리의 발걸음을 평화의 길로 이끌어주실 것이다."

아기는 무럭무럭 자라나 심령이 강해졌고, 이스라엘 백성 앞에 나타날 때까지 광야에서 살았다.

✳7✳

요셉

이는 그 목수의 아들이 아니냐?

예수의 어머니 마리아는 요셉과 정혼한 사이였고, 결혼하기 전에 잉태한 사실이 드러났다. 성령으로 말미암은 일이었다. 마리아의 남편 요셉은 의로운 사람이었다. 마리아의 입장을 고려하여 아무도 모르게 가만히 파혼하려고 하였다. 요셉이 그 일을 곰곰이 생각하고 있을 때, 주님의 천사가 꿈에 나타나 일러주었다.

"다윗의 자손 요셉아, 두려워하지 말고 마리아를 아내로 맞아들여라. 마리아의 잉태는 성령으로 말미암은 일이다. 마리아가 아들을 낳을 것이니 이름을 예수라 하라. 그가 자기 백성을 죄에서 구원하실 것이다."

이리하여 주님께서 예언자를 통해서 하신 말씀이 이루어졌다.

'보라! 처녀가 잉태하여 아들을 낳으리니 그 이름을 임마누엘이라 하리라.'

임마누엘은 '하나님께서 우리와 함께 계시다'는 뜻이다. 요셉이 마리아를 아내로 맞아들였으나, 아들을 낳을 때까지 잠자리를 같이하지 않았다. 마리아가 아들을 낳자 이름을 예수라 하였다.

✳8✳
마리아(3)
그 고통을 기억하지 않을 것이다

아우구스투스 황제의 칙령으로 온 나라가 호적을 등록하게 되었다. 구레뇨가 시리아 총독으로 있을 때 처음 실시하였다. 모든 사람이 호적을 등록하러 자기 고향으로 돌아갔다.

요셉도 갈릴리 나사렛에서 유대 베들레헴으로 올라갔다. 베들레헴은 다윗의 고향이고, 요셉은 다윗의 후손이었다. 요셉과 정혼한 마리아도 함께 올라갔으며, 이미 잉태 중이었다.

그들이 베들레헴에 머무는 동안 마리아의 해산일이 되었다. 마리아가 마구간에서 첫아들을 낳아 포대기에 싸서 구유에 눕혔다. 여관마다 사람들이 다 차서 그들이 들어갈 방이 없었기 때문이다.

천사들

하나님께 영광을 돌리라

베들레헴 부근의 들판에서 목자들이 밤을 지새우며 양 떼를 지키고 있었다. 주님의 천사가 갑자기 나타나고, 그 영광이 그들을 환하게 둘러 비췄다. 목자들이 두려워하자 천사가 말하였다.

"두려워하지 마라. 나는 모든 백성이 기뻐할 좋은 소식을 전하러 왔다. 오늘 밤 다윗의 동네에 너희를 위한 구세주가 태어나셨다. 바로 그리스도 주님이시다. 너희가 가서 포대기에 싸여 구유에 누인 아기를 보리니, 이것이 너희에게 주는 표적이다."

그때 하늘의 군대가 큰 무리를 이루며 홀연히 나타났고, 그 천사와 더불어 하나님을 찬양하였다.

"하늘 높은 곳에서는 하나님께 영광! 땅에서는 하나님의 은총을 입은 사람들에게 평화!"

＊10＊

목자들

나는 선한 목자라

천사들이 하늘로 올라가자 목자들이 서로 말하였다.

"어서 베들레헴으로 가서, 주님이 우리에게 알려주신 일이 정말 일어났는지 봅시다!"

그리고 서둘러 달려가 마리아와 요셉과 구유에 누인 아기를 찾아냈다. 목자들이 아기를 확인하고, 그들이 들은 이야기를 자세히 전해주었다. 모두가 이상히 여겼으나 마리아는 마음에 간직하고 곰곰이 되새겼다.

목자들이 하나님께 영광을 돌리고, 찬양하며 들판으로 돌아갔다. 그들이 듣고 본 모든 일이 천사가 일러준 바와 같았기 때문이다.

＊11＊
예언자들
그들의 고난과 인내를 본받으라

아기가 태어난 지 8일째 할례를 베풀고, 이름을 예수라 하였다. 아기가 잉태되기 전에 천사가 일러준 이름이다. 그리고 모세의 율법에 따라 정결 예식을 치를 때가 되었다.

요셉과 마리아가 아기를 데리고 예루살렘으로 올라갔다. 주님의 율법에 '처음 태어난 아들은 거룩하게 구별하여 하나님께 드리라'라고 하였기 때문이다. 또 하나님의 율법에 따라 산비둘기 한 쌍이나 집비둘기 새끼 2마리를 정결 예식의 희생제물로 바치려고 하였다.

시므온이라는 의롭고 경건한 사람이 예루살렘에 있었다. 그는 하나님께서 베풀어주실 이스라엘의 위로를 간절히 기다리고 있었다. 그에게 항상 성령이 머물러 계셨으며, 구세주를 보기 전에는 죽지 않을 것이라는 성령의 계시도 받았다.

그가 성령에 이끌려 성전에 들어서자, 마침 예수의 부모가 첫 아들에 대한 규정을 지키려고 들어왔다. 시므온이 아기를 두 팔로 받아 안고 하나님을 찬양하며 말하였다.

"주재여, 주님의 말씀대로 이제 이 종이 평안히 눈을 감게 되었습니다. 제 눈으로 주님의 구원을 보았기 때문입니다. 만민에게 베풀어주신 구원입니다. 이방인에게는 계시의 빛이요, 주님의 백성 이스라엘에게는 영광입니다."

예수의 부모는 아기에 대한 시므온의 말을 듣고 무척 놀랐다. 시므온이 그들을 축복하고, 아기 어머니 마리아에게 말하였다.

"보세요, 이 아기는 하나님께서 세우신 분입니다. 이스라엘 백성을 많이 넘어지게도 하고 일어서게도 할 것입니다. 또 비난의 표적이 되기도 하여, 마치 예리한 칼에 찔리듯 당신의 마음을 아프게도 할 것입니다. 그러나 그 일로 많은 사람의 마음속 생각이 드러나게 될 것입니다."

또 바누엘의 딸로, 아셀 지파에 속한 나이 많은 여예언자도 성전에 있었다. 안나는 결혼한 지 7년 만에 과부가 되어 84세까지 성전을 떠나지 않고, 밤낮없이 금식과 기도로 하나님을 섬기고 있었다.

바로 그때 안나가 그 자리에 와서 하나님께 감사를 드렸으며, 예루살렘의 구원을 기다리는 모든 사람에게 아기에 대한 이야기를 들려주었다.

아기의 부모는 주님의 율법에 따라 모든 일을 마치고, 갈릴리 나사렛 마을로 돌아갔다. 아기는 하나님의 은총을 늘 받고 있었던바, 무럭무럭 자라나 몸이 튼튼해지고 지혜도 풍부하였다.

토크 지저스

✳12✳
박사들

그 별을 보고 크게 기뻐하였다

예수님은 헤롯왕 때 유대 베들레헴에서 태어나셨다. 동방의 박사들이 예루살렘에 와서 말하였다.

"유대인의 왕으로 태어나신 분이 어디 계십니까? 우리는 동방에서 그의 별을 보고 경배하러 왔습니다."

헤롯왕이 듣고 몹시 당황하였으며, 온 예루살렘이 술렁거렸다. 왕이 대제사장과 율법학자를 모두 불러 놓고 물어보았다.

"그리스도가 어디서 난다고 하였소?"

"유대 베들레헴입니다. '유대 땅 베들레헴아, 너는 유대에서 결코 작은 마을이 아니다. 네게서 내 백성 이스라엘을 다스릴 목자가 나올 것이다.'라고 예언서에 기록되어 있습니다."

헤롯이 박사들을 가만히 불러 별이 나타난 때를 자세히 묻고, 베들레헴으로 보내며 말하였다.

"어서 가서 아기를 샅샅이 찾아보시오. 그리고 찾거든 내게도 꼭 알려주시오. 나도 가서 경배할 생각이오."

왕의 말을 듣고 박사들이 길을 떠났다. 동방에서 본 별이 다시 나타나 인도하다가 어느 집에 멈추었다. 그들이 보고 매우 기뻐하였다. 어머니 마리아와 함께 있는 아기를 보고, 그 앞에 엎드려 경배하였다. 보물 상자를 열어 황금과 유향과 몰약을 예물로 드렸다.

그리고 꿈에 헤롯에게 돌아가지 말라는 하나님의 지시를 받고, 다른 길로 자기 나라에 돌아갔다.

✳13✳
헤롯왕
거짓말쟁이는 망하고 말 것이다

박사들이 떠난 후, 주님의 천사가 요셉의 꿈에 나타나 일러주었다.

"헤롯이 아기를 찾아 죽이려 한다. 어서 일어나 아기와 그 어머니를 데리고 이집트로 피신하라. 내가 다시 일러줄 때까지 거기 머물러 있어라."

요셉이 즉시 일어나, 아기와 그 어머니를 데리고 한밤중에 이집트로 떠났다. 헤롯이 죽을 때까지 거기서 살았다. 주께서 예언자를 시켜서 하신 말씀이 이루어졌다.

'내가 이집트에서 내 아들을 불러내었다!'

헤롯은 박사들에게 속은 것을 알고 매우 분노하였다. 그들에게 알아본 때를 기준으로 하여, 베들레헴과 그 부근에 살고 있는 2살 이하의 사내아이를 모조리 죽이라고 명령하였다. 하나님께서 예언자 예레미야를 시켜서 하신 말씀이 이루어졌다.

'라마에서 들려오는 소리, 크게 슬퍼하며 애통해 하는 소리, 자식 잃고 우는 라헬이 위로마저 받기를 마다하는구나!'

✳14✳
아켈라오
그 아비의 욕망대로 하려고 한다

헤롯이 죽은 후, 주님의 천사가 이집트에 있는 요셉의 꿈에 나타나 일러주었다.

"일어나 아기와 그 어머니를 데리고 이스라엘로 돌아가라. 아기의 생명을 노리던 자들이 죽었다."

요셉이 일어나 이스라엘로 돌아왔다. 아켈라오가 그 아버지 헤롯의 뒤를 이어 유대의 왕이 되었다는 소식을 듣고 두려워하였다. 꿈에 하나님의 지시를 받고 갈릴리 나사렛으로 갔다. 예언자를 시켜서 하신 말씀이 이루어졌다.

'그는 나사렛 사람이라 불릴 것이다!'

✻ 15 ✻
예수의 부모
네 부모를 공경하라

예수의 부모는 해마다 유월절을 지키러 예루살렘에 올라갔다. 예수가 12세 때도 관례에 따라 올라갔다. 절기를 마치고 모두 집으로 돌아갈 때, 예수는 예루살렘에 그대로 남아있었다.

부모는 그런 줄도 모르고, 아들이 일행 중에 당연히 끼어 있으려니 생각하고 하룻길을 갔다. 그리고 친척과 친지 가운데서 찾았으나 보이지 않았다. 이리저리 찾아 헤매며 예루살렘까지 되돌아갔다.

그들이 3일 후 성전 뜰에 있는 예수를 찾았다. 예수가 학자들 사이에 앉아 듣기도 하고 묻기도 하였다. 예수의 말을 듣는 사람마다 그 지혜와 대답에 경탄하여 마지않았다. 예수의 부모도 그 모습을 보고 놀랐다. 예수의 어머니가 말하였다.

"애야, 어찌하여 이리 하였느냐? 네 아버지와 내가 얼마나 애를 태우며 너를 찾았는지 아느냐?"

"어찌하여 저를 찾으셨습니까? 제가 아버지의 집에 있어야 할 줄 모르셨습니까?"

예수의 부모는 그 말뜻을 이해하지 못했다. 예수는 나사렛으로 돌아가 부모에게 순종하며 살았다. 마리아는 그 모든 일을 마음속 깊이 간직하였다. 예수는 지혜와 몸이 날로 자라며, 하나님과 사람의 총애를 더욱 많이 받았다.

✴ 16 ✴
세례 요한(2)
광야에서 외치는 소리가 있다

티베리우스 황제가 로마를 다스린 지 15년째, 본디오 빌라도는 유대의 총독으로, 헤롯 안티파스는 갈릴리 지방의 분봉왕으로, 그 동생 빌립은 이두래와 드라고닛 지방의 분봉왕으로, 루사니아는 아빌레네 지방의 분봉왕으로 있었다. 대제사장은 안나스와 가야바였다.

하나님의 말씀이 광야에 있는 사가랴의 아들 요한에게 임하였다.

'보라, 내가 내 사자를 네 앞서 보내겠다. 그가 네 길을 닦을 것이다.'

요한을 두고 예언자 이사야가 말하였다.

'광야에서 외치는 자의 소리가 있다. 너희는 주님의 길을 예비하라. 그의 길을 곧게 하라. 모든 골짜기가 메워지고 산과 언덕이 낮아지며, 굽은 길이 곧게 펴지고 거친 길이 평탄해지며, 모든 사람이 하나님의 구원을 볼 것이다.'

요한이 요단강 부근의 여러 마을을 두루 다니며, 죄를 용서받게 하려고 회개의 세례를 선포하였다.

"회개하십시오! 하나님의 나라가 가까이 왔습니다!"

요한은 낙타털옷을 입고, 가죽 띠를 띠고, 메뚜기와 들 꿀을 먹으며 광야에서 지냈다. 온 유대와 예루살렘과 요단강 주변의 사람들이 나와서 죄를 자백하고 세례를 받았다. 바리새인과 사두개인이 무리지어 오는 것을 보고 요한이 말하였다.

"독사의 자식들아, 누가 너희에게 임박한 하나님의 진노를 피하라고 일러주더냐? 너희는 회개에 합당한 행실을 보이고, 속으로라도 아브라함을 조상이라 여기지 마라! 내가 분명히 말하지만, 하나님께서는 이 돌들을 가지고도 얼마든지 아브라함의 자손으로 만드실 수 있다. 도끼가 이미 나무뿌리에 놓였으니, 좋은 열매를 맺지 않는 나무는 다 찍혀 불 속에 던져질 것이다."

"그러면 우리가 어떡해야 합니까?"

"옷이 2벌 있는 사람은 없는 사람에게 나눠주고, 양식이 있는 사람도 그렇게 하십시오."

세리들도 세례를 받으러 와서 물었다.

"선생님, 우리는 어찌해야 합니까?"

"정해진 세금 외에는 더이상 받지 마십시오."

군인들도 와서 물었다.

"우리는 어떻게 해야 합니까?"

"여러분이 받는 봉급으로 만족하고, 강제로 남의 물건을 빼앗거나 거짓으로 고발하지 마십시오."

그때 모든 백성이 그리스도를 기다리고 있었다. 그들이 속으로 생각하였다.

"이 사람이 혹시 그리스도가 아닐까?"

요한이 밝히 말하였다.

"나는 물로 회개의 세례를 주지만, 내 뒤에 오시는 분은 나보다 능력이 더 많으십니다. 나는 그의 신발 끈을 풀어드릴 자격도 없습니다. 그는 여러분에게 성령과 불로 세례를 주실 것입니다. 그가 자기 타작마당을 깨끗이 하시려고 손에 키를 드셨으니, 알곡은 모아 곳간에 들이고 쭉정이는 꺼지지 않는 불에 던지실 것입니다."

17
하나님의 아들(1)
그로 맏아들이 되게 하셨다

예수님이 세례를 받으려고 갈릴리에서 요단강으로 요한을 찾아오셨다. 모든 백성이 줄지어 세례를 받을 때 예수님도 나아가셨다. 요한이 극구 사양하며 말하였다.

"제가 오히려 선생님께 세례를 받아야 합니다. 어찌하여 선생님께서 저에게 오셨습니까?"

"지금은 내가 하자는 대로 하십시오. 그리하여 우리가 모든 의를 이루는 것이 옳습니다."

요한이 예수님의 뜻에 따라 세례를 베풀었다. 예수님이 세례를 받고 기도하셨다. 하늘이 홀연히 열리며 성령이 비둘기같이 예수님 위에 내려오셨다. 그때 하늘에서 소리가 들려왔다.

"이는 내가 사랑하고, 내가 기뻐하는 그 아들이다!"

✳ 18 ✳
마귀
거짓말쟁이요 거짓의 아비다

예수님이 성령을 가득히 받아 요단강에서 돌아오셨다. 성령에 이끌려 광야로 나가 마귀에게 시험을 받으셨다. 황량한 들판에서 들짐승과 함께 지내시며, 밤낮 40일을 금식하고 기도하셨다. 그동안 아무것도 입에 대질 않았던바, 40일이 지났을 때 매우 허기지고 지치셨다. 그때 시험하는 자가 다가와 예수님을 꾀었다.

"당신이 하나님의 아들이라면, 이 돌들에게 명하여 떡이 되라고 해 보시오."

"성경에 이르기를 사람이 떡으로만 사는 것이 아니라, 하나님의 입에서 나오는 말씀으로 산다고 하였다."

마귀가 예수님을 이끌고 거룩한 도성으로 가서, 성전 꼭대기에 세우고 부추겼다.

"당신이 하나님의 아들이라면, 여기서 뛰어내려 보시오. 성경에 이른 대로 하나님께서 천사들에게 명하실 것이고, 천사들은 손으로 떠받쳐 당신의 발이 돌에 닿지 않게 하실 것이오."

"주 너의 하나님을 시험하지 말라는 말씀도 성경에 있다."

마귀가 예수님을 이끌고 높은 산꼭대기로 가서, 순식간에 세상 모든 나라의 권세와 영광을 보여주며 꼬드겼다.

"당신이 내 앞에 엎드려 한 번만 절하면, 이 모든 나라의 권세와 영광을 당신에게 다 주겠소. 이는 나에게 넘어온 것이니, 내가 원하는 사람에게 줄 수 있소."

"사탄아, 썩 물러가라! 성경에 오직 주 너의 하나님께 경배하고, 그분만 섬기라고 하였다!"

마귀는 떠나고 천사들이 와서 예수님께 시중을 들었다. 모든 시험을 마친 마귀가 다음 기회를 노리며 잠시 떠났던 것이다.

✳ 19 ✳
세례 요한(3)

광야에서 주님의 길을 예비하라

유대인들이 제사장과 레위인을 요한에게 보내 물었다.

"당신이 누구요?"

"나는 그리스도가 아니오."

"그러면 엘리야요?"

"엘리야도 아니오."

"그러면 그 예언자요?"

"그 예언자도 아니오."

"그렇다면 당신은 도대체 누구요? 우리를 보낸 사람에게 가서 보고할 대답을 좀 해주시오. 당신은 자신을 누구라고 생각하시오?"

"나는 예언자 이사야의 말대로, 주의 길을 곧게 하라고 보내심을 받은 자, 곧 광야에서 외치는 자의 소리요."

그들 가운데 바리새인이 보낸 사람들이 있다가 물었다.

"당신이 그리스도도 아니고, 엘리야도 아니고, 그 예언자도 아니라면, 어찌하여 세례를 베푸는 거요?"

"나는 물로 세례를 베풀 따름입니다. 여러분 가운데 한 분이 서 계십니다. 그는 내 뒤에 오시지만, 나는 그의 신발 끈을 풀어드릴 자격도 없습니다."

요한이 세례를 베풀던 요단강 동편, 베다니에서 있었던 일이다.

✳20✳

안드레와 베드로

너는 사람을 낚을 것이다

예수님이 다가오는 것을 보고 요한이 말하였다.

"보십시오, 세상 죄를 지고 가는 하나님의 어린양이십니다! 내가 전에 말하기를, 내 뒤에 오시는 분이 나보다 앞선 것은, 그가 나보다 먼저 계셨기 때문이라고 하였습니다. 바로 이분을 두고 한 말입니다. 나도 처음에는 이분을 알아보지 못했지만, 내가 물로 세례를 주는 이유는 이분을 이스라엘에 알리기 위한 것입니다."

요한이 또 증언하였다.

"하늘에서 성령이 비둘기처럼 내려와 이분 위에 머무는 것을 보았습니다. 그때까지 나는 이분이 누구신지 몰랐습니다. 그런데 물로 세례를 주라고 나를 보내신 분이, 성령이 내려와 어떤 사람 위에 머무는 것을 보거든, 그가 바로 성령으로 세례를 주실 분임을 알라고 일러주셨습니다. 그리고 나는 그 광경을 보았습니다. 그래서 이분이 바로 하나님의 아들이라고 증언하는 것입니다."

다음날 요한이 제자 2명과 함께 다시 그곳에 있다가, 예수님이 지나가시는 것을 보고 말하였다.

"보라, 하나님의 어린양이시다!"

이 말을 듣고 그 제자들이 예수님을 따라갔다. 그들이 따라오는 것을 보고, 예수님이 뒤돌아서 물으셨다.

"무엇을 원하느냐?"

"랍비여, 어디 머물고 계십니까?"

"와서 보라."

그들이 따라가 예수님이 계신 곳을 보고, 그날 예수님과 함께 지냈다. 오후 4시쯤이었다. 요한의 말을 듣고 예수님을 따라간 제자 중 하나는, 시몬 베드로의 동생 안드레였다. 그가 먼저 자기 형 시몬을 찾아가 말하였다.

"우리가 찾던 메시아를 만났소."

그리고 시몬을 예수님께 데려왔다. 예수님이 눈여겨보시고 말씀하셨다.

"너는 요한의 아들 시몬이구나. 이제부터 너를 게바라 부르겠다."

게바는 '베드로'라는 뜻이다.

＊21＊

빌립과 나다나엘

목표를 향해 달려가고 있다

예수님이 갈릴리로 가려다가 빌립을 만나 이르셨다.

"나를 따르라."

빌립도 안드레와 베드로처럼 벳새다 사람이었다. 빌립이 나다나엘을 찾아가 말하였다.

"모세가 책에 쓰고 예언자들도 기록한 분을 우리가 만났소. 그는 나사렛 출신으로 요셉의 아들 예수입니다."

"나사렛에서 무슨 선한 것이 나올 수 있겠소?"

"와서 보시오."

나다나엘이 가까이 오는 것을 보고 예수님이 말씀하셨다.

"보라, 여기 참 이스라엘 사람이 있다. 그에게는 거짓이 조금도 없다."

"나를 어떻게 아십니까?"

"빌립이 부르기 전에 무화과나무 아래 있는 너를 보았다."

"선생님은 하나님의 아들이시요, 이스라엘의 왕이십니다."

"무화과나무 아래 있는 너를 보았다고 해서 나를 믿느냐? 앞으로 그보다 더 큰 일을 볼 것이다."

예수님이 덧붙여 말씀하셨다.

"내가 분명히 말한다. 하늘이 열리고 하나님의 천사들이 인자 위에 오르내리는 모습을 너희가 보게 될 것이다."

22
예수의 어머니
내 어머니와 동생들을 보라

갈릴리 가나에 결혼식이 있었다. 예수의 어머니도 거기 계셨고, 예수님과 제자들도 초대를 받았다. 잔칫집에 포도주가 떨어졌다. 예수의 어머니가 예수님께 알렸다.

"이 집에 포도주가 다 떨어졌구나."

"어머니, 그것이 저와 무슨 상관이 있습니까? 아직 제 때가 되지 않았습니다."

예수의 어머니가 일꾼들에게 단단히 일러주었다.

"무엇이든지 그가 시키는 대로 하세요."

거기 마침 두세 동이들이 돌 항아리 6개가 놓여있었다. 유대인의 정결 예식에 사용하는 것이었다. 예수님이 일꾼들에게 말씀하셨다.

"저 항아리에 물을 채우십시오."

일꾼들이 항아리마다 물을 가득가득 채웠다. 예수님이 말씀하셨다.

"이제 떠서 연회장에게 갖다 주십시오."

그들이 그대로 하였더니, 어느새 물이 변해 포도주가 되었다. 물을 떠 간 일꾼들은 그것이 어디서 났는지 알고 있었으나, 연회장은 아무것도 모른 채 술맛만 보고 신랑을 불러 말하였다.

"누구든지 좋은 포도주를 먼저 내놓아 손님들이 취한 뒤에 덜 좋은 것을 내놓는 법이 아니오? 이렇게 좋은 포도주가 아직까지 있었다니 어찌 된 일이오?"

예수님이 갈릴리 가나에서 처음으로 이 표적을 행하여 영광을 드러 내셨고, 제자들은 믿게 되었다.

＊23＊
니고데모
하나님의 나라는 말에 있지 않다

바리새인 가운데 니고데모라는 사람이 있었다. 산헤드린 공회원으로 유대인의 지도자였다. 그가 밤중에 예수님을 찾아와 말하였다.

"랍비님, 우리는 선생님을 하나님께서 보내신 분으로 알고 있습니다. 하나님께서 함께하시지 않고서야 어떻게 그런 표적을 행하실 수 있겠습니까?"

"내가 분명히 말합니다. 누구든지 다시 태어나지 않으면 하나님의 나라를 볼 수 없습니다."

"나이 들어 늙은 사람이 어떻게 다시 태어날 수 있겠습니까? 모태에 다시 들어갔다가 나올 수야 없지 않습니까?"

"내가 분명히 말합니다. 누구든지 물과 성령으로 거듭나지 않으면 아무도 하나님의 나라에 들어갈 수 없습니다. 육신에서 난 것은 육이

요, 성령으로 난 것은 영입니다. 내 말을 이상히 여기지 마십시오. 바람은 불고 싶은 대로 불지만, 그 소리를 들어도 어디서 와서 어디로 가는지 모릅니다. 성령으로 난 사람도 이와 같습니다."

"어떻게 그런 일이 있을 수 있겠습니까?"

"당신은 이스라엘의 이름난 선생으로서 이 일을 이해하지 못하십니까? 내가 분명히 말합니다. 우리는 아는 것을 말하고 본 것을 증언합니다. 그러나 여러분은 우리의 증언을 받아들이지 않습니다. 내가 땅의 일을 말해도 여러분이 믿지 않거든, 하물며 하늘의 일을 말하면 어찌 믿겠습니까?

하늘에서 내려온 자 외에는 아무도 하늘에 올라간 사람이 없습니다. 모세가 광야에서 구리 뱀을 높이 들었던 것처럼 인자도 들려야 합니다. 이는 그를 믿는 사람에게 영생을 주려는 것입니다.

하나님께서 세상을 이처럼 사랑하여 독생자를 주셨으니, 누구든지 그를 믿는 사람은 멸망치 않고 영생을 얻습니다. 하나님께서 아들을 세상에 보내신 것은 세상을 심판하시려는 것이 아니라, 아들을 통해 세상을 구원하시려는 것입니다.

아들을 믿는 사람은 심판을 받지 않지만, 아들을 믿지 않는 사람은 이미 심판을 받았습니다. 하나님의 외아들을 믿지 않았기 때문입니다. 이미 심판을 받았다는 것은, 빛이 세상에 왔으나 자기 행실이 악하여 빛보다 어둠을 더 사랑하였다는 말입니다.

과연 악을 일삼는 사람은 누구나 빛을 미워하고 멀리합니다. 자기 죄상이 드러날까 싶어 그렇습니다. 그러나 진리를 따라 사는 사람은 빛으로 나옵니다. 자기 행위가 하나님의 뜻에 따라 이루어지고 있음을 드러내려는 것입니다."

24

세례 요한(4)

신실한 증인은 거짓말하지 않는다

예수님이 제자들과 함께 유대로 가서 얼마간 머물며 세례를 주셨다. 요한도 살렘 부근 애논에서 세례를 주었다. 거기 물이 많고 사람들이 계속 나아왔기 때문이다. 요한이 감옥에 갇히기 전이었다.

그때 요한의 제자들과 어떤 유대인 사이에 정결 예식을 두고 논쟁이 벌어졌다. 제자들이 요한에게 말하였다.

"선생님, 전에 요단강 동편에서 증언하신 분이 세례를 주시자 사람들이 다 그에게 몰려가고 있습니다."

"하늘에서 주시지 않으면 사람은 아무것도 받을 수 없다. 나는 그리스도가 아니라 그분 앞에 보내심을 받은 자라고 하였다. 너희가 그 증인이다. 신부를 맞을 사람은 신랑이나 그 친구가 옆에 섰다가 그 소리를 듣고 크게 기뻐한다. 나도 그런 기쁨으로 가득 차 있다. 그분은 점점 흥해야 하고, 나는 점점 쇠해야 한다.

위에서 오신 분은 만물 위에 계시고, 땅에서 난 사람은 땅에 속하여 땅의 일을 말한다. 하늘에서 오신 분은 만물 위에 계시며, 직접 보고 들은 것을 증언하신다. 그러나 아무도 그의 증언을 받아들이지 않는다. 그 증언을 받아들이는 사람은 하나님의 참되심을 인정한 것이다.

하나님께서 보내신 분은 하나님의 말씀을 전하신다. 하나님께서 그에게 성령을 한없이 주시기 때문이다. 아버지께서 아들을 사랑하여 모든 것을 그 손에 맡겨주셨다. 아들을 믿는 사람은 영생을 얻고, 아들을 믿지 않는 사람은 생명은커녕 오히려 하나님의 진노를 사게 된다."

그리고 요한은 여러 가지 말로 백성을 권하며 복음을 전하였다. 그때 헤롯 안티파스는 동생의 아내 헤로디아를 아내로 맞아들인 일과, 그가 저지른 여러 가지 악행으로 인해 요한의 질책을 받았다. 그러나 뉘우치지 않고 오히려 요한을 잡아 감옥에 가두었던바, 악한 일을 하나 더 추가하게 되었다.

✳ 25 ✳

사마리아 여인

하나님은 사람을 차별하지 않는다

예수님이 요한보다 더 많은 사람을 제자로 삼고, 세례를 준다는 소문이 바리새인의 귀에 들어갔다. 사실은 예수님이 세례를 주신 게 아니라 제자들이 준 것이다. 그들의 수군거림을 아시고, 예수님이 유대를 떠나 다시 갈릴리로 가려고 하셨다. 그때 사마리아 지방을 지나갈 수밖에 없었다.

예수님이 사마리아의 수가 마을에 들어가셨다. 야곱이 그 아들 요셉에게 준 땅에서 가깝고, 야곱의 우물이 거기 있었다. 긴 여행으로 피곤한 예수님이 그 우물가에 앉으셨다. 정오쯤이었다. 한 사마리아 여인이 물을 길으러 나왔다. 예수님이 말을 거셨다.

"내게 물 좀 주시겠습니까?"

제자들은 먹을 것을 사러 시내에 들어가고 없었다.

"선생님은 유대인이시고, 저는 사마리아 여자가 아닙니까? 어찌 저에게 물을 좀 달라고 하십니까?"

당시 유대인과 사마리아인이 상종하지 않았기 때문이다.

"그대가 하나님의 선물이 무엇인지, 그대에게 물을 청한 사람이 누구인지 알았다면, 오히려 그대가 먼저 내게 청했을 것이고, 나는 그대에게 생수를 주었을 것입니다."

"우물은 이렇게 깊고 선생님은 두레박도 없습니다. 어디서 그런 생수를 구하여 주시겠단 말씀입니까? 선생님이 우리 조상 야곱보다 더 위대하십니까? 그는 우리에게 이 우물을 주었고, 그 자녀와 가축까지 다여기서 이 물을 마셨습니다."

"이 물을 마시는 자마다 다시 목마를 것이나, 내가 주는 물을 마시는 사람은 영원히 목마르지 않을 것입니다. 내가 주는 물은 그 속에서 끊임없이 솟아나 영생에 이르는 샘물이 될 것입니다."

"선생님, 그 물을 저에게 좀 주십시오. 다시 목마르지도 않고, 물을 길으러 여기까지 나오지 않아도 되겠습니다."

"가서, 그대의 남편을 데려오십시오."

"저는 남편이 없습니다."

"그대의 말이 맞습니다. 그대에게 남편이 다섯이나 있었고 지금도 같이 사는 사람이 있지만, 실은 그도 남편이 아니니 바른말을 하였습니다."

"선생님, 이제 보니 예언자십니다. 우리 조상은 이 산에서 예배를 드렸으나, 유대인은 예루살렘에서 예배를 드려야 한다고 합니다."

"자매여, 나를 믿으십시오. 이 산이든 예루살렘이든, 아버지께 예배할 장소가 문제 되지 않을 때가 올 것입니다. 사마리아인은 알지 못하는 것을 예배하고, 유대인은 알고 있는 분을 예배합니다. 구원이 유대인에서 나오기 때문입니다.

이제 예배하는 사람이 영과 진리로 예배할 때가 되었습니다. 지금이 바로 그때입니다. 아버지께서 이렇게 예배하는 사람을 찾으십니다. 하나님은 영이시니, 예배하는 사람은 반드시 영으로 참되게 예배를 드려야 합니다."

"저도 그리스도라는 메시아가 오실 줄 압니다. 그분이 오시면 우리에게 모든 것을 알려주실 것입니다."

"지금 그대와 말하고 있는 이가 바로 그 사람입니다."

그때 제자들이 돌아왔다. 예수님이 그 여인과 대화하는 것을 보고 놀랐으나, '여인에게 무엇을 청하셨습니까?' 또는 '여인과 무슨 말씀을 하셨습니까?'라고 묻는 사람은 아무도 없었다. 그 여인이 물동이를 내버려 두고 마을로 달려가 소리쳤다.

"다들 나와 보세요! 저의 과거를 죄다 알고 계신 분이 계세요! 이분이 그리스도가 아닐까요?"

마을 사람이 다 나와서 예수님께 모여들었다. 그때 제자들은 예수님께 음식을 권하고 있었다.

"선생님, 무엇을 좀 드십시오."

"내게는 너희가 알지 못하는 양식이 있다."

"누가 벌써 음식을 갖다 드렸을까?"

"내 양식은 나를 보내신 분의 뜻을 행하고, 그의 일을 온전히 이루는 것이다. 너희는 아직 넉 달이 있어야 추수 때가 온다고 하지만, 나는 말한다.

'눈을 들어 들판을 보아라. 곡식이 익어 추수할 때가 되었다. 추수하는 사람이 이미 삯을 받고, 영원한 생명의 나라로 알곡을 거둬들이고 있다.'

그래서 씨를 뿌린 사람과 추수하는 사람이 함께 기뻐하게 되었다. 과연 한 사람은 뿌리고 다른 사람은 거둔다는 속담이 맞다. 나는 너희가 수고하지 않은 것을 거두라고 보냈다. 수고는 다른 사람이 하였으나, 너희는 그들이 수고한 결실을 거두는 것이다."

여인이 자신의 과거를 죄다 알아맞혔다고 예수님을 증언하여, 그 마을 사람들이 예수님을 믿었다. 그들이 며칠만 더 머물러 달라고 간청하여 예수님은 이틀을 더 있었으며, 예수님의 말씀을 듣고 더 많은 사람이 믿게 되었다. 그들이 여인에게 말하였다.

"이제 우리는 그대의 말로 믿는 것이 아니라, 우리가 직접 그의 말씀을 듣고 참으로 구세주라는 사실을 깨달았기 때문이오."

✽26✽
왕실의 고관
깨끗한 양심에 믿음의 비밀을 간직하라

예수님이 갈릴리 가나로 다시 가셨다. 물로 포도주를 만드신 곳이다. 거기 왕실의 고관이 살았고, 그의 아들은 가버나움에서 앓고 있었다. 그가 예수님을 찾아와 애원하였다.

"선생님, 제 아들이 금방 죽게 되었습니다. 어서 가버나움으로 가서 제 아들을 살려주십시오."

"여러분은 무슨 표적이나 기사를 보지 않으면 도무지 믿으려고 하지 않습니다."

"선생님, 제 아이가 죽기 전에 어서 내려가 주십시오."

"그냥 집으로 돌아가세요. 아들은 살아날 것입니다."

그가 믿고 집으로 돌아가다가 마중 나온 하인을 만나 소식을 들었다.

"아드님이 살아났습니다!"

"언제 아이가 나았느냐?"

"어제 오후 1시쯤에 열이 떨어졌습니다."

그때가 바로 예수님이 말씀하신 그 시각인 줄 알고, 그와 온 집안이 예수님을 믿었다. 예수님이 유대에서 갈릴리로 돌아와 행하신 2번째 표적이었다.

✳ 27 ✳
나사렛 사람들
고향에서 환영받는 예언자는 없다

예수님이 나사렛에 가셨다. 안식일을 맞아 평소대로 회당에 들어가셨다. 성경을 읽으려고 일어서자 핫잔이 이사야 예언서의 두루마리를 건네주었다. 예수님이 받아 이 대목을 찾아 읽으셨다.

"주의 영이 내게 내리셨다. 주께서 내게 기름을 부어 가난한 자에게 복음을 전하게 하셨다. 포로 된 자에게 자유를, 눈먼 자에게 다시 보게 함을, 억눌린 자에게 해방을 선언하고, 주님이 베풀어주실 은혜의 해를 선포하게 하셨다."

예수님이 두루마리를 말아 돌려주고 자리에 돌아와 앉으셨다. 회당에 있던 사람들의 눈길이 일제히 쏠렸다. 예수님이 말씀하셨다.

"오늘 이 말씀이 바로 이 자리에서 이루어졌습니다!"

모든 사람이 탄복하며 은혜의 말씀에 칭찬을 아끼지 않았으나, 의심하면서 머뭇거리는 사람도 있었다.

"아니, 저 사람은 요셉의 아들이 아닙니까?"

예수님이 말씀하셨다.

"여러분은 틀림없이 '의사야, 네 병이나 고쳐라!'라는 속담을 들이대며, '가버나움에서 행한 기적을 여기 네 고향에서도 해보라!'라고 말하고 싶을 것입니다. 내가 분명히 말하지만, 어떤 예언자도 자기 고향에서는 환영받지 못합니다.

잘 들어두십시오. 엘리야 시대 3년 6개월 동안 하늘이 닫혀 온 땅에 심한 흉년이 들었을 때, 이스라엘에 많은 과부가 있었으나, 하나님께서 오직 시돈 지방의 사렙다 마을 과부에게만 엘리야를 보내셨습니다.

엘리사 시대에도 이스라엘에 많은 나환자가 있었으나, 그들 가운데 하나도 고침을 받지 못하고, 오직 시리아 장군 나아만 하나만이 깨끗함을 받았습니다."

이 말을 듣고 회당 안에 있던 사람들이 크게 분개하여 들고 일어났다. 그들이 예수님을 벼랑까지 끌고 가서 절벽 아래로 밀쳐 떨어뜨리려고 하였다. 그 마을이 산 위에 있었기 때문이다.

그러나 예수님은 그들 사이를 유유히 지나서 갈 길을 가셨다.

＊28＊
사람 낚는 어부
네 형제를 굳세게 하라

예수님이 갈릴리 호숫가를 걷다가 베드로라는 시몬과 동생 안드레를 보셨다. 그들은 어부였으며 호수에 그물을 던지고 있었다. 예수님이 호숫가에 서 계신 것을 보고 무리가 다시 모여들었다. 그들이 예수님을 에워싸고 하나님의 말씀을 들었다.

그때 호숫가에 배 2척이 대어 있었고 어부들은 배에서 내려 그물을 씻고 있었다. 예수님이 보시고 한 배에 오르셨다. 예수님이 시몬에게 이르셨다.

"배를 뭍에서 조금 떼어놓아라."

그리고 배에 앉아 계속 무리를 가르치셨다. 예수님이 말씀을 마치고 시몬에게 이르셨다.

"깊은 데로 가서 그물을 내려 고기를 잡아라."

"선생님, 저희가 밤새 애썼으나 아무것도 잡지 못하고 돌아왔습니다. 하지만 선생님이 말씀하시니 다시 가서 그물을 내리겠습니다."

그러자 너무 많은 고기가 잡혀 그물이 찢어질 정도가 되었다. 다른 배에 있는 동료들을 불러 도와달라고 하였다. 그들이 와서 고기를 2배에 가득 채우고도 남았다. 베드로가 보고 예수님 앞에 엎드려 말하였다.

"주님, 저는 죄인입니다. 저를 떠나 주십시오."

너무 많은 고기가 잡힌 것을 보고, 베드로가 지레 겁을 먹고 그렇게 말했던 것이다. 베드로만이 아니라 안드레도 보고 놀랐고, 그들과 함께 있던 동료들도 보고 놀랐다. 시몬의 동업자인 세베대의 두 아들, 야고보와 요한도 그 광경을 보고 놀랐다. 예수님이 말씀하셨다.

"두려워하지 마라. 이제부터 사람을 낚을 것이다."

시몬과 안드레가 배를 끌어 뭍에 댄 후, 모든 것을 버려두고 예수님을 따랐다.

그리고 조금 더 가시다가 배에서 그물을 손질하는 야고보와 요한을 보고 부르셨다. 그들도 아버지 세베대를 일꾼들과 함께 남겨두고, 즉시 일어나 예수님을 따라나섰다.

＊29＊
귀신들린 자

귀신들의 말을 허락하지 않으셨다

예수님이 가버나움으로 가셨다. 안식일이 되어 회당에 들어가 가르치셨다. 율법학자와 달리 말씀에 권위가 있어 사람들이 듣고 놀랐다. 거기 악령에 사로잡힌 사람이 있다가 울부짖었다.

"아, 나사렛 예수여! 우리가 당신과 무슨 상관이 있습니까? 우리를 망하게 하려고 오셨습니까? 나는 당신이 누구신지 압니다. 하나님께서 보내신 거룩한 분입니다!"

예수님이 꾸짖고 명하셨다.

"닥치고 그에게서 나가라!"

더러운 귀신이 사람들 앞에서 그를 땅바닥에 내동댕이치고, 비명을 지르며 떠나갔다. 그에게 상처는 입히지 않았다. 사람들이 보고 깜짝 놀라 서로 말하였다.

"이게 어찌 된 일인가? 이제까지 아무도 보지 못한 새로운 일이 아닌가? 권위와 능력으로 명령하시자 더러운 귀신들도 복종하고 쫓겨나지 않는가?"

이 소문이 삽시간에 온 갈릴리와 그 주변으로 퍼져나갔다.

✳ 30 ✳
베드로의 장모
그가 꾸짖으면 하늘의 기둥이 떤다

예수님이 회당에서 나와 야고보와 요한을 데리고 곧장 시몬과 안드레의 집으로 가셨다. 거기 시몬의 장모가 심한 열병을 앓으며 누워 있었다. 사람들이 그 사정을 예수님께 아뢰며 부인을 고쳐달라고 하였다.

예수님이 가까이 가서 굽어보시고, 부인의 손을 잡아 일으키며 열병을 꾸짖으셨다. 열병은 즉시 떠나고 시몬의 장모는 일어나 시중을 들었다.

✳ 31 ✳
그리스도
그리스도를 아는 지식이 가장 고상하다

날이 저물어 안식일이 끝났다. 이집 저집에서 온갖 병자와 귀신 들린 사람들을 다 데리고 나왔다. 온 동네 사람들이 대문 앞에 모여들어 베드로의 집은 문전성시를 이루었다. 예수님이 말씀으로 귀신을 쫓아내시고, 병자에게 일일이 손을 얹어 고쳐주셨다. 그가 그리스도라는 사실을 알고, 귀신이 소리를 지르며 떠나갔다.

"당신은 하나님의 아들이십니다!"

예수님이 그 귀신을 꾸짖고 말하는 것을 허락하지 않으셨다. 예언자 이사야의 말씀이 이루어졌다.

'그가 몸소 우리의 병약함을 떠맡고 질고를 짊어지셨다!'

✳32✳
위대한 의사
어찌하여 내 백성이 치료를 받지 못하는가?

예수님이 어둑새벽에 일어나 한적한 곳을 찾아 기도하고 계셨다. 시몬 일행이 찾아와 말하였다.

"모든 사람이 선생님을 찾고 있습니다."

예수님을 곁에 모셔두고, 떠나지 못하게 하려고 그리 말했던 것이다. 예수님이 말씀하셨다.

"그래, 이 부근의 다른 마을로 가자. 거기서도 복음을 전해야 한다. 나는 이 일을 하려고 왔다."

그리고 온 갈릴리를 두루 다니며 회당에서 가르치시고, 하나님 나라의 복음을 선포하시며, 더러운 귀신을 쫓아내시고, 모든 병과 아픈 곳을 고쳐주셨다.

이 소문이 시리아까지 퍼져나갔다. 갖가지 질병으로 고생하는 사람들, 귀신에 사로잡혀 신음하는 사람들, 간질병과 중풍에 걸린 사람들이 다 나아왔다. 예수님이 그들도 다 고쳐주셨다.

✳ 33 ✳

나병환자

하나님은 긍휼이 풍성한 분이시다

예수님의 일행이 한 마을에 이르렀다. 육신이 심하게 문드러진 나병환자가 와서, 얼굴을 땅에 대고 엎드려 말하였다.

"주님! 주님께서 원하시면 저를 깨끗게 하실 수 있습니다."

예수님이 그를 불쌍히 여기시고, 손을 내밀어 어루만지며 말씀하셨다.

"그래요, 내가 원하니 깨끗함을 받으세요!"

그의 나병이 순식간에 사라지고 깨끗이 나았다. 예수님이 단단히 이르셨다.

"삼가 아무에게도 말하지 말고, 바로 제사장에게 가서 몸을 보이세요. 그리고 모세가 명한 것을 드려 증거로 삼으세요."

그가 기쁨을 감추지 못해 자기 병이 나은 것을 마구 선전하고 퍼뜨리며 다녔다. 예수님은 드러나게 마을로 다니지 못하시고, 바깥 외딴곳에서 조용히 기도하며 지내셨다.

✳34✳
중풍병자

믿음으로 믿음에 이르게 한다

예수님이 호수를 건너 다시 가버나움으로 돌아오셨다. 어느 집에서 가르치신다는 소문이 퍼져 다시 큰 무리가 모여들었다. 가뜩이나 예수님이 하나님의 권세로 병을 고치신다는 소문이 널리 퍼졌던 터라, 그 집은 발 들여놓을 틈도 없었다. 갈릴리와 유대의 여러 마을과 예루살렘에서 온 바리새인들과 율법학자들도 그 자리에 있었다.

그때 한 중풍 병자를 침상에 뉘어 그의 친구 4명이 메고 거기 이르렀으나, 사람들이 너무 많아 예수님 앞으로 데려갈 수가 없었다. 그들은 궁리 끝에, 그 집의 지붕을 뜯어 구멍을 내고 중풍 병자를 침상 채 달아 내렸다. 그들의 믿음을 보시고 예수님이 중풍 병자에게 이르셨다.

"소자여, 이제 안심하고 힘을 내십시오. 그대의 죄가 용서되었습니다."

율법학자와 바리새인들이 속으로 중얼거렸다.

"이 사람이 누구기에 이처럼 하나님을 모독하는가? 하나님 외에 누가 감히 남의 죄를 용서할 수 있단 말인가?"

"여러분은 어찌 그런 생각을 품습니까? '그대의 죄가 용서되었다!'라는 말과, '일어나 자리를 들고 걸어가라!'라는 말 중에서 어느 것이 쉽습니까? 하지만 여러분은 인자가 땅에서 죄를 용서하는 권한을 가지고 있음을 알아야 합니다."

예수님이 중풍 병자에게 이르셨다.

"내가 말합니다. 일어나 침상을 거두어 들고 집으로 가십시오!"

모든 사람이 지켜보는 앞에서 그가 벌떡 일어나 침상을 거두어 들고, 하나님을 찬양하며 집으로 돌아갔다. 그들이 매우 놀라 하나님을 찬양하면서도 두려움에 휩싸여 서로 말하였다.

"오늘 우리가 정말 놀라운 일을 보았습니다!"

✳ 35 ✳

마태

세리와 죄인의 친구다

예수님이 호숫가로 나가시자 무리가 다시 모여들어 그들을 가르치셨다. 그리고 길을 가시다가 마태, 곧 레위라는 세리가 세관에 앉은 것을 보시고 부르셨다.

"나를 따라라."

그가 자리에서 벌떡 일어나 모든 것을 버려두고 예수님을 따라나섰다. 마태가 자기 집에서 예수님을 위해 큰 잔치를 베풀었다. 많은 세리와 죄인이 초대를 받았으며, 예수님의 제자들과 함께 음식을 먹고 있었다. 바리새인과 율법학자가 보고 못마땅하여 예수님의 제자들에게 따지고 들었다.

"어째서 당신네 선생님은 세리와 죄인을 용납하고 함께 어울려 먹고 마십니까?"

예수님이 듣고 대답하셨다.

"성한 사람에게는 의사가 필요치 않으나, 상한 사람에게는 꼭 필요합니다. 여러분은 가서 '내가 바라는 것은 제사가 아니라 자비다!'라고 하신 말씀이 무슨 뜻인지 먼저 배우십시오. 나는 의인을 부르러 온 것이 아니라, 죄인을 불러 회개시키러 왔습니다."

✳36✳
베데스다 병자
은혜의 해를 선포하셨다

유대인의 명절을 맞아 예수님이 예루살렘에 올라가셨다. 예루살렘의 양문 곁에는 히브리말로 베데스다라는 못이 있었고, 그 둘레에 행각 5채가 있었다. 그 안에 병든 사람, 눈먼 사람, 저는 사람, 걷지 못하는 사람 등의 온갖 병자와 장애인이 즐비하게 누워 있었다.

그들은 모두 물이 움직일 때를 기다리고 있었다. 이따금 주님의 천사가 내려와 물을 휘젓곤 하였던바, 그때 맨 먼저 들어가는 사람은 무슨 병에 걸렸든지 다 낫기 때문이다.

그들 가운데 38년 동안 자리에 누워 병을 앓고 있는 사람이 있었다. 그의 병이 아주 오래된 고질이라는 사실을 알고 예수님이 물으셨다.

"낫기를 원하십니까?"

"선생님, 그렇습니다. 하지만 물이 움직일 때 저를 들어 물속에 넣어줄 사람이 없습니다. 제가 내려가는 사이에 다른 사람이 먼저 들어갑니다."

"일어나, 자리를 걷어들고 걸어가십시오!"

그가 어느새 병이 나아 자리를 걷어들고 걸어갔다. 안식일이었다.

유대인이 그를 나무랐다.

"오늘은 안식일이니 자리를 들고 가는 것이 옳지 않소."

"나를 고쳐주신 분이 자리를 걷어들고 가라 하셨습니다."

"그자가 누구요?"

그는 자기를 고쳐준 사람이 누군지 몰랐다. 거기 많은 사람이 붐볐고, 예수님도 자리를 뜨셨기 때문이다. 나중에 예수님이 성전 뜰에서 그를 만나 말씀하셨다.

"보십시오! 이제 건강하게 되었으니 다시는 죄를 짓지 마십시오. 그렇지 않으면 더 고약한 병이 생길지 모릅니다."

그가 유대인에게 가서 자기를 고쳐준 사람이 예수라고 말하였다. 안식일에 이런 일을 한다고 해서, 유대인이 예수님을 핍박하기 시작하였다. 예수님이 말씀하셨다.

"내 아버지께서 항상 일하시니 나도 일할 따름입니다."

이 말씀을 빌미로 유대인이 예수님을 죽이려고 더욱 마음을 굳혔다. 예수님이 안식일을 범할 뿐만 아니라, 하나님을 친아버지라 부르며 자신과 대등이 여겼기 때문이다.

✳ 37 ✳
조막손이
주 너희 하나님을 시험하지 마라

안식일을 맞아 예수님이 회당에 들어가 가르치셨다. 거기 조막손이가 있었다. 예수님이 안식일을 어기고 그를 고쳐주는지, 율법학자와 바리새인이 고발할 구실을 삼고자 유심히 지켜보고 있었다. 그들이 아무것도 모른 척하고, 예수님께 다가와 넌지시 물었다.

"안식일에 병을 고쳐주어도 괜찮습니까?"

그들의 간교한 속셈을 아시고, 예수님이 장애인에게 말씀하셨다.

"일어나 가운데로 나와 서십시오!"

그가 앞으로 걸어 나오자 예수님이 그들에게 물으셨다.

"내가 여러분에게 묻겠습니다. 안식일에 선을 행하라고 했습니까, 악을 행하라고 했습니까? 사람을 살리라고 했습니까, 죽이라고 했습니까? 여러분의 율법에 어찌 기록되어 있습니까?"

그들은 말문이 막혀 아무 대답도 하지 못하고 잠잠히 있었다. 예수님이 비유를 들어 말씀하셨다.

"여러분 가운데 한 사람이 양 한 마리를 키우고 있었습니다. 그런데 그 양이 구덩이에 빠졌습니다. 그가 어떻게 하겠습니까? 당연히 끌어내지 않겠습니까? 안식일이라고 해서 모른 척할 사람이 어디 있습니까? 하물며 사람은 양보다 얼마나 더 귀합니까? 안식일에 선을 행하는 것은 율법에 어긋나지 않습니다."

그리고 예수님이 노한 얼굴로 둘러보셨으나, 그들의 마음은 여전히 굳어 있었다. 예수님이 탄식하며 장애인에게 말씀하셨다.

"그대의 손을 앞으로 쭉 내밀어 펴십시오!"

그가 손을 내밀자 오그라진 손이 활짝 펴지며 예전처럼 성하게 되었다. 율법학자와 바리새인들이 화가 머리끝까지 치밀어 이성을 잃고 미친 듯이 밖으로 뛰쳐나갔다. 그리고 평소 상종치 않던 헤롯 당원을 찾아가 모의하였다.

"우리가 어떻게 하면 예수를 잡아 죽일 수 있을까요?"

✳ 38 ✳
가난한 자
가난한 자

행복합니다

예수님이 산에서 내려와 제자들과 함께 서 계셨다. 거기 다른 제자들도 있었고, 유대와 예루살렘, 해안 지방인 두로와 시돈에서 모여든 백성이 큰 무리를 이루고 있었다. 예수님의 말씀도 듣고, 병도 고치려고 몰려온 사람들이었다. 더러운 귀신에 사로잡혀 고생하는 사람들도 있었다. 그들도 모두 고침을 받았다.

사람들이 저마다 예수님을 만지려고 애썼다. 예수님이 큰 권세와 능력으로 그들을 고쳐주셨기 때문이다. 그 모습을 보시고, 예수님이 산기슭에 올라가 앉으셨다. 제자들이 곁으로 다가와 앉았다. 예수님이 제자들을 둘러보시고, 입을 열어 무리를 가르치기 시작하셨다.

"마음이 가난한 자가 행복합니다. 하나님의 나라가 그들의 것입니다.

슬퍼하고 우는 자가 행복합니다. 그들이 위로를 받고 웃을 것입니다.

마음이 온유한 자가 행복합니다. 그들이 땅을 차지할 것입니다.

의에 주리고 목마른 자가 행복합니다. 그들이 만족할 것입니다.

자비를 베푸는 자가 행복합니다. 그들이 자비를 입을 것입니다.

마음이 깨끗한 자가 행복합니다. 그들이 하나님을 볼 것입니다.

평화를 이루는 자가 행복합니다. 그들이 하나님의 자녀라 불릴 것입니다.

의를 위해 핍박을 받는 자가 행복합니다. 하나님의 나라가 그들의 것입니다.

여러분이 나로 인해 미움을 사고, 모욕을 당하고, 박해를 받고, 터무

니없는 거짓말로 누명을 쓰고, 온갖 비난과 배척을 받으면 행복합니다. 기뻐하고 즐거워하십시오. 하늘에서 받을 상이 클 것입니다. 그들의 조상들도 예언자에게 그리 대하였고, 모든 예언자가 여러분에 앞서 똑같은 핍박을 받았습니다."

✳ 39 ✳
부요한 자
불행합니다

"지금 부요한 자가 불행합니다. 그들은 이미 위로를 다 받았습니다.
지금 배불리 먹고 지내는 자가 불행합니다. 그들은 굶주리게 될 것입니다.
지금 웃고 지내는 자가 불행합니다. 그들은 슬퍼하며 울게 될 것입니다.
모든 사람에게 칭찬받는 자가 불행합니다. 그들의 조상들도 거짓 예언자를 그리 대했습니다."

빛과 소금
착한 행실을 보이라

"여러분은 세상의 소금입니다. 소금이 만일 그 맛을 잃으면 무엇으로 짜게 하겠습니까? 그런 소금은 아무 쓸데가 없어 밖에 버려져 사람에게 짓밟힐 뿐입니다."

"여러분은 세상의 빛입니다. 산 위에 있는 마을은 숨겨지지 않고 드러나기 마련입니다. 등불을 켜서 됫박으로 덮어두는 사람은 아무도 없습니다. 누구나 등잔대 위에 두어 그 빛이 온 집안을 비추게 합니다.

이처럼 여러분도 여러분의 빛을 사람들에게 비추십시오. 그들이 여러분의 착한 행실을 보고, 하늘에 계신 아버지를 찬양하게 하십시오."

＊41＊
백부장
주의 말씀만 지킬 따름입니다

예수님이 가버나움으로 가셨다. 거기 한 백부장의 종이 중풍으로 몹시 괴로워하며 죽어가고 있었다. 그는 주인이 대단히 아끼는 종이었다. 백부장이 예수님의 소문을 듣고, 유대인 장로 몇 사람을 보내 간청하였다.

"주님, 저희 집에 와서 제 종을 살려주십시오."

장로들이 와서 예수님께 간곡히 청하였다.

"그 백부장은 선생님의 은혜를 받을 만도 합니다. 우리 민족을 사랑하여 회당까지 지어주었습니다."

"내가 가서 고쳐주겠습니다."

예수님이 장로들과 함께 그의 집으로 가셨다. 그 집 가까이 이르렀을 때, 백부장이 자기 친구들을 보내 아뢰었다.

"주님, 더이상 수고하지 마십시오. 저는 주님을 제집에 모실만한 사람이 못 됩니다. 그래서 감히 나가 뵐 엄두도 못 내고 있습니다. 그러니 그저 나으라고 한 말씀만 해주십시오. 그러면 제 종이 나을 것입니다. 저도 남의 수하에 있지만 제 밑에도 부하가 있습니다. 제가 가라고 하면 가고 오라고 하면 옵니다. 또 제 종에게도 이런저런 일을 하라고 시키면 그대로 합니다."

예수님이 놀랍게 여기며 말씀하셨다.

"내가 여러분에게 말합니다. 이스라엘에서도 이만한 믿음을 보지 못했습니다. 사방에서 숱한 사람이 모여들어 아브라함과 이삭과 야곱과 함께 천국 잔치에 참석할 것입니다. 하지만 이 나라의 백성은 바깥 어두운 곳으로 쫓겨나 슬피 울며 이를 갈 것입니다."

그리고 그들에게 말씀하셨다.

"돌아가십시오. 그가 믿은 대로 될 것입니다."

그들이 집으로 돌아가 보니, 과연 죽어가던 사람이 벌써 나아 있었다. 예수님이 말씀하신 바로 그 시각이었다.

나인성 과부
죽음아, 네 승리가 어디 있느냐?

예수님이 나인이라는 성으로 가셨다. 제자들과 큰 무리가 뒤따랐다. 예수님이 성문 가까이 이르렀을 때, 죽은 사람을 메고 나오는 장례행렬이 있었다. 죽은 사람은 과부의 외아들이었다. 나인성의 조문객이 떼를 지어 과부와 함께 상여를 따르고 있었다. 예수님이 그 과부를 보시고 측은한 마음이 들어 말씀하셨다.

"이제 그만 우세요."

그리고 앞으로 나아가 상여에 손을 대시자 상여꾼이 걸음을 멈추었다. 예수님이 죽은 사람에게 이르셨다.

"청년아, 내가 말한다. 일어나라!"

죽은 청년이 벌떡 일어나 앉으며 말을 하였다. 예수님이 그 어머니에게 보내주셨다. 모든 사람이 두려움에 휩싸여 하나님을 찬양하며 말하였다.

"우리 가운데 정말 위대한 예언자가 나타나셨다!"

"하나님께서 비로소 자기 백성을 돌봐주셨다!"

예수님에 대한 이야기가 온 유대와 주변으로 널리 퍼져나갔다.

＊43＊
세례 요한(5)

예언자 엘리야를 너희에게 보내겠다

　세례 요한이 감옥에서 그 일을 전해 듣고, 제자 2명을 보내 여쭤보라고 하였다. 그들이 예수님께 와서 말하였다.

　"세례 요한이 '오실 분이 선생님이십니까, 아니면 우리가 다른 분을 기다려야 합니까?'라고 여쭤보게 하였습니다."

　그때 예수님은 온갖 병으로 고생하는 사람들과, 악령에 사로잡혀 시달리는 사람들과, 눈먼 사람들을 많이 고쳐주고 계셨다.

　"지금 듣고 보는 그대로 요한에게 가서 전하십시오. 눈먼 사람이 보고, 걷지 못하는 사람이 걷고, 나환자가 깨끗해지고, 듣지 못하는 사람이 듣고, 죽은 사람이 살아나며, 가난한 사람에게 복음이 전해진다고 말입니다. 그리고 누구든지 나로 인해 실족하지 않는 사람이 복되다고 일러주십시오."

　그들이 떠나자 예수님이 말씀하셨다.

　"여러분은 무엇을 보려고 광야에 나갔습니까? 바람에 흔들리는 갈대입니까? 아니면 무엇을 보려고 나갔습니까? 화려한 옷을 입은 사람입니까? 그렇게 호사스런 사람은 왕궁에 있습니다. 그러면 무엇을 보려고 나갔습니까? 예언자입니까? 그렇습니다. 내가 분명히 말하지만, 요한은 예언자보다 더 위대한 사람입니다. 그에 대한 기록이 있습니다.

　'보라, 내가 네 앞서 내 사자를 보내겠다. 그가 네 앞길을 닦을 것이다.'

　내가 분명히 말합니다. 이제까지 여인이 낳은 사람 중에서 세례 요한보다 더 큰 인물은 없었습니다. 그러나 하나님의 나라에서는 아무리

작은 사람도 그보다 더 큽니다.

세례 요한부터 지금까지 하나님의 나라는 침노를 받고 있습니다. 강한 사람이 그 나라를 차지할 것입니다. 모든 예언서와 율법이 요한의 때까지 하나님의 나라를 예언했습니다. 여러분이 그 예언을 받아들인다면, 다시 오기로 되어 있는 엘리야가 바로 요한임을 알게 될 것입니다. 들을 귀가 있는 사람은 알아들으십시오."

그때 요한의 설교를 들은 백성은 물론, 세리까지 요한의 세례를 받고 하나님의 의로움을 드러내었으나, 바리새인과 율법학자는 요한의 세례를 받지 않고, 그들을 향한 하나님의 뜻을 거역하고 있었다.

"이 세대를 무엇에 비길 수 있을까? 이들이 무엇과 같을까? 그렇습니다. 장터에서 아이들이 편을 갈라 앉아 서로 소리를 지르며 노는 것과 같습니다.

'우리가 피리를 불어도 너희는 춤추지 않았고, 우리가 애곡을 하여도 너희는 가슴을 치지 않았다.'

세례 요한이 와서 먹지 않고 마시지 않자 '저 사람은 귀신이 들려 미쳤다'라고 하더니, 인자는 와서 먹고 마시자 '보라, 저 사람은 먹보요, 술꾼이요, 세리와 죄인의 친구다.'라고 합니다. 그러나 하나님의 지혜는 그를 받아들인 자녀들에 의해 옳음이 입증됩니다."

∗ 44 ∗
죄 많은 여자
믿음은 사랑을 통하여 일합니다

토크 지저스

한 바리새인이 만찬에 초대하여 예수님이 그 집에 들어가 식탁에 기대어 앉으셨다. 그 마을에 행실이 나쁜 여인이 살고 있었다. 예수님이 거기 계신다는 소문을 듣고, 향유를 담은 옥합을 가지고 왔다. 그녀가 살그머니 뒤로 돌아가, 예수님의 발치에 서서 울기 시작하였다. 흐르는 눈물이 예수님의 발을 적시자, 자기 머리털로 닦으며 연거푸 입을 맞추고 향유를 부어드렸다. 예수님을 초대한 바리새인이 보고 속으로 중얼거렸다.

"저 사람이 정말 예언자라면 자기를 만지는 저 여자가 누구이며, 얼마나 죄 많은 여인인지 그쯤은 알 것이 아닌가?"

"시몬, 내가 그대에게 물어볼 말이 있습니다."

"선생님, 말씀하십시오."

"어떤 돈놀이꾼에게 빚진 사람이 2명 있었습니다. 하나는 500데나리온을 졌고, 다른 하나는 50데나리온을 졌습니다. 그런데 둘 다 갚을 능력이 없어 그가 모든 빚을 탕감해 주었습니다. 둘 중에서 누가 더 그를 사랑하겠습니까?"

"더 많은 빚을 탕감받은 사람이겠지요."

"그대의 생각이 옳습니다."

예수님이 여인을 돌아보시고, 시몬에게 다시 말씀하셨다.

"그대는 이 여인이 보입니까? 내가 이 집에 들어올 때 그대는 발 씻을 물도 주지 않았으나, 이 여인은 눈물로 내 발을 적시고 자기 머리털로 닦아주었습니다. 그대는 내 얼굴에도 입을 맞추지 않았으나, 이 여인은 내가 들어올 때부터 줄곧 내 발에 입을 맞추었습니다. 그대는 내 머리에 감람유도 발라주지 않았으나, 이 여인은 내 발에 향유를 부어주었습니다.

내가 분명히 말하지만, 이 여인의 모든 죄가 용서되었습니다. 그 많은 죄를 용서받을 만큼 극진한 사랑을 보였기 때문입니다. 적게 용서받은 사람은 적게 사랑합니다."

그리고 여인에게 말씀하셨다.

"그대의 죄가 모두 용서되었습니다."

식탁에 앉은 사람들이 속으로 수군거렸다.

"저 사람이 누구기에 감히 남의 죄까지 용서해 준다고 하는가?"

예수님이 다시 여인에게 말씀하셨다.

"그대의 믿음이 그대를 구원하였습니다. 평안히 가십시오."

✳ 45 ✳

거라사 광인

죄 많은 곳에 은혜가 더욱 넘친다

예수님의 일행이 호수를 건너 거라사 마을에 이르렀다. 배에서 내릴 때, 더러운 귀신에 사로잡힌 광인이 무덤 사이에서 나오다가 예수님을 보았다.

그는 그 마을 사람으로 오랫동안 옷을 입지 않고 공동묘지에 살았으며, 너무 사나워 아무도 그곳을 지나갈 수 없었다. 그가 귀신에게 붙잡혀 시도 때도 없이 발작을 일으켰고, 마을 사람들은 수차례에 걸쳐 사슬과 고랑에 채워 감시도 하였으나, 번번이 부수어 끊고 광야로 뛰쳐나간바, 이제는 아무것도 소용이 없고 아무도 그를 휘어잡지 못하였다. 밤낮없이 무덤과 산속을 쏘다니며 괴팍한 소리를 지르기도 하고,

돌로 자기 몸을 짓찧기도 하였다.

그가 멀리서 예수님을 보고 달려와 그 앞에 엎드려 찢어지는 목소리로 크게 부르짖었다.

"지극히 높으신 하나님의 아들 예수여, 우리가 당신과 무슨 상관이 있습니까? 때가 되기도 전에 우리를 괴롭히려고 여기까지 오셨습니까? 제발 부탁입니다. 하나님께 맹세하고 우리를 간섭하지 마십시오."

예수님이 귀신을 보기만 하면 먼저, '더러운 귀신아, 그에게서 나가라!'고 명령하셨기 때문이다. 예수님이 물으셨다.

"네 이름이 무엇이냐?"

"'군대'입니다. 우리의 숫자가 많아 그리 부르게 되었습니다."

그리고 귀신이 애걸하였다.

"제발 우리를 여기서 내쫓지 마십시오. 무저갱에 들어가라고 말씀하지 마십시오."

그때 거기서 조금 떨어진 산기슭에 방사하는 돼지 떼가 먹이를 먹으며 우글거리고 있었다. 귀신이 말하였다.

"기어이 우리를 쫓아내려면 저 돼지들 속에라도 들어가게 허락하여 주십시오."

"좋다. 가라!"

귀신들이 일제히 나와 그 돼지들 속으로 들어갔다. 거의 2천 마리나 되는 돼지 떼가 가파른 비탈을 내리달려 호수에 곤두박질치며 몰사하였다. 돼지를 치던 사람이 보고 성과 마을로 달려가 그 일을 알렸다.

사람들은 무슨 일이 일어났는지 보려고, 예수님이 계신 곳으로 몰려나왔다. 그들이 와서 아연실색하였다. 귀신에게 붙잡혀 날뛰던 그 광인이 옷을 차려입고, 멀쩡한 정신으로 예수님 앞에 가만히 앉아 있었기 때문이다. 이 일을 처음부터 지켜본 사람들이 그가 낫게 된 경위와 돼지 떼에 일어난 일을 소상히 들려주었다. 그들은 지레 겁을 먹고 마을을 떠나달라고 예수님께 간청하였다.

예수님이 배에 오르시자, 귀신에게 붙잡혀 미쳤다가 나은 그도 따라가게 해달라고 애원하였다. 예수님은 허락지 않고 말씀하셨다.

"그대는 집으로 돌아가세요. 대신 하나님께서 어떻게 은혜를 베풀어 주셨는지, 그대의 가족과 친구들에게 알리십시오."

그가 데가볼리 지방의 모든 마을을 돌아다니며, 예수님이 어떻게 큰 일을 행하셨는지 전하였다. 그 말을 듣는 사람마다 다 놀랍게 여겼다.

＊46＊
하혈병 여인
민음으로 하나님의 인정을 받았다

예수님이 호수를 건너 가버나움으로 돌아오셨다. 큰 무리가 기다리고 있다가 기뻐하며 모여들었다. 예수님이 호숫가에 서 계실 때, 야이로라는 회당장이 급히 와서, 예수님 앞에 무릎을 꿇고 엎드려 애원하였다. 12세 된 그의 외동딸이 죽어가고 있었기 때문이다.

"선생님, 제 딸이 금방 죽게 생겼습니다. 어쩌면 벌써 죽었는지도 모릅니다. 하지만 선생님이 가서 손을 얹어주시면 다시 살아날 것입니다."

예수님이 바로 일어나 그를 따라나섰다. 제자들과 무리가 뒤따르며 예수님을 에워싸고 밀어댔다.

그때 12년 동안 하혈병을 앓는 여인이 무리 속에 끼어 있었다. 그동안 숱한 의사를 찾아다니며 치료를 받느라 갖은 고생을 다했으나 아무 효험이 없었으며, 이제는 가산마저 탕진하였으나 나아지기는커녕 오히려 악화된 상태였다.

그 여인이 소문을 듣고 무리와 함께 따르다가, 예수님의 뒤로 와서 옷에 손을 대었다. 예수님의 옷자락만 만져도 병이 나을 것이라 믿었기 때문이다. 순간 12년 동안 흐르던 피의 근원이 멎고, 병이 나은 느낌을 받았다. 그때 예수님은 자기 능력이 빠져나간 것을 아시고, 돌아서 무리를 보며 물으셨다.

"누가 내 옷에 손을 대었느냐?"

모두 손을 대지 않았다고 하자 베드로가 말하였다.

"선생님, 누가 손을 대다니요? 보십시오! 이렇게 많은 사람이 에워싸고 사방에서 밀어대지 않습니까?"

그러나 예수님은 손을 댄 사람을 찾으려고 주변을 둘러보며 말씀하셨다.

"아니다. 누군가 분명히 내 옷에 손을 대었다. 내게서 능력이 나간 것을 내가 알고 있다."

여인은 자기 몸이 나은 것을 더이상 숨길 수 없음을 알고, 두려워 떨면서 예수님 앞에 나와 엎드렸다. 그리고 예수님의 옷에 손을 댄 이유와, 자기 병이 낫게 된 경위를 사람들 앞에서 사실대로 고하였다. 예수님이 이르셨다.

"자매여, 이제 안심하고 기운을 내십시오. 그대의 믿음이 그대를 구원하였습니다. 평안히 가십시오. 병에서 벗어났으니 건강하게 지내십시오."

그때 여인은 자기 몸이 완전히 나았다는 사실을 깨달았다.

✳ 47 ✳

야이로 딸

하나님은 불가능한 일이 없다

회당장의 집에서 사람이 나와 말하였다.

"따님이 죽었습니다. 선생님께 더이상 폐를 끼치지 마십시오."

예수님이 야이로에게 말씀하셨다.

"걱정하지 말고 믿기만 하십시오. 딸은 살아날 것입니다."

그리고 그 집에 이르러 베드로와 야고보와 요한 외에 아무도 따라 들어오지 못하게 하셨다. 피리를 부는 사람들과 가슴을 치며 통곡하는 여인들로 온 집안이 시끌벅적하였다. 예수님이 말씀하셨다.

"어찌하여 이렇게 울고불고 야단들입니까? 다들 물러가십시오. 아이는 죽은 것이 아니라 자고 있습니다."

사람들이 코웃음 치며 비웃었다. 아이가 죽은 것을 잘 알고 있었기 때문이다. 예수님이 그들을 다 밖으로 내보낸 뒤, 아이 부모와 세 제자만 데리고 아이를 뉘어둔 방으로 들어갔다. 그리고 아이 손을 붙잡고 말씀하셨다.

"달리다 쿰!"

'소녀야, 일어나라!'는 뜻이다. 소녀의 영이 바로 돌아와 아이가 숨을 내쉬며 일어나 걷기 시작하였다. 그 자리에 있던 사람들이 깜짝 놀라 눈이 휘둥그레졌다. 모두 제정신이 아니었다. 예수님이 아이 부모에게 말씀하셨다.

"아이에게 먹을 것을 좀 갖다 주십시오."

부모는 여전히 정신이 없어 어쩔 줄 모르고 허둥거렸다. 예수님이 단단히 이르셨다.

"이 일을 아무에게도 말하지 마십시오."

그러나 소문은 그 지역 사방으로 널리 퍼져나갔다.

＊48＊
세례 요한(6)
아, 슬프다. 그 날이여!

예수님의 이름이 널리 퍼져 갈릴리 분봉왕 헤롯 안티파스의 귀에까지 들어갔다. 헤롯이 이런저런 소문을 듣고 매우 당황하였다. 예수님을 가리켜 어떤 사람은 세례 요한이 죽은 자 가운데서 다시 살아났다고 하였으며, 또 어떤 사람은 예언자 엘리야가 나타났다고 하였으며, 또 다른 사람은 옛 예언자 가운데 하나가 살아났다고 하였기 때문이다. 헤롯이 신하들을 불러 말하였다.

"세례 요한은 내가 목을 베어 죽이지 않았소? 이런저런 소문이 파다하게 들리는 이유가 무엇이오? 그리고 보니 내가 죽인 요한이 다시 살아난 게 틀림없는 것 같소. 그렇지 않다면 그의 권세와 능력이 어디서 나오겠소?"

그리고 헤롯이 예수님을 한번 만나보고 싶어 하였다. 일찍이 그가 요한을 잡아 감옥에 가둔 일이 있었다. 요한이 수차례에 걸쳐 이렇게 간하였기 때문이다.

"동생의 아내를 차지한 것이 옳지 않습니다."

그 일로 헤로디아가 앙심을 품고 요한을 죽이려고 하였으나, 그를 의롭고 거룩한 예언자로 여기는 백성이 두려워 뜻을 이루지 못하고 있었다. 헤롯도 요한을 예언자로 알고 두려워 보호하였으며, 그의 말을 들을 때마다 속으로 몹시 괴로워하면서도 달게 듣곤 하였다.

하루는 헤로디아에게 좋은 기회가 왔다. 헤롯이 생일을 맞아 궁내 대신과 군대 지휘관과 갈릴리 유지를 모두 초대해 큰 만찬을 베풀었다. 그때 헤로디아의 딸이 춤을 추어 헤롯과 참석한 손님들을 매우 즐겁게 하였다. 그 소녀는 결혼 적령기의 처녀였다. 헤롯이 한껏 들떠 거들먹거리며 말하였다.

"딸아, 네 소원이 무엇인지 말하라. 내 나라의 절반이라도 기꺼이 주겠다."

소녀가 밖으로 나가 그 어미에게 물었다.

"어머니, 제가 무엇을 요청할까요?"

"세례 요한의 머리를 쟁반에 담아 지금 달라고 하여라."

소녀가 돌아가 왕에게 말하였다.

"세례 요한의 머리를 쟁반에 담아 지금 주세요."

헤롯은 몹시 난처하였으나 자기 입으로 한 맹세와, 그 자리에 참석한 사람들을 의식하여 거절할 수 없었다. 그가 호위병을 보내 요한의 목을 베어 오라고 하였다. 호위병이 감옥에 있는 요한의 목을 베어 쟁반에 담아 왔다. 소녀가 받아 어미에게 갖다 주었다.

요한의 제자들이 소식을 듣고 달려와 머리 없는 스승의 시신을 거두어 장사하고, 예수님께 가서 그 사실을 알려드렸다.

＊49＊

그 예언자

내가 너를 만민의 조상으로 삼았다

사도들이 돌아와 그들이 행하고 가르친 일을 보고하자 예수님이 말씀하셨다.

"그래, 이제 한적한 곳으로 가서 좀 쉬도록 하자."

거기 오가는 사람들이 너무 많아 식사할 겨를도 없었기 때문이다. 그들이 조용한 곳을 찾아 호수를 건너 뱃새다로 가게 되었다. 무리가 보고 예수님이 제자들과 함께 배를 타고 떠났다는 소문을 퍼뜨린바, 여러 마을에서 사람들이 나와 육로로 달려가 먼저 호수 건너편에서 기다리고 있었다. 예수님이 병자에게 행하시는 기적을 그들이 보았기 때문이다.

유대인의 유월절이 가까운 때였다. 예수님이 배에서 내리며 이미 많은 사람이 몰려와 있는 것을 보시고, 목자 없는 양과 같다는 생각에 측은한 마음이 간절하였다.

예수님이 산등성이에 올라가 자리를 잡으시자 제자들이 곁으로 다가와 앉았다. 거기서 하나님의 나라에 대해 가르치시고, 그들이 데려온 병자를 모두 고쳐주셨다. 그러자 어느덧 해가 저물어 저녁때가 되었다. 예수님이 빌립에게 말씀하셨다.

"우리가 어디서 떡을 사다가 이들을 먹일 수 있겠느냐?"

예수님은 할 일을 아시면서 빌립의 마음을 떠보려고 일부러 그렇게 물어보셨다. 12제자가 일제히 일어나 대꾸하였다.

"여기는 외딴곳으로 빈들입니다. 날도 이미 저물어 시간이 없습니다. 이들을 가까운 농가나 마을로 흩어 보내 각자 잠자리도 구하고, 음식도 사 먹게 하십시오."

"아니다. 그럴 필요 없다. 너희가 먹을 것을 주어라."

빌립이 말하였다.

"1인당 조금씩 나눠준다고 해도 200데나리온 어치의 떡으로도 부족할 겁니다."

"지금 너희에게 떡이 몇 개나 있는지 가서 알아보고 오너라."

시몬 베드로의 동생 안드레가 와서 말하였다.

"여기 보리떡 5개와 작은 물고기 2마리를 가진 아이가 있습니다. 하지만 이것을 가지고 이 많은 사람을 어찌 먹일 수 있겠습니까?"

"그것을 내게 가지고 오너라. 그리고 이들을 한 50명씩 따로 앉혀라."

거기 풀이 많아 사람들이 50명씩, 많게는 100명씩 떼를 지어 앉았다. 예수님이 보리떡 5개와 물고기 2마리를 손에 들고 하늘을 우러러 축사하셨다. 그리고 떡을 떼어 제자들에게 주시며 사람들 앞에 갖다 놓게 하셨다. 물고기도 그렇게 하여 그들이 원하는 대로 나눠주었다. 사람들이 다 배불리 먹고 남았다.

"이제 남은 조각을 거두어 버리는 것이 없게 하라."

제자들이 남은 조각을 거둬보니 남은 부스러기가 12바구니에 가득 찼다. 먹은 사람은 여자와 아이를 빼고 장정만 5천 명쯤 되었다. 사람들이 매우 놀라 소리쳤다.

"이분이 세상에 오실 그 예언자가 틀림없습니다!"

그들이 달려들어 예수님을 강제로 자기네 왕으로 삼으려 하였다. 예수님이 그 낌새를 알고 다시 혼자 산으로 올라가셨다.

✳ 50 ✳
하나님의 아들(2)
보이지 않는 믿음으로 살아갑니다

예수님이 제자들을 재촉하여 먼저 벳새다 항구에 가 있으라고 하셨다. 그리고 사람들을 헤쳐 보내시고 기도하러 산에 올라가셨다. 날이 저물어 어두워졌으나 예수님은 돌아오시지 않았다.

밤에 제자들이 호수로 내려가 배를 타고 가버나움으로 건너가기 시작하였다. 예수님은 여전히 육지에 홀로 계셨고, 제자들이 탄 배는 5km쯤 나아가 호수 한가운데 있었다.

그때 세찬 바람이 거슬러 불어 제자들은 풍랑에 시달리며 애를 먹고 있었다. 예수님이 새벽 4시경에 호수 위를 걸어 제자들에게 다가오셨다. 그런데 그들 곁을 그냥 슬쩍 지나쳐 가려고 하셨다. 제자들이 보고 겁에 질려 비명을 질렀다.

"유령이다!"

"나다. 안심해라. 무서워하지 마라."

베드로가 소리쳤다.

"주여! 정말 주님이시면 저더러 물 위를 걸어오라고 하십시오."

"그래, 오너라."

베드로가 예수님을 바라보고 배에서 내려 물 위를 걷기 시작하였다. 그때 거센 파도가 밀려오는 보고 그만 겁이 덜컥 났다. 순간 물에 빠져들기 시작하였다. 베드로가 소리쳤다.

"주님, 살려주십시오!"

예수님이 바로 손을 내밀어 베드로를 붙잡으며 말씀하셨다.

"믿음이 적은 사람아, 왜 의심하였느냐?"

그리고 배에 함께 오르시자 바람은 이내 잔잔해졌다. 배 안에 있던 제자들이 예수님 앞에 엎드려 절하며 말하였다.

"주님은 참으로 하나님의 아들이십니다!"

제자들의 마음이 무뎌 예수님이 떡을 떼어 먹이신 일도 벌써 잊고 있었다. 그사이에 배는 어느덧 목적지 가까이 이르러 있었다. 그들이 게네사렛 땅에 배를 대고 닻을 내렸다.

예수님이 배에서 내리시자 그곳 사람들이 금방 알아보았다. 그들이 온 사방에 뛰어다니며 알린바, 사람들이 병자를 침상에 누인 채 짊어 지고 나왔다.

예수님은 어디를 가시든지 사람들이 온갖 병자를 광장에 데려다 놓고, 예수님의 옷자락이라도 만지게 해달라고 간청하였다. 예수님의 옷에 손을 댄 사람은 무슨 병에 걸렸든지 다 나았다.

✳51✳
수로보니게 여인
그들의 허물로 구원을 얻게 되었다

예수님이 갈릴리를 떠나 두로와 시돈 지방으로 가셨다. 한 집에 들어가 아무도 모르게 조용히 지내려고 하셨으나 결국 알려지고 말았다. 더러운 귀신에 사로잡힌 딸을 둔 여인이 소문을 듣고, 바로 달려와 예수님 앞에 무릎을 꿇고 엎드려 간청하였다.

"주 다윗의 자손이여, 자비를 베풀어주십시오. 제 딸이 귀신에 사로잡혀 몹시 괴로워하고 있습니다."

그 여인은 가나안 출신으로 수로보니게에 사는 이방인이었다. 예수님이 그 말을 들은 체도 하지 않으셨다. 여인이 계속 따라오며 소리를 질러댔다. 제자들이 말하였다.

"주님, 저 여자를 쫓아버리십시오. 계속 소리를 지르며 따라오고 있습니다."

예수님이 여인에게 말씀하셨다.

"나는 이스라엘 집의 길 잃은 양들 외에는 보내심을 받지 않았습니다."

여인이 예수님 앞에 무릎을 꿇고 엎드려 연거푸 절하며 애원하였다.

"주님, 제발 도와주십시오."

"아닙니다. 먼저 자녀를 배불리 먹여야 합니다. 자녀의 떡을 가져다가 개에게 던져주는 것은 옳지 않습니다."

"주님, 옳으신 말씀입니다. 하지만 식탁 아래 있는 개들도 자녀가 떨어뜨린 부스러기는 얻어먹습니다."

"자매여, 그대의 믿음이 정말 장합니다. 소원대로 되었으니 어서 돌아가 보십시오. 그 말을 하는 순간 귀신이 떠나갔습니다."

여인이 집에 돌아가 보니 과연 귀신은 떠나가고 없었으며, 어린 딸은 온전한 상태로 회복되어 침상에 누워 있었다.

＊52＊
농아인
그때 눈이 밝아지고 귀가 열릴 것이다

예수님이 두로와 시돈을 떠나 데가볼리 지방을 거쳐 갈릴리로 돌아오셨다. 사람들이 귀먹은 말더듬이를 데리고 와서 예수님께 안수해주시기를 청하였다. 예수님이 그를 멀찌감치 데리고 가서, 손가락을 그의 귓속에 넣었다가 손에 침을 뱉어 그의 혀에 대셨다. 그리고 하늘을 우러러보며 깊은숨을 쉬고 외치셨다.

"에바다!"

이는 '열려라!'는 뜻이다. 그의 귀가 열리고 맺힌 혀가 풀려 제대로 말하였다. 예수님이 사람들에게 단단히 이르셨다.

"이 일을 아무에게도 말하지 마십시오."

예수님이 그러실수록 그들은 더욱 널리 소문을 퍼뜨리고 다녔다. 그리고 그 말을 듣는 사람마다 경탄해 마지않았다.

"귀머거리를 듣게 하시고 벙어리를 말하게 하시다니, 참으로 대단하신 분이 아닙니까?"

＊53＊
치료자
네 빛이 새벽같이 비칠 것이다

예수님이 갈릴리 호숫가를 지나 산에 올라가 앉으셨다. 큰 무리가 걷지 못하는 사람, 다리 저는 사람, 팔 못 쓰는 사람, 듣지 못하는 사람, 말 못 하는 사람, 보지 못하는 사람, 그 밖에 몸이 아프거나 불편한 사람들을 예수님의 발 앞에 수없이 데려다 놓았고, 예수님은 그들을 모두 고쳐주셨다.

그리하여 절름발이가 낫고, 앉은뱅이가 걷고, 곰배팔이가 성해지고, 귀머거리가 듣고, 벙어리가 말하고, 소경이 보게 되었다. 무리가 보고 매우 놀라 이스라엘의 하나님께 영광을 돌렸다.

＊54＊
공급자

식구 수에 따라 양식을 공급하였다

큰 무리가 모여들었으나 먹을 것이 없었다. 예수님이 제자들을 불러 말씀하셨다.

"이들이 나와 함께 있은 지 벌써 3일이나 되었다. 먹을 것이 없으니 참으로 가엾다. 이들 중에는 멀리서 온 사람도 있다. 이대로 보냈다가는 길에서 기진하여 쓰러질지 모른다. 차마 그렇게 할 수가 없구나."

"이 빈 들에서 이들에게 먹일 만한 떡을 어디서 무슨 수로 구하겠습니까?"

"너희에게 떡이 얼마나 있느냐?"

"7개 있습니다. 작은 생선도 조금 있습니다."

예수님이 무리를 향해 말씀하셨다.

"자, 다들 땅에 앉으십시오."

그리고 떡 7개를 들어 축사하시고, 떼어 제자들에게 주시며 사람들 앞에 갖다 놓으라고 하셨다. 작은 생선 두어 마리도 그렇게 하여 나눠 주라고 하셨다. 모두가 배불리 실컷 먹고 부스러기를 거둬보니 7광주리나 되었다. 거기서 먹은 사람은 여자와 아이를 빼고 장정만 4천 명쯤 되었다.

예수님이 무리를 헤쳐 보내시고, 제자들과 함께 배를 타고 막달라 지방으로 가셨다.

✳ 55 ✳
벳새다 맹인

눈먼 자들아, 눈을 뜨고 밝히 보아라

예수님이 벳새다에 이르자 사람들이 한 맹인을 데리고 와서 청하였다.

"선생님, 이 사람에게 손을 얹어주십시오."

예수님이 그의 손을 잡고 마을 밖으로 데리고 나가셨다. 그의 두 눈에 침을 바르고 안수하며 물으셨다.

"무엇이 좀 보입니까?"

그가 두 눈을 깜빡거리며 주변을 두리번거리다 말하였다.

"예, 나무 같은 것들이 보입니다. 걸어 다니는 거로 봐서 사람인가 봅니다."

예수님이 다시 그의 눈에 손을 대시자 완전히 시력을 회복하여 말하였다.

"선생님, 이제 모든 것이 똑똑히 보입니다."

"마을로 들어가지 말고 어느 누구에게도 말하지 마십시오."

＊56＊
베드로(1)

우리는 그리스도 예수 안에서 하나다

예수님이 가이사랴 빌립보 지방의 여러 마을로 가셨다. 하루는 따로 기도하다가 제자들에게 물으셨다.

"사람들이 인자를 누구라고 하더냐?"

"어떤 사람은 세례 요한, 어떤 사람은 엘리야, 어떤 사람은 예레미야나 다른 예언자 가운데 한 분이 살아났다고 합니다."

"너희는 나를 누구라고 생각하느냐?"

시몬 베드로가 대답하였다.

"주님은 그리스도시요, 살아계신 하나님의 아들이십니다."

"요나의 아들 시몬아, 네가 복이 있다. 이를 알게 한 분은 사람이 아니라 하늘에 계신 내 아버지시다. 내가 말한다. 너는 베드로다. 내가 이 반석 위에 내 교회를 세울 터이니, 죽음의 세력도 이기지 못할 것이다. 또 네게 하늘나라의 열쇠를 주겠다. 네가 무엇이든지 땅에서 매면 하늘에서도 매일 것이요, 땅에서 풀면 하늘에서도 풀릴 것이다."

그리고 제자들에게 단단히 당부하셨다.

"내가 그리스도라는 사실을 아무에게도 말하지 마라."

57

베드로(2)

오만한 뿔을 높이 들지 마라

예수님이 자신의 수난을 공개적으로 밝히기 시작하셨다.

"인자가 예루살렘에 올라가 장로와 대제사장과 율법학자에게 많은 고난을 받고, 그들의 손에 죽을 것이다. 그러나 3일 만에 다시 살아날 것이다."

예수님이 터놓고 얘기하시자 베드로가 거칠게 항의하였다.

"주님, 무슨 말씀을 그렇게 하십니까? 절대 그럴 수 없습니다. 그런 일이 있어서는 결코 안 됩니다."

예수님이 제자들을 둘러보시고 베드로를 크게 꾸짖으셨다.

"사탄아, 내 뒤로 썩 물러가라! 너는 내게 걸림돌이다. 네가 하나님의 일은 생각지 않고, 사람의 일만 생각하고 있다."

그리고 제자들과 무리를 함께 불러 말씀하셨다.

"누구든지 나를 따르려면 자기를 부인하고, 날마다 자기 십자가를 지고 따라야 합니다. 자기 목숨을 구하려는 사람은 잃을 것이요, 나와 복음을 위해 버리려는 사람은 얻을 것입니다. 사람이 온 세상을 얻고도 자기 목숨을 잃으면 무슨 소용이 있습니까? 그것을 무엇과 바꾸겠습니까?

음란하고 죄 많은 이 세대에서 누구든지 나와 내 말을 부끄럽게 여기면, 인자도 아버지의 영광에 휩싸여 거룩한 천사들을 거느리고 올때, 그를 부끄럽게 여길 것입니다. 그때 각자가 행한 대로 갚아줄 것입니다.

내가 분명히 말합니다. 여기 서 있는 사람들 가운데는 죽지 않고 살아서 하나님의 나라가 권능으로 임하는 것과, 인자가 자기 왕권을 가지고 오는 것을 볼 사람도 있습니다."

＊58＊
모세와 엘리야
영광으로 영광에 이르게 된다

예수님이 베드로와 야고보와 요한을 데리고 높은 산으로 올라가셨다. 거기서 기도하다가 갑자기 모습이 변하셨다. 얼굴은 해같이 빛나고 옷은 눈같이 하얘졌다. 어떤 마전장이도 그보다 더 희게 할 수 없을 정도로 아주 하얗고 눈부시게 빛났다.

그때 모세와 엘리야가 난데없이 나타나 예수님과 대화를 나눴다. 머지않아 예루살렘에서 돌아가실 예수님에 대한 이야기였다. 제자들이 졸다가 깨어나, 영광에 휩싸인 예수님과 두 사람이 함께 서 있는 것을 보았다. 모세와 엘리야가 떠나려고 하자 베드로가 엉겁결에 말하였다.

"주님, 우리가 여기서 지내는 것이 좋겠습니다. 괜찮으시다면 제가 초막 3개를 지어 하나는 주님께, 하나는 모세님께, 하나는 엘리야님께 드리겠습니다."

제자들이 잔뜩 겁에 질려 무슨 말을 하는지도 모르고 베드로가 그렇게 말했던 것이다. 베드로의 말이 채 끝나기 전에 빛나는 구름이 홀연히 내려와 그들을 덮었다. 구름에 휩싸이자 제자들은 더욱 겁에 질렸다. 그때 구름 속에서 소리가 들려왔다.

"이는 내가 사랑하고 기뻐하는 그 아들이다. 내가 그를 뽑아 세웠으니 너희는 그의 말을 들어라."

이 말을 듣고 제자들은 더욱 위축되어 얼굴을 땅에 대고 납작 엎드렸다. 예수님이 다가와 어루만지며 말씀하셨다.

"일어나라. 두려워하지 마라."

제자들이 눈을 들어 보니 예수님 외에는 아무도 없었다. 예수님이 하산하시며 단단히 이르셨다.

"인자가 죽었다가 다시 살아날 때까지 지금 본 것을 아무에게도 말하지 마라."

제자들은 그 말씀을 마음에 새겨두었으나, 죽었다가 다시 살아난다는 말씀이 무슨 뜻인지 몰라 서로 의논하여 물었다.

"그런데 어째서 율법학자들은 엘리야가 먼저 와야 한다고 합니까?"

"과연 엘리야가 먼저 와서 모든 것을 회복시킬 것이다. 하지만 인자가 와서 많은 고난을 받고 멸시를 당할 것이라는 말씀이, 성경에 기록된 까닭이 어디 있겠느냐? 내가 분명히 말한다. 사실은 엘리야가 이미 왔다. 그를 두고 성경에 기록된 대로 사람들이 함부로 대하였다. 이처럼 인자도 그들의 손에 넘어가 고난을 당할 것이다."

그제야 제자들은 예수님이 말씀하신 사람이 세례 요한임을 깨달았다. 그들은 침묵을 지키고 본 것을 얼마 동안 말하지 않았다.

＊59＊
간질병 환자
귀신을 쫓아내고 병을 고칠 것이다

예수님이 산에서 내려오시자 무리가 반갑게 맞이하였다. 제자들은 무리에 둘러싸여 율법학자와 논쟁하고 있었다. 예수님이 제자들에게 물으셨다.

"너희가 무슨 일로 논쟁하고 있었느냐?"

그때 무리 가운데 한 사람이 급히 뛰어나와 예수님 앞에 엎드려 절하며 말하였다.

"선생님, 제 아들에게 자비를 베풀어주십시오. 간질병에 걸려 몹시 괴로워하고 있습니다. 말을 못 하게 하는 귀신이 아이에게 발작을 일으킬 때마다 아이는 아무 데나 넘어져 거품을 흘리고, 이를 빠득빠득 갈며 온몸이 빳빳해집니다. 하나밖에 없는 아들이 이렇듯 날마다 귀신에 시달려, 선생님의 제자들에게 부탁했으나 쫓아내지 못했습니다."

예수님이 크게 탄식하시고, 제자들을 나무라며 말씀하셨다.

"아, 믿음이 없는 세대여! 내가 얼마나 너희와 함께 있어야 하겠느냐? 이 성화를 언제까지 받아줘야 하겠느냐? 아이를 이리 데리고 오너라."

제자들이 가서 아이를 예수님께 데리고 왔다. 귀신이 예수님을 보고 아이에게 심한 경련을 일으키자, 아이가 땅에 거꾸러져 입에 거품을 물고 나뒹굴었다. 예수님이 아이 아버지에게 물으셨다.

"아들이 언제부터 이렇게 되었습니까?"

"아주 어릴 때입니다. 귀신이 아이를 죽이려고 여러 번 불 속에 던지기도 하고 물속에 빠뜨리기도 했습니다. 그러나 선생님, 무엇을 어떻게 하실 수 있거든 제발 저희를 도와주십시오."

"'할 수 있거든'이 무슨 말입니까? 믿는 사람은 무엇이든지 다 할 수 있습니다."

그가 소리 내어 울면서 말하였다.

"주님, 제가 믿습니다. 제 믿음이 부족하면 저를 도와주십시오."

그때 무리가 떼를 지어 오는 것을 보시고, 예수님이 악한 귀신에게 호통을 치셨다.

"듣지 못하게 하고 말을 못 하게 하는 귀신아, 내가 명한다. 아이에게서 썩 나가라! 다시는 들어가지 마라!"

귀신이 괴팍한 소리를 지르며 아이에게 심한 경련을 일으키고 떠나갔다. 그 바람에 아이가 죽은 것처럼 되어 누워 있었다. 사람들이 웅성거렸다.

"아이가 죽었다!"

예수님이 아이 손을 잡아 일으키자 벌떡 일어났다. 하나님의 위대하신 능력을 보고 사람들이 매우 놀라 감탄하였다. 그리고 예수님이 집에 들어가시자 제자들이 다가와 넌지시 물었다.

"저희는 어찌하여 귀신을 쫓아내지 못했습니까?"

"너희 믿음이 적기 때문이다. 내가 분명히 말한다. 너희에게 겨자씨 한 알만한 믿음만 있어도, 이 산더러 '여기서 저기로 옮겨져라'라고 해도 그대로 될 것이며, 너희가 못 할 일이 없을 것이다. 그러나 이런 부류는 기도와 금식이 뒷받침되어야 한다."

✳ 60 ✳
간음한 여인
이스라엘 가운데 악을 제거하라

예수님이 감람산에 갔다가 이른 아침에 돌아오셨다. 성전으로 들어가자 다시 많은 사람이 모여들었다. 자리를 잡고 앉아 그들을 가르치기 시작하셨다. 율법학자와 바리새인이 간음하다가 잡힌 여인을 끌고 와서, 사람들 앞에 세우고 말하였다.

"선생님, 이 여자가 간음하다 현장에서 붙잡혔습니다. 모세는 율법에서 돌로 쳐서 죽이라고 했습니다. 선생님은 뭐라고 하시겠습니까?"

그들은 예수님께 올가미를 씌워 고발할 구실을 삼으려고 이 질문을 하였다. 그 속내를 아시고, 예수님이 몸을 굽혀 손가락으로 땅에다 무엇을 쓰기 시작하셨다. 그들이 계속 다그치자 몸을 일으켜 말씀하셨다.

"여러분 중에서 죄 없는 사람이 먼저 돌을 던지십시오."

그리고 다시 몸을 굽혀 땅에다 그들의 죄목을 계속 써 나갔다. 사람들이 양심의 가책을 받아 나이 든 사람부터 하나둘씩 슬그머니 자리를 뜨기 시작하였다. 마침내 예수님과 그 여인만 남게 되었다. 예수님이 일어나 물으셨다.

"그대를 고발한 사람이 어디 있습니까? 그대를 정죄한 사람이 아무도 없습니까?"

"선생님, 아무도 없습니다."

"나도 정죄하지 않습니다. 평안히 가십시오. 이제부터 다시는 죄를 짓지 마십시오."

✳61✳
선한 사마리아인
앙심을 품거나 원수를 갚지 마라

한 율법학자가 일어나 예수님을 떠보려고 물었다.

"선생님, 제가 무엇을 해야 영생을 얻겠습니까?"

"율법에 무엇이라 적혔으며, 그대는 어떻게 이해하고 있습니까?"

"네 마음을 다하고, 목숨을 다하고, 힘을 다하고, 뜻을 다하여 주 너의 하나님을 사랑하라. 또 네 이웃을 네 몸과 같이 사랑하라고 했습니다."

"그대의 대답이 옳습니다. 그대로 실천하면 살 것입니다."

"그러면 누가 제 이웃입니까?"

"어떤 사람이 예루살렘에서 여리고로 내려가다가 강도 떼를 만났습니다. 강도들이 그가 가진 것을 다 빼앗고, 옷까지 벗기고 두들겨 패서 거반 죽은 것을 버려두고 갔습니다.

마침 한 제사장이 그 길을 지나다 보았으나 그를 피해 다른 길로 지나갔습니다. 한 레위인도 그곳에 이르러 보았으나 그 역시 그를 피해 다른 길로 갔습니다.

그런데 어떤 사마리아인은 여행 중에 그 길을 가다가, 그를 보고 가여운 마음이 들었습니다. 그에게 가까이 가서 기름과 포도주를 상처에 붓고 싸맨 후, 자기 나귀에 태워 여관으로 데려갔습니다. 그리고 밤새 정성껏 간호하였습니다. 그리고 다음 날 데나리온 2개를 꺼내 여관집 주인에게 주면서 부탁했습니다.

'이 사람을 잘 돌봐주십시오. 부비가 더 들면 제가 돌아오는 길에 갚겠습니다.'

그대는 이들 가운데 누가 강도 만난 사람의 이웃이라고 생각합니까?"

"그에게 자비를 베푼 사람입니다."

"그대도 가서 그와 같이하십시오."

✳62✳
실로암 맹인
하나님이 진흙으로 사람을 만드셨다

예수님이 길을 가시다가 나면서부터 눈먼 사람을 보셨다. 제자들이 물었다.

"선생님, 저 사람이 저리 태어난 것이 누구의 죄 때문입니까? 본인의 죄입니까, 부모의 죄입니까?"

"본인의 죄도 아니고 부모의 죄도 아니다. 하나님께서 하시는 일을 그를 통해 드러내시려는 것이다. 우리는 낮 동안에 나를 보내신 분의 일을 해야 한다. 아무도 일할 수 없는 밤이 곧 오기 때문이다. 내가 세상에 있는 동안은 내가 세상의 빛이다."

그리고 땅에 침을 뱉어 진흙을 개어 그의 눈에 바르며 말씀하셨다.

"실로암 못에 가서 씻으십시오."

실로암은 '보냄을 받았다'라는 뜻이다. 그가 실로암 못에 가서 씻고 밝히 보며 집으로 돌아갔다. 그 이웃과 전에 구걸하던 것을 본 사람들이 말하였다.

"저 사람은 길가에 앉아 구걸하던 그 거지가 아닙니까?"

"맞아요, 바로 그 거지입니다."

"아니오, 그와 닮은 사람일 뿐입니다."

눈을 뜬 사람이 밝히 말하였다.

"내가 바로 그 사람입니다."

"그렇다면 어찌 눈을 뜨게 되었소?"

"예수라는 분이 진흙을 개어 내 눈에 바르시고 '실로암 못에 가서 씻어라'고 하시기에, 그대로 하였더니 보게 되었습니다."

"그가 지금 어디 있소?"

"그건 나도 모릅니다."

사람들이 그를 바리새인에게 데리고 갔다. 예수님이 진흙을 개어 그의 눈을 뜨게 하신 날이 안식일이었기 때문이다. 바리새인들이 물었다.

"당신이 어찌 눈을 뜨게 되었소?"

"예수라는 분이 진흙을 이겨 내 눈에 바르시고 '실로암 못에 가서 씻어라'고 하시기에, 그대로 하였더니 보게 되었습니다."

바리새인들의 의견이 서로 갈라졌다.

"그가 안식일을 지키지 않은바 하나님의 사람이 아니오!"

"그렇다면 죄인이 어떻게 그런 기적을 행하겠소?"

바리새인들이 다시 물었다.

"그가 그대의 눈을 뜨게 하였다면 그대는 어찌 생각하오?"

"그분은 예언자십니다."

유대인은 그가 맹인이었다는 사실을 끝내 믿지 못하고 그 부모를 불러 물어보았다.

"이 사람이 나면서부터 소경이었다는 당신네 아들이 틀림없소? 그렇다면 지금 어찌 보게 되었소?"

"이 아이가 우리의 아들인 것과, 나면서부터 소경인 것은 틀림없는 사실입니다. 하지만 어찌 보게 되었는지, 또 누가 그의 눈을 뜨게 하였는지, 그에 대해서는 아무것도 아는 바가 없습니다. 이 아이도 이제 다 컸으니 직접 물어보십시오. 그에 대해 스스로 대답할 수 있을 것입니다."

그때 이미 유대인이 예수를 그리스도라고 인정하는 사람은 누구든지 회당에서 쫓아내기로 결의한바, 그 부모가 두려워 그리 말했던 것이다. 바리새인들이 그를 다시 불러 말하였다.

"우리에게 사실대로 고하고, 하나님께 영광을 돌리시오. 우리가 알기로 그는 죄인이오."

"그분이 죄인인지 아닌지는 모릅니다. 하지만 분명한 사실은, 전에는 제가 보지 못하다가 이제는 본다는 것입니다."

"그렇다면 그가 그대에게 무슨 일을 했소? 그가 어떻게 그대의 눈을 뜨게 했단 말이오?"

"그것은 제가 이미 다 말씀드렸지 않습니까? 제가 말할 때는 곧이듣지 않다가 왜 자꾸 똑같은 질문을 하십니까? 여러분도 그의 제자가 되고 싶습니까?"

"네놈은 그자의 제자일지 모르나 우리는 모세의 제자다. 하나님께서 모세에게 말씀하셨다는 것은 들어서 알고 있으나, 그자에 대해서는 어디서 왔는지도 모른다."

"그렇다면 정말 이상한 일이 아닙니까? 여러분은 그분이 어디서 오셨는지 모른다고 하지만, 그분은 분명히 제 눈을 뜨게 하셨습니다. 하나님께서 죄인의 말은 듣지 않지만, 하나님을 공경하고 그 뜻대로 행하는 사람의 말은 듣는 것으로 알고 있습니다. 창세 이후 나면서부터 눈먼 사람의 눈을 뜨게 하였다는 말은 들어본 적이 없습니다. 그분이 하나님께서 보내신 사람이 아니라면, 이런 일은 도저히 하실 수 없었을 것입니다."

"네놈이 죄를 뒤집어쓰고 태어난 주제에, 감히 우리를 훈계하려고 하느냐?"

그래서 결국은 바리새인들이 그를 회당에서 내쫓고 말았다. 예수님이 그 소식을 듣고 그를 만나 물으셨다.

"그대가 인자를 믿습니까?"

"선생님, 그분이 누구십니까? 제가 그분을 믿겠습니다."

"그대는 이미 그를 보았습니다. 그대와 지금 말하고 있는 이가, 바로 그 사람입니다."

그가 예수님 앞에 무릎을 꿇고 엎드려 절하며 말하였다.

"주님, 제가 주님을 믿습니다."

"내가 세상에 온 것은 눈먼 사람과 눈뜬 사람을 가려서, 눈먼 사람은 보게 하고 눈뜬 사람은 보지 못하게 하려는 것입니다."

그 자리에 있던 바리새인들이 듣고 대들었다.

"그렇다면 우리도 소경이란 말이오?"

"여러분이 차라리 보지 못했다면 죄가 없었을 겁니다. 그러나 지금 본다고 하니, 그 죄가 그대로 남아 있습니다."

✳63✳
마르다와 마리아
더 큰 은사를 열심히 구하라

예수님이 여행 중에 한 마을을 방문하셨다. 마르다 자매가 나와 집으로 모셔갔다. 그녀에게 마리아라는 동생이 있었다. 예수님의 발치에 앉아 말씀을 듣고 있었다. 마르다는 이것저것 접대하는 일로 마음이 분주하였다. 그녀가 와서 말하였다.

"주님, 동생이 제게만 일을 떠맡기고 가만히 앉아있지 않습니까? 얼른 가서 거들어주라고 일러주십시오."

"마르다야, 마르다야! 네가 많은 일로 염려하며 정신이 없구나. 그러나 정작 필요한 것은 한 가지뿐이다. 마리아는 좋은 편을 택했으니 빼앗기지 않을 것이다."

✳64✳
어리석은 부자
재물이 아니라 하나님께 소망을 두라

무리 속에서 한 사람이 소리쳤다.

"선생님, 제 아버지의 유산을 나누라고 형에게 일러주십시오."

"내가 여러분의 재판관이나 재산 분배자라도 되었습니까?"

그리고 무리를 향해 말씀하셨다.

"여러분은 삼가 어떤 탐심에도 빠져들지 않도록 조심하십시오. 사람이 제아무리 재산이 많아도 자기 생명을 구하지는 못합니다."

그리고 비유를 들어 말씀하셨다.

"비옥한 농토를 가진 한 부자가 있었습니다. 소출이 풍성하여지자 중얼거렸습니다.

'이 많은 곡식을 쌓아둘 곳이 없으니 어떻게 할까? 옳지, 좋은 수가 있구나! 곳간을 헐고 더 크게 짓자. 그리고 내 모든 곡식과 물건을 쌓아두고 말하자. 내 영혼아, 내가 여러 해 동안 쓸 물건을 충분히 쌓아두었다. 이제 마음 놓고 편히 쉬면서, 실컷 먹고 마시며 한껏 즐기자!'

그때 하나님께서 말씀하셨습니다.

'이 어리석은 사람아! 오늘 밤 네 영혼을 네게서 도로 찾으면, 그 쌓아둔 것이 누구의 차지가 되겠느냐?'

자기를 위해 재물을 쌓아두면서 하나님께 인색한 사람은 다 이와 같습니다."

그리고 제자들에게 말씀하셨다.

"내가 말한다. 너희 목숨을 위해 무엇을 먹을까, 너희 몸을 위해 무엇을 입을까 염려하지 마라. 목숨이 음식보다 소중하고 몸이 옷보다 귀중하지 않느냐? 까마귀를 보아라. 씨도 뿌리지 않고 거둬들이지도 않는다. 곳간이나 창고도 없다. 하나님께서 그들도 다 먹여주신다. 너희는 새보다 얼마나 더 귀하냐?

너희 가운데 누가 걱정한다고 해서 자기 목숨을 한 시간인들 더 늘일 수 있겠느냐? 너희가 이처럼 작은 일도 하지 못하면서 어찌 다른 일까지 걱정하느냐? 저 들꽃이 어떻게 자라는가 보아라. 수고도 하지 않고 길쌈도 하지 않는다. 그러나 온갖 영화를 누린 솔로몬도 이 꽃 하나만큼 화려하게 차려입지 못하였다.

너희는 왜 그리 믿음이 적으냐? 오늘 피었다가 내일 아궁이에 던져질 들풀도 하나님께서 이처럼 입히시거든, 하물며 너희야 오죽 더 잘 입히시겠느냐?

너희는 먹을 것과 마실 것을 위하여 염려하고 애쓰지 마라. 그런 것은 세상 사람이 애써 찾는 것이다. 너희 아버지께서는 그것이 너희에게 필요함을 다 알고 계신다.

너희는 먼저 하나님의 나라를 구하라. 그러면 이 모든 것을 너희에게 더하여 주실 것이다. 내 어린 양들아, 조금도 두려워하지 마라. 너희 아버지께서 그 나라를 너희에게 주시기를 기뻐하신다.

너희는 너희 소유를 팔아 자선하라. 너희를 위하여 닳지 않는 지갑을 만들고 축나지 않는 재물의 창고를 하늘에 마련하라. 거기는 도둑이 들거나 좀이 먹는 일도 없다. 너희 재물이 있는 곳에 너희 마음도 있다."

＊65＊

청지기

선을 행하고 아낌없이 베풀며 즐겨 나눠주라

예수님이 말씀하셨다.

"너희는 허리띠를 동이고, 등불을 켜놓고, 기다리고 있어라. 마치 주인이 혼인 잔치에서 돌아와 문을 두드리면, 즉시 열어주려고 기다리는 종과 같이 하라. 주인이 돌아와 그렇게 하는 종을 보면 그는 복이 있다. 내가 분명히 말한다. 주인이 몸소 허리띠를 두르고, 그를 식탁에 앉히고, 곁에 와서 시중들 것이다.

주인이 밤중이나 새벽에 오더라도 그렇게 기다리는 종은 복이 있다. 너희는 명심하라. 도둑이 언제 들지 주인이 안다면 들지 못하게 지킬 것이다. 너희도 준비하고 있어라. 아무도 생각지 않은 때 인자가 올 것이다."

베드로가 말하였다.

"주님, 이 비유를 저희에게 하신 겁니까, 다른 사람들까지 모두 들으라고 하신 겁니까?"

"누가 신실하고 지혜로운 청지기이겠느냐? 주인이 종들을 맡기고, 제때 양식을 나눠주라고 하였으면 어떻게 해야 하겠느냐? 주인이 돌아올 때까지 책임을 다하고 있다가 맞이하는 종이 아니겠느냐? 그가 복이 있다. 내가 분명히 말한다. 주인이 그에게 모든 재산을 맡길 것이다.

그러나 그가 악하여 속으로 주인이 더디 오려니 생각하고, 자신이 맡은 남녀 종을 때리고, 술친구와 어울려 먹고 마시며, 흥청대고 세월을 보낸다면 어떻게 되겠느냐? 아무도 생각지 않은 날, 뜻밖의 시간에 주인이 돌아와 그 몹쓸 꼴을 모두 보게 될 것이다. 주인은 즉시 그를 해고하고, 위선자가 벌 받는 곳으로 보낼 것이다. 거기서 그는 가슴을 치며 통곡할 것이다.

주인의 뜻을 알면서도 제대로 준비하지 않고, 그 뜻대로 행하지 않은 종은 많이 맞을 것이며, 미처 주인의 뜻을 몰랐던 종은 그나마 적게 맞을 것이다. 많이 받은 자에게 많이 요구할 것이고, 많이 맡은 자에게 많이 물을 것이다."

66
선한 목자
그리스도 안에서는 모두가 하나이다

예수님이 말씀하셨다.

"내가 분명히 말합니다. 문으로 양의 우리에 들어가지 않고 다른 데로 넘어 들어가는 사람은 도둑이요, 강도입니다. 문으로 떳떳하게 들어가는 사람이 양의 목자입니다. 문지기는 그에게 문을 열어주고, 양은 그의 음성을 알아들으며, 그는 양의 이름을 일일이 불러 밖으로 데리고 나갑니다. 이렇게 양을 다 불러낸 목자가 앞장서 걸어가면, 양은 그의 음성을 알고 뒤따라갑니다. 양은 낯선 사람을 절대 따라가지 않습니다. 그 음성을 모르기 때문에 오히려 피해 달아납니다."

예수님은 누구나 알아듣기 쉬운 비유로 말씀하셨으나, 사람들은 무슨 뜻으로 그 말씀을 하셨는지 깨닫지 못하였다. 그래서 다시 말씀하셨다.

"내가 분명히 말합니다. 나는 양의 문입니다. 나보다 먼저 온 사람은 다 도둑이고 강도여서 양이 그의 말을 듣지 않았습니다. 나는 문입니다. 누구든지 나를 통해 들어오는 사람은 구원을 얻고, 들어오기도 하고 나가기도 하며 좋은 꼴을 얻을 것입니다. 도둑은 양을 훔쳐다가 죽이고 없애러 오지만, 나는 양이 생명을 얻고 더 얻어 풍성하게 하려고 왔습니다.

나는 선한 목자입니다. 선한 목자는 양을 위해 자기 목숨을 바칩니다. 삯꾼은 목자도 아니고 양도 자기의 양이 아닌바, 이리가 오는 것을 보면 버리고 도망칩니다. 그러면 이리가 양을 공격하고 양은 뿔뿔이 흩어집니다. 그는 단지 삯꾼이어서 양에게 관심이 없기 때문입니다.

나는 선한 목자입니다. 나는 내 양을 알고 내 양도 나를 압니다. 이는 아버지께서 나를 아시고, 내가 아버지를 아는 것과 같습니다. 나는 양을 위해 내 목숨을 바칩니다.

내게는 이 우리에 들지 않은 다른 양도 있습니다. 나는 그 양도 인도

해야 합니다. 그들도 내 음성을 듣고 한 목자 아래서 한 무리의 양 떼가 될 것입니다.

아버지께서 나를 사랑하심은 내가 목숨을 바치기 때문입니다. 그러나 나는 그 목숨을 다시 얻을 것입니다. 누가 내 목숨을 빼앗는 게 아니라 내 스스로 바치는 것입니다. 나는 내 목숨을 바칠 권세도 있고 다시 얻을 권세도 있습니다. 이는 내가 내 아버지로부터 받은 것입니다."

이 말로 유대인 사이에 다시 편이 갈리고 논란이 일어났다.

"이 사람은 귀신들려 제정신이 아니잖소? 그런데 왜 그 말을 듣고 있소?"

"이는 귀신들린 사람의 말이 아니잖소? 귀신이 어떻게 소경의 눈을 뜨게 하겠소?"

✳ 67 ✳
아들과 아버지
예수는 본질상 하나님과 같은 분이다

예루살렘에서 하누카라는 빛의 축제가 열리고 있었다. 때는 겨울이었다. 예수님이 성전 안에 있는 솔로몬 행각을 거닐고 계셨다. 유대인들이 주변에 모여들어 말하였다.

"당신이 언제까지 우리의 마음을 졸일 작정이오? 당신이 그리스도라면 그렇다고 분명히 말해주시오."

"내가 이미 말했으나 여러분이 믿지 않을 뿐입니다. 내가 내 아버지의 이름으로 하는 일들이 나를 증거하고 있습니다. 여러분이 내 말을 믿지 않는 것은 내 양이 아니기 때문입니다. 내 양은 내 말을 알아듣습니다. 나는 내 양을 알고, 내 양은 나를 따릅니다.

나는 그들에게 영생을 줍니다. 그들은 영원히 멸망치 않을 것이며, 아무도 그들을 내 손에서 빼앗을 수 없습니다. 그들을 내게 주신 아버지는 만유보다 크시고 위대하십니다. 어느 누구도 그들을 내 아버지의 손에서 빼앗을 수 없습니다. 나와 아버지는 하나입니다."

유대인들이 다시 돌을 들어 치려고 하자 예수님이 말씀하셨다.

"내가 아버지의 권능으로 여러분에게 많은 일을 보여주었지 않습니까? 그중에서 어떤 일이 못마땅하다는 말입니까?"

"당신이 선한 일만 한다면 우리가 왜 그러겠소? 지금 하나님을 모독하고 있잖소? 한갓 인간에 불과한 당신이 마치 하나님인 양 행세하니 말이오."

"여러분의 율법에 '내가 너희를 신이라 불렀다'는 말이 있지 않습니까? 하나님께서 하나님의 말씀을 받은 사람을 신이라 불렀다는 것입니다. 성경은 폐할 수 없습니다. 그런데 아버지께서 거룩하게 구별하여 세상에 보내신 사람이, 자기를 하나님의 아들이라 한 말을 가지고 어찌 하나님을 모독한다고 할 수 있습니까?

내가 내 아버지의 일을 하지 않으면 나를 믿지 않아도 좋습니다. 그러나 내가 내 아버지의 일을 한다면, 나는 믿지 않더라도 그 일은 믿어야 하지 않습니까? 그러면 아버지께서 내 안에 계시고, 내가 아버지 안에 있다는 사실을 여러분이 확실히 깨달을 것입니다."

그때 유대인들이 다시 잡으려고 하였으나, 예수님은 거기서 벗어나 몸을 피하셨다. 그리고 요단강 동편, 전에 요한이 세례를 주던 곳으로 가서 머무르셨다. 사람들이 다시 몰려와 말하였다.

"세례 요한은 아무 표적도 행하지 않았으나, 그가 이분을 두고 한 말은 모두 사실이었습니다."

거기서 많은 사람이 예수님을 믿었다.

✳ 68 ✳
수종병자
안식일은 사람을 위해 있는 것이다

어느 안식일에 예수님이 한 바리새파 지도자의 집에서 식사하시게 되었다. 사람들이 예수님을 유심히 지켜보고 있었다. 예수님 바로 앞에 몸이 잔뜩 부어오른 수종 병자가 있었기 때문이다. 예수님이 바리새인과 율법학자를 향해 물으셨다.

"안식일에 병을 고치는 것이 옳습니까, 옳지 않습니까?"

그들은 입을 다물고 아무 말도 하지 않았다. 예수님이 그를 고쳐 보내시고 다시 물으셨다.

"여러분의 아들이나 소가 우물에 빠졌다면 당장 끌어내지 않겠습니까? 안식일이라 하여 그대로 두고 볼 사람이 어디 있습니까?"

✳ 69 ✳
작은아들
누가 우리를 죄인으로 단정하겠는가?

예수님이 말씀하셨다.

"어떤 사람이 두 아들을 두었습니다. 작은아들이 날마다 졸랐습니다. '아버지, 제 몫의 유산을 미리 주십시오.'

아버지는 마지못해 두 아들에게 살림을 나눠주었습니다. 작은아들이 자기 재산을 다 챙겨 먼 나라로 떠났습니다. 거기서 방탕한 생활을 하다가 가진 재산을 몽땅 탕진하고 말았습니다.

그가 알거지가 되었을 때, 설상가상으로 그 나라에 심한 흉년이 들었습니다. 그는 아주 궁핍하게 되었습니다. 부득이 어떤 사람에게 가서 더부살이하게 되었습니다. 주인이 그를 들판으로 보내 돼지를 치게 했습니다. 그는 하도 배가 고파서 돼지가 먹는 쥐엄나무 열매로 배를 채워보려고 하였으나, 그마저 주는 사람이 없었습니다. 그제야 제정신이 들어 중얼거렸습니다.

'내 아버지 집에는 양식이 풍족하여 그 많은 일꾼이 다 먹고도 남지 않는가? 그런데 나는 여기서 굶어 죽게 되었구나. 그래, 아버지께 돌아가자. 가서 터놓고 말씀드리자. 아버지, 제가 하나님과 아버지께 죄를 지었습니다. 이제는 아버지의 아들이라 불릴 자격도 없습니다. 저를 아버지의 품꾼 가운데 하나로 삼아주십시오.'

그리고 일어나 아버지의 집으로 발길을 돌렸습니다. 아버지는 날마다 동구 밖에 서서 작은아들이 돌아오기를 기다리고 있었습니다. 어느 날 저 멀리서 터덜터덜 걸어오는 작은아들의 모습이 눈에 띄었습니다. 아버지는 측은한 마음이 간절하여 단숨에 달려가 그의 목을 얼싸안고 연거푸 입을 맞췄습니다. 그가 울면서 말했습니다.

'아버지, 제가 하나님과 아버지께 죄를 지었습니다. 이제는 아버지의 아들이라 불릴 자격도 없습니다.'

그때 아버지가 아들의 말을 가로막으며 종들에게 말했습니다.

'어서 가서 가장 좋은 옷을 꺼내다가 아들에게 입혀라. 손가락에 반지를 끼워주고 발에 신발을 신겨라. 그리고 살진 송아지를 끌고 와서 잡아라. 우리가 함께 먹고 마시며 즐기자. 내 아들은 죽었다가 살아났고, 내가 잃었다가 찾았다.'

그래서 성대한 잔치가 베풀어졌고, 모두가 함께 먹고 마시며 즐기기 시작했습니다. 그때 큰아들은 들에서 돌아오고 있었습니다. 집 가까이 이르러 풍악이 울리고, 춤추며 노는 소리를 듣고 종을 불러 물어보았습니다.

'이게 어찌 된 일인가?'

'아우님이 돌아왔습니다. 건강하게 무사히 돌아온 것을 반겨 주인어른이 살진 송아지를 잡으셨습니다.'

큰아들은 화가 잔뜩 나서 집에 들어가려고 하지 않았습니다. 결국 아버지가 밖으로 나와서 사정을 이야기하고 큰아들을 달랬습니다. 그러나 큰아들은 투덜거렸습니다.

'아버지, 저는 여러 해 동안 종과 다름없이 아버지를 섬겨왔습니다. 아버지의 명령을 어긴 일이 한 번도 없었습니다. 그런 저에게는 친구들과 즐기라고 염소 새끼 한 마리 주신 적이 없습니다. 그런데 창녀와 어울려 아버지의 재산을 탕진한 아들이 돌아오자, 살진 송아지를 잡으셨습니다.'

'아들아! 너는 항상 나와 함께 있었으니, 내 것이 다 네 것이 아니냐? 그러나 네 동생은 죽었다가 살아났고, 내가 잃었다가 다시 찾았다. 그러니 우리가 기뻐하는 것이 마땅하지 않으냐?'

이렇게 아버지가 큰아들을 달랬습니다."

70

부자와 거지

죽음과 지옥의 열쇠를 가지고 있다

예수님이 말씀하셨다.

"예전에 한 부자가 있었다. 자색 옷과 고운 베옷을 화사하게 차려입고, 날마다 먹고 즐기며 사치스럽게 지냈다. 그 집 대문 앞에는 나사로라는 거지가 상처투성이 몸으로 버려져 있었다. 그는 부자의 상에서 떨어지는 부스러기로 주린 배를 채우려 하였다. 그때 거리를 쏘다니는 개들이 몰려와 그의 헌데를 핥았다.

그러다가 거지도 죽고 부자도 죽었다. 거지는 천사에 이끌려 아브라함의 품에 안겼고, 부자는 땅에 묻혔다. 부자가 지옥에서 고통을 받다가 눈을 들어 보니 저만큼 떨어진 곳에 아브라함이 있었고, 그의 품에 나사로가 안겨 있었다. 그가 소리쳤다.

'아버지 아브라함이여, 저를 불쌍히 여겨주십시오. 나사로를 제게 보내주십시오. 그의 손가락 끝에 물을 찍어 제 혀를 시원하게 적셔주십시오. 제가 지금 이 불꽃 속에서 심한 고통을 당하고 있습니다.'

'얘야, 네가 살았을 때 어땠는지 돌아보아라. 네가 자신을 위해 온갖 호사를 누리는 동안 이 나사로는 갖은 괴로움을 겪었다. 그래서 지금 나사로는 여기서 위안을 받고, 너는 거기서 고통을 받는 것이다. 게다가 우리와 너희 사이에 큰 구렁텅이가 가로놓여 있다. 여기서 너희에게 건너가고 싶어도 갈 수가 없고, 거기서 우리에게 건너오고 싶어도 올 수가 없다.'

'그러면 아버지 아브라함이여, 제발 부탁입니다. 나사로를 제 아버지의 집으로 보내주십시오. 제게 5형제가 있습니다. 그들만이라도 이 고통스러운 곳에 오지 않도록 나사로를 시켜 알려주십시오.'

'그들에게 모세와 예언자가 있지 않으냐? 그들의 말을 들으면 될 것이다.'

'아버지 아브라함이여, 그렇지 않습니다. 죽었다가 살아난 사람이 가야만 그들이 회개할 것입니다.'

'그들이 모세와 예언자의 말을 듣지 않는다면, 죽었던 사람이 살아나 가서 전해도 그들은 믿지 않을 것이다.'

이렇게 아브라함이 대답하였다."

✳71✳

베다니 나사로

그리스도를 알고 믿어 누리는 것이다

베다니 마을에 마리아와 마르다 자매의 오라비 나사로가 병들어 있었다. 마리아는 값비싼 향유를 주님께 붓고 자기 머리털로 주님의 발을 닦은 자매였다. 마리아와 마르다 자매가 예수님께 사람을 보내 전하였다.

"주님, 보세요! 사랑하는 사람이 병들어 앓고 있습니다."

예수님이 소식을 듣고 말씀하셨다.

"그 병은 죽을병이 아니라 하나님의 영광을 드러낼 병이다. 이 일로 하나님의 아들이 영광을 받게 될 것이다."

예수님은 오래전부터 마르다와 마리아, 그리고 나사로를 각별히 사랑하셨다. 그러나 전갈을 받고도 2일을 더 머무르셨다. 그리고 제자들에게 말씀하셨다.

"다시 유대로 가자."

"선생님, 불과 얼마 전에도 유대인이 돌로 치려고 하지 않았습니까? 그런데 또 가려고 하십니까?"

"낮이 12시간 아니냐? 낮에 다니는 사람은 빛을 보니 걸려 넘어지지 않지만, 밤에 다니는 사람은 빛이 없어 걸려 넘어지게 된다. 우리 친구 나사로가 깊이 잠들었다. 내가 가서 깨워야 한다."

"주님, 나사로가 잠이 들었으면 곧 일어날 것입니다."

예수님은 나사로가 죽었다는 뜻으로 말씀하셨으나, 제자들은 그가 잠들어 쉬고 있는 것으로 알아들었다. 예수님이 말씀하셨다.

"나사로가 죽었다. 하지만 이 일로 너희가 믿게 될 터이니, 내가 거기 있지 않은 것을 다행으로 여긴다. 어서 가자."

그때 디두모 도마가 말하였다.

"우리도 가서 주님과 생사를 같이합시다."

예수님이 베다니에 가보니 나사로가 죽어 무덤에 묻힌 지 4일이나 되었다. 베다니는 예루살렘에서 3㎞쯤 되는 가까운 거리였다. 이미 많은 유대인이 오라비를 잃은 마르다와 마리아 자매를 위로하러 와 있었다.

그때 마르다는 예수님이 오신다는 소식을 듣고 마중을 나갔으나, 마리아는 그대로 집에 있었다. 마르다가 예수님을 만나 말하였다.

"주님! 주님이 여기 계셨다면 오빠가 죽지 않았을 거예요. 그러나 지금이라도 주님이 구하시면, 하나님께서 무엇이나 다 들어주실 줄로 압니다."

"네 오빠가 다시 살아날 것이다."

"마지막 날 부활 때, 오빠가 다시 살아날 줄은 저도 압니다."

"나는 부활이요, 생명이다. 나를 믿는 사람은 죽어도 살고, 살아서 믿는 사람은 영원히 죽지 않는다. 이를 네가 믿느냐?"

"주님, 제가 믿습니다. 주님은 세상에 오실 그리스도시요, 하나님의 아들이십니다."

이 말을 하고 마르다가 집으로 돌아가 동생 마리아를 가만히 불러 귓속말로 일러주었다.

"선생님이 오셔서 너를 찾으신다."

마리아가 벌떡 일어나 나갔다. 예수님은 아직 마을로 들어오지 않고, 마르다와 만났던 곳에 그대로 계셨다. 집에서 마리아를 위로하던 유대인들은 그녀가 급히 일어나 나가는 것을 보고, 무덤에 곡하러 가는 줄 알고 뒤따라갔다. 마리아가 예수님을 만나 그 앞에 엎드려 말하였다.

"주님! 주님이 여기 계셨다면 오빠가 죽지 않았을 거예요."

그리고 흐느껴 울자 마리아를 따라온 조문객도 함께 울었다. 예수님이 보시고 비통한 마음에 물으셨다.

"그를 어디 두었느냐?"

"주님, 와서 보십시오."

그때 예수님도 눈물을 많이 흘리셨다. 유대인들이 말하였다.

"보십시오, 저분이 얼마나 나사로를 사랑하셨는지!"

그들 가운데 어떤 사람이 말하였다.

"맹인의 눈을 뜨게 하신 분이 나사로는 죽지 않게 할 수가 없었단 말이오?"

예수님이 속으로 더욱 비통히 여기며 무덤으로 가셨다. 무덤은 동굴이고, 입구는 큰 돌로 막혀 있었다. 예수님이 말씀하셨다.

"돌을 치워라!"

그때 마르다가 급히 달려와 말하였다.

"주님, 오빠가 무덤에 있은 지 벌써 4일이나 되었습니다. 냄새가 심하게 납니다."

"네가 믿으면 하나님의 영광을 보리라고 내가 말하지 않았느냐?"

사람들이 무덤을 막아둔 돌을 옮겨놓았다. 예수님이 하늘을 우러러보시며 기도하셨다.

"아버지, 제 말을 들어주시니 감사합니다. 항상 들어주신다는 것을 알지만, 여기 둘러선 사람들을 위해 이 말씀을 드립니다. 아버지께서 저를 보내신 것을 이들로 믿게 해주십시오."

그리고 크게 외치셨다.

"나사로야, 나오너라!"

죽은 사람이 무덤 밖으로 걸어 나왔다. 손발은 배로 묶이고, 얼굴은 수건으로 감겨 있었다.

"풀어 줘서 다니게 하라."

조문하러 왔다가 이 일을 지켜본 많은 유대인이 예수님을 믿었다. 더러는 바리새인에게 가서 예수님이 하신 일을 일러바쳤다.

＊72＊
과부와 재판관
이제 그리스도의 권세가 나타났다

항상 기도하고 낙심하지 말아야 한다는 뜻으로, 예수님이 비유를 들어 말씀하셨다.

"어느 도시에 하나님도 두려워하지 않고 사람도 무시하는 재판관이 있었다. 또 아주 끈질긴 과부도 있었다. 그녀가 날마다 재판관을 찾아가 말하였다.

'억울합니다. 제 권리를 찾아주십시오.'

재판관은 한동안 그 청을 들어주지 않다가, 이렇게 중얼거리며 마침내 들어주게 되었다.

'내가 하나님도 두려워하지 않고 사람도 무시하지만, 이 과부가 이렇듯 나를 귀찮게 하니 그 청을 들어줄 수밖에 없구나. 그렇지 않으면 자꾸 찾아와 나를 괴롭힐 것이다.'

너희는 이 불의한 재판관의 말을 들어라. 하물며 하나님께서 밤낮 부르짖는 택하신 백성의 권리를 찾아주시지 않겠느냐? 내가 말한다. 하나님께서 그 권리를 속히 찾아주실 것이다. 그러나 인자가 올 때 세상에서 믿음을 찾아볼 수 있겠느냐?"

✳73✳
바리새인과 세리
주여, 저는 죄인입니다

스스로 의롭다고 여기며 남을 무시하는 사람에게 예수님이 비유로 말씀하셨다.

토크 지저스

"두 사람이 기도하러 성전에 올라갔습니다. 하나는 바리새인이고, 다른 하나는 세리였습니다. 바리새인은 따로 서서 누가 보란 듯이 기도했습니다.

'오 하나님, 감사합니다. 저는 저기 서 있는 저 세리와 달리 사기를 쳐서 남의 물건을 빼앗지도 않았고, 부정직하거나 음탕한 짓도 하지 않았습니다. 일주일에 2번씩 금식하고, 모든 수입의 십일조를 바칩니다.'

세리는 멀찍이 서서 눈을 들어 하늘을 쳐다보지도 못한 채 가슴을 치며 기도했습니다.

'오 하나님, 저는 죄인입니다. 저에게 자비를 베풀어주십시오.'

내가 말합니다. 진정 의롭다고 인정을 받으며 집으로 돌아간 사람은, 바리새인이 아니라 세리였습니다. 누구든지 자기를 높이는 사람은 낮아지고, 자기를 낮추는 사람은 높아질 것입니다."

✳74✳
부자 청년
하나님과 재물을 겸하여 섬길 수 없다

한 청년이 달려와 예수님 앞에 무릎을 꿇고 물었다.

"선하신 선생님, 제가 무슨 선한 일을 해야 영생을 얻겠습니까?"

"그대는 어찌 나를 선하다고 하면서 선한 일을 내게 묻습니까? 선하신 분은 오직 하나님 한 분밖에 없습니다. 그대가 영생을 얻으려면 계명을 지키십시오."

"어떤 계명을 말입니까?"

"살인하지 마라, 간음하지 마라, 도둑질하지 마라, 거짓 증언하지 마라, 속임수로 빼앗지 마라, 그리고 네 부모를 공경하라, 네 이웃을 네 몸과 같이 사랑하라는 등이 있지 않습니까?"

"저는 어려서부터 그 모든 계명을 다 지켜왔습니다. 아직도 제게 부족한 것이 있습니까?"

예수님이 그를 눈여겨보시고, 대견히 여기시며 말씀하셨다.

"그렇다고 해도 그대에게 아직 부족한 것이 있습니다. 하나님 앞에서 온전한 사람이 되려면, 가서 그대의 재산을 팔아 가난한 사람에게 나눠주십시오. 그러면 하늘의 보화를 얻을 것입니다. 그리고 와서 나를 따르십시오."

이 말을 듣고, 그는 크게 근심하다가 울상을 지으며 떠나갔다. 재산이 많은 큰 부자였을 뿐만 아니라, 유대 관원으로서 백성의 존경을 받으며 남부럽지 않게 잘살고 있었기 때문이다. 그를 유심히 지켜보다가 예수님이 말씀하셨다.

"내가 분명히 말한다. 부자가 하나님의 나라에 들어가기란 무척 어렵다."

이 말을 듣고 제자들이 깜짝 놀라는 표정을 지었다.

"내가 다시 말한다. 부자가 하나님의 나라에 들어가는 것보다, 낙타가 바늘귀 문으로 빠져나가는 것이 더 쉬울 것이다."

제자들이 더욱 놀라 서로 마주 보며 수군거렸다.

"그렇다면 누가 구원을 받겠는가?"

그들을 눈여겨보시며 예수님이 말씀하셨다.

"사람의 힘으로는 할 수 없으나, 하나님은 무슨 일이나 다 하실 수 있다."

그때 베드로가 말하였다.

"보시다시피 저희는 모든 것을 버리고 주님을 따랐습니다. 저희는 무엇을 얻겠습니까?"

"내가 분명히 말한다. 너희가 모든 것을 버리고 나를 따랐으니, 새로운 세상이 와서 만물이 새롭게 되고 인자가 영광의 보좌에 앉을 때, 너희도 12보좌에 앉아 이스라엘 12지파를 심판할 것이다.

내 이름을 위해 자기 집이나 형제나 자매나 부모나 자식이나 전답을 버린 사람은, 이 세상에서 핍박도 아울러 받겠지만, 그 모든 것을 100배나 받을 것이며, 영생도 얻을 것이다.

그러나 지금은 앞선 것 같아도 나중에 뒤떨어지고, 지금은 뒤떨어진 것 같아도 나중에 앞설 사람이 많을 것이다."

✳75✳
포도원 일꾼
의식주를 위해 염려하지 마라

"하나님의 나라는 이렇게 비유할 수 있다. 포도원 주인이 일꾼을 구하려고 아침 일찍 집을 나서 거리로 나갔다. 하루에 1데나리온씩 주기로 약속하고, 일꾼을 모아 포도원으로 들여보냈다. 그리고 9시쯤 나가보니 시장에서 빈둥거리며 서 있는 사람이 더 있었다.

'여러분도 내 포도원에 들어가 일하십시오. 일한 만큼 품삯을 쳐주겠습니다.'

그들도 포도원에 들어가 일하게 되었다. 주인이 낮 12시와 오후 3시에 나가 보니 그런 사람이 또 있어 똑같이 하였다. 그리고 오후 5시에 나가 보니 아직도 빈둥거리며 놀고 있는 사람이 있었다.

'여러분은 왜 온종일 여기서 빈둥거리며 놀고 있습니까?'

'우리에게 일을 시켜주는 사람이 없어서 그렇습니다.'

'여러분도 내 포도원에 들어가 일하십시오.'

날이 저물어 주인이 청지기를 불러 말하였다.

'일꾼들을 불러 품삯을 주되, 맨 나중 온 사람부터 시작하여 처음 온 사람까지 차례로 지급하라.'

오후 5시에 온 일꾼들이 와서 1데나리온씩 받았다. 먼저 온 일꾼들은 당연히 더 많이 받으려니 생각하였다. 그러니 그들도 똑같이 1데나리온씩 받았다. 그들이 주인에게 불만을 터뜨렸다.

'나중 온 이 사람들은 겨우 1시간밖에 일하지 않았습니다. 온종일 뙤약볕에서 고생한 우리와 똑같은 품삯을 줍니까?'

주인이 그들 가운데 하나에게 말하였다.

'친구여, 내가 그대에게 잘못한 것이 있습니까? 그대는 나와 1데나리온으로 품삯을 정하지 않았습니까? 그대의 품삯이나 받아 돌아가십시오. 일자리가 없어 나중 온 이들에게 하루의 품삯을 쳐주는 것이 무슨 잘못이란 말입니까? 내 것을 가지고 내 뜻대로 하는 후한 처사가 그대의 비위에 거슬린다는 말입니까?'

이와 같이 앞선 사람이 뒤질 수도 있고, 뒤진 사람이 앞설 수도 있을 것이다."

＊76＊
바디매오
구하라, 그러면 받을 것이다

예수님이 여리고 가까이 이르셨다. 큰 무리가 예수님을 뒤따르고 있었다. 앞을 보지 못하는 사람이 길가에 앉아 구걸하고 있다가 왁자지껄한 소리를 듣고 물었다.

"무슨 일이 있습니까?"

그는 디매오의 아들 바디매오였다. 어떤 사람이 일러주었다.

"나사렛 예수님이 지나가신다!"

이 말을 듣고 그가 크게 외쳤다.

"다윗의 자손 예수여, 저를 불쌍히 여겨주십시오!"

앞서가는 사람이 꾸짖었다.

"닥쳐라!"

그러나 그는 아랑곳하지 않고 더욱 큰 소리로 부르짖었다.

"다윗의 자손 예수여, 저에게 자비를 베풀어주십시오!"

예수님이 발걸음을 멈추시고 말씀하셨다.

"그를 데리고 오십시오."

어떤 사람이 가서 말하였다.

"이제 안심하고 일어나시오. 예수님이 당신을 부르시오."

그가 걸치고 있던 겉옷을 훌렁 벗어 던지며 벌떡 일어나 예수님께 나아왔다. 예수님이 물으셨다.

"내게 바라는 것이 무엇입니까?"

"주여, 저도 보고 싶습니다. 보게 해주십시오!"

예수님이 불쌍히 여기시고, 그의 눈을 어루만지며 말씀하셨다.

"이제 눈을 뜨고 밝히 보십시오. 그대의 믿음이 그대를 구원하였습니다."

그러자 그는 즉시 시력을 회복하여 보게 되었고, 하나님께 영광을 돌리며 예수님을 따랐다. 그를 본 사람들도 하나님을 찬양하였다.

＊77＊
삭개오
죄인을 불러 회개시키러 왔다

예수님이 여리고 거리를 지나가고 계셨다. 삭개오가 거기 있었다. 그는 돈 많은 세관장으로 예수님을 보려고 하였으나, 워낙 키가 작은 데다가 사람들이 너무 많아 볼 수 없었다. 그래서 예수님이 지나가는 길을 앞질러 달려가 길가에 있는 돌무화과나무 위에 올라가 있었다. 예수님이 그곳에 이르러 쳐다보시며 말씀하셨다.

"삭개오, 어서 내려오시오. 내가 오늘은 그대의 집에 묵어야겠습니다."

그가 얼른 내려와 기뻐하며 예수님을 맞아들였다. 사람들이 보고 수군거렸다.

"저 사람이 죄인의 집에 들어가 묵으려고 하다니, 참으로 어이없는 일이 아닙니까?"

삭개오가 일어나 말하였다.

"주님, 제 소유의 절반을 가난한 사람에게 나눠주겠습니다. 누구를 속여 얻은 것이 있으면, 무엇이나 4배로 확실히 갚겠습니다."

"오늘 이 집에 구원이 이르렀습니다. 이 사람도 아브라함의 자손입니다. 인자는 잃어버린 사람을 찾아 구원하러 왔습니다."

✳ 78 ✳
베다니 마리아
재물이 있는 곳에 마음도 있다

유대인의 유월절이 가까웠다. 많은 사람이 자기 몸을 정결하게 하려고 미리 시골에서 예루살렘으로 올라갔다. 그들이 예수님을 찾다가 성전 뜰에 모여 말하였다.

"여러분의 생각은 어떻습니까? 그도 명절을 지키러 올라오지 않을까요?"

대제사장과 바리새인이 예수님을 체포하려고, 그가 있은 곳을 아는 사람은 바로 신고하라는 명령을 내려두었다.

유월절 6일 전 예수님이 베다니에 이르셨다. 나사로와 그 누이들이 살고 있었다. 전에 나환자였던 시몬의 집에서 예수님을 위한 만찬이 베풀어졌다. 마르다는 음식을 대접하고, 나사로는 예수님과 함께 식사하는 사람들 사이에 있었다.

마리아가 매우 값진 순 나드 향유 300g을 가지고 와서, 식사하시는 예수님의 머리에 붓고 자기 머리털로 발을 닦아드렸다. 온 집안이 향내로 가득하였다. 예수님을 배반할 가룟 유다와 다른 제자 몇 사람이 분개하여 마리아를 호되게 나무랐다.

"왜 이 비싼 향유를 허비하느냐? 300데나리온 이상에 팔아 구제할 수도 있었다. 대체 무슨 짓이냐?"

유다가 이 말을 한 것은 정말 가난한 사람을 생각해서가 아니라, 자기가 돈궤를 맡고 있으면서 가끔 그 돈을 꺼내 쓰는 도둑이었기 때문이다. 예수님이 말씀하셨다.

"가만두어라. 너희가 어찌하여 마리아를 쳐서 괴롭히느냐? 그녀는 정성을 다해 내게 갸륵한 일을 하였다. 가난한 사람은 항상 너희 곁에 있어 마음만 먹으면 언제든지 도울 수 있지만, 나는 언제나 너희와 함께 있지 않을 것이다.

마리아가 이처럼 귀한 향유를 고이 간직하다가 정성껏 내게 부은 것은, 내 장례를 미리 준비하기 위한 것이다. 내가 분명히 말한다. 온 세상 어디든지, 이 복음이 전파되는 곳마다 마리아가 한 일도 알려져 사람들이 기억하게 될 것이다."

예수님이 베다니에 계신다는 소문을 듣고, 유대인이 떼를 지어 몰려왔다. 예수님만이 아니라 죽었다가 살아난 나사로도 보고 싶었기 때문이다. 대제사장과 바리새인이 나사로까지 죽이기로 모의하였다. 나사로로 인해 많은 사람이 그들을 버리고 예수님을 믿었기 때문이다.

79
무화과나무
그들을 몹쓸 무화과처럼 만들겠다

이른 아침 베다니에서 예루살렘으로 가실 때, 예수님이 시장기를 느끼셨다. 마침 약간 떨어진 길가에 무화과나무가 있었다. 혹시 열매가 있을까 싶어 가까이 가 보셨으나, 잎사귀만 무성하고 열매는 없었다. 제철이 아니었기 때문이다. 예수님이 나무에게 이르셨다.

"이제부터 너는 영원히 열매를 맺지 못할 것이다. 네게서 열매를 따먹을 사람이 아무도 없을 것이다."

그러자 무화과나무가 곧 시들기 시작하였다. 예수님의 제자들도 이 말씀을 들었다. 다음 날 아침 예수님과 제자들이 그곳을 지나다 그 나무가 뿌리째 마른 것을 보았다. 베드로가 문득 생각이 나서 말하였다.

"선생님, 저것 좀 보십시오. 어제 저주하신 그 나무가 바싹 말라 죽었습니다."

다른 제자들도 보고 놀라 서로 말하였다.

"어떻게 저 나무가 저리 빨리 마를 수 있을까?"

"하나님을 믿어라. 내가 분명히 말한다. 누구든지 끝내 믿고 의심하지 않으면, 내가 이 나무에게 한 일을 너희도 할 수 있을 것이다. 또 이 산 더러 '번쩍 들려 바다에 빠져라!'라고 해도, 의심치 않고 믿으면 그대로 될 것이다.

내 말을 잘 들어라. 너희가 기도하고 구하는 것이 무엇이든 이미 받은 줄로 믿어라. 그러면 그대로 이루어질 것이다. 너희가 서서 기도할 때, 어떤 사람과 등진 일이 생각나거든 용서하라. 그래야 하늘에 계신 너희 아버지께서도 너희 죄를 용서하실 것이다. 너희가 먼저 용서하지 않으면, 하늘에 계신 너희 아버지께서도 너희 죄를 용서하지 않을 것이다."

✳ 80 ✳
열 처녀
잔칫집에 초대받은 사람은 복이 있다

"천국은 열 처녀가 각자 등잔불을 들고 신랑을 맞으러 나간 것과 같다. 다섯은 어리석고 다섯은 슬기로웠다. 어리석은 처녀는 등잔불은 가지고 나갔으나 기름은 준비하지 않았고, 슬기로운 처녀는 통에 기름을 담아 등잔불과 함께 가지고 나갔다. 신랑이 늦도록 오지 않자 처녀들이 졸다가 잠이 들었다. 한밤중에 외치는 소리가 들렸다.

'보세요, 신랑이 옵니다. 어서 나와 맞이하세요!'

처녀들이 일어나 저마다 등잔불을 준비하였다. 어리석은 처녀는 그제야 잘못을 깨닫고, 슬기로운 처녀에게 말하였다.

'우리 등잔불이 꺼져 가니, 너희가 가진 기름을 조금만 나눠주렴.'

'그러면 우리도 모자라고 너희도 모자랄 거야. 사 오는 게 낫겠어.'

어리석은 처녀가 기름을 사러 간 사이에 신랑이 왔다. 기름을 준비한 슬기로운 처녀들이 신랑과 함께 혼인 잔치에 들어가고 문이 닫혔다. 남은 처녀들이 나중에 와서 문을 두드리며 애원하였다.

'주님, 주님! 문 좀 열어주세요!'

신랑이 대답하였다.

'내가 분명히 말합니다. 나는 여러분을 알지 못합니다.'

그러므로 깨어 있어라. 인자가 언제 올지 너희는 그 날과 때를 알지 못한다."

양과 염소
하나님의 심판이 가까이 이르렀다

"인자가 영광을 떨치며 모든 천사와 함께 와서 영광의 보좌에 앉을 것이다. 모든 민족을 불러 모으고, 목자가 염소와 양을 갈라놓듯 그들을 갈라 양은 오른편에, 염소는 왼편에 둘 것이다. 그때 임금이 오른편 사람들에게 말할 것이다.

'내 아버지께 복 받은 자들아, 이리 와서 창세로부터 너희를 위해 준비된 나라를 상속하라. 너희는 내가 굶주릴 때 먹을 것을 주었고, 목마를 때 마실 것을 주었고, 나그네 되었을 때 집으로 영접하였고, 헐벗었을 때 입을 것을 주었고, 병 들었을 때 돌봐주었고, 감옥에 갇혔을 때 찾아주었다.'

이 말을 듣고 의인들이 대답할 것이다.

'주님, 우리가 언제 주님이 굶주린 것을 보고 음식을 드렸으며, 목마른 것을 보고 음료를 드렸으며, 나그네 된 것을 보고 집으로 영접하였으며, 헐벗은 것을 보고 의복을 드렸으며, 병든 것을 보고 돌봐드렸으며, 감옥에 갇힌 것을 보고 찾아뵈었습니까?'

그러면 임금이 대답할 것이다.

'내가 분명히 말한다. 너희가 여기 있는 내 형제자매 가운데 가장 하찮은 사람에게 한 것이 곧 나에게 한 것이다.'

그리고 임금이 왼편 사람들에게 말할 것이다.

'저주를 받은 자들아! 나를 떠나 마귀와 그 졸개를 가두려고 마련된 영원한 불 속으로 들어가라. 너희는 내가 굶주릴 때 먹을 것을 주지 않았고, 목마를 때 마실 것을 주지 않았고, 나그네 되었을 때 집으로 영접하지 않았고, 헐벗었을 때 입을 것을 주지 않았고, 병 들었을 때 돌봐주지 않았고, 감옥에 갇혔을 때 찾아주지 않았다.'

이 말을 듣고 악인들이 대답할 것이다.

'주님, 우리가 언제 주님이 굶주린 것을 보고 음식을 드리지 않았으며, 목마른 것을 보고 음료를 드리지 않았으며, 나그네 된 것을 보고 집으로 영접하지 않았으며, 헐벗은 것을 보고 의복을 드리지 않았으며, 병든 것을 보고 돌봐드리지 않았으며, 감옥에 갇힌 것을 보고 찾아뵙지 않았습니까?'

그러면 임금이 대답할 것이다.

'내가 분명히 말한다. 여기 있는 내 형제자매 가운데 가장 보잘것없는 사람에게 하지 않은 것이 곧 나에게 하지 않은 것이다.'

그러므로 악인은 영벌에 처하고, 의인은 영생에 들어갈 것이다."

✳82✳
가룟 유다(1)

배신자가 배신하고 파괴자가 파괴한다

"이는 너희 모두에게 하는 말이 아니다. 나는 내가 택한 사람을 다 안다. 그러나 '내 떡을 나눠 먹던 자가 나를 대적하려고 자기 발꿈치를 들었다'라는 말씀은 반드시 이루어질 것이다. 그 일이 일어나기 전에 내가 미리 일러두는 것은, 그 일이 일어날 때 내가 바로 그 사람이

토크 지저스

라는 사실을 너희로 믿게 하려는 것이다.

내가 분명히 말한다. 내가 보내는 사람을 영접하면 나를 영접하는 것이요, 나를 영접하면 나를 보내신 분을 영접하는 것이다."

예수님이 몹시 번민하다가 터놓고 말씀하셨다.

"내가 분명히 말한다. 너희 열둘 가운데 하나가 나를 배반할 것이다."

제자들이 서로 빤히 쳐다보며 말하였다.

"우리 중에 그런 짓을 할 자가 대체 누구일까?"

그러다가 몹시 걱정되어 저마다 물어보기 시작하였다.

"주님, 설마 저는 아니겠지요?"

"지금 나와 함께 그릇에 손을 넣는 자가 나를 배반할 것이다. 보라! 나를 넘겨줄 자의 손이 나와 함께 이 식탁 위에 있다. 인자는 성경에 기록된 대로 가지만, 인자를 넘기는 그에게는 화가 있을 것이다. 그는 차라리 태어나지 않았더라면 좋았을 것이다."

가룟 유다가 말하였다.

"선생님, 설마 제가 그이겠습니까?"

"그것은 네 말이다."

그때 한 제자가 예수님의 품에 비스듬히 기대고 있었다. 예수님이 사랑하시는 제자였다. 시몬 베드로가 그에게 고갯짓으로 누구를 가리켜서 하신 말씀인지 여쭤보라고 하였다. 그가 예수님의 가슴에 바싹 기대어 누우며 물었다.

"주님, 그가 누구입니까?"

"내가 떡 하나를 찍어주는 사람이다."

그리고 떡을 찍어 가룟, 시몬의 아들 유다에게 주셨다. 유다가 그 떡을 받자 사탄이 그에게 들어갔다. 예수님이 말씀하셨다.

"네가 하려는 일을 속히 해라."

그러나 그 자리에 함께한 제자들은, 예수님이 무슨 뜻으로 그 말씀을 하셨는지 알지 못했다. 유다가 돈을 관리하여 명절에 필요한 물건을 사라고 하셨거나, 아니면 가난한 사람에게 무엇을 사서 주라고 하신 것으로 생각하였다. 유다가 밖으로 나갔다. 밤이었다. 예수님이 말씀하셨다.

"이제 인자가 영광을 받게 되었고, 하나님께서도 인자를 통해 영광을 받으시게 되었다. 하나님께서 인자를 통해 영광을 받으시면, 하나님께서도 인자를 영광스럽게 하실 것이다. 이제 곧 그러실 것이다."

＊83＊
베드로(3)
목자를 치면 양 떼가 흩어질 것이다

시몬 베드로가 물었다.

"주님, 어디로 가십니까?"

"내가 가는 곳에 지금은 네가 따라올 수 없어도, 나중에는 따라오게 될 것이다."

"주님, 어째서 지금은 따라갈 수 없습니까? 주님을 위해 목숨을 바치겠습니다."

"시몬아, 시몬아! 네가 정말 나를 위해 목숨을 바치겠느냐? 보라! 사탄이 키로 밀을 까부르듯, 이제 너희를 손아귀에 넣어 제멋대로 다루게 되었다. 그러나 나는 네가 믿음을 완전히 잃지 않도록 기도하였다.

네가 뉘우치고 돌아올 때 형제들을 굳게 하라."

그리고 제자들에게 말씀하셨다.

"성경에 이 말씀이 있다. '내가 칼을 들어 목자를 치리니 양 떼가 흩어지리라.' 그러므로 오늘 밤 너희가 다 나를 버릴 것이다. 그러나 나는 다시 살아날 것이며, 너희보다 먼저 갈릴리로 가서 너희를 인도할 것이다."

베드로가 큰소리치며 말하였다.

"주님, 모든 사람이 다 주님을 버려도 저는 절대 버리지 않겠습니다. 저는 주님과 함께 감옥은 물론, 사형장까지도 끌려갈 각오가 되어 있습니다."

"베드로야, 내가 분명히 말한다. 오늘 밤 닭이 2번 울기 전에, 네가 나를 3번이나 모른다고 부인할 것이다."

베드로가 더욱 강경하게 주장하였다.

"제가 주님과 함께 죽으면 죽을지언정 결코 주님을 부인하지 않겠습니다."

다른 제자들도 똑같이 말하였다. 예수님이 말씀하셨다.

"내가 너희를 보낼 때, 지갑이나 가방이나 신발을 가지고 다니지 말라 하였다. 무슨 부족한 것이 있었더냐?"

"아무것도 없었습니다."

"이제는 지갑이나 가방이 있는 사람은 가지고 다녀라. 식량 자루도 챙기고, 칼이 없는 사람은 겉옷을 팔아서라도 사라. 내가 분명히 말한다. 나에 대한 이 성경은 반드시 이루어질 것이다.

'그는 마치 범죄자처럼 취급당하였다.'

과연 나에 대한 말씀은 다 이루어지고 있다."

"주님, 보십시오. 여기 칼 2자루가 있습니다."

"그래, 됐다."

✳ 84 ✳
보혜사
진리의 영과 미혹의 영을 분별하라

"너희가 나를 사랑하면 내 계명을 지킬 것이다. 내가 아버지께 구하면 아버지께서 너희와 영원히 함께하실 다른 보혜사를 보내실 것이다. 그는 진리의 영이다. 세상은 그를 보지 못하고 알지 못하여 받아들일 수 없지만, 너희는 그를 안다. 그가 너희와 함께 계시고, 너희 안에 사시기 때문이다.

나는 너희를 고아와 같이 버려두지 않고 다시 올 것이다. 조금 있으면 세상은 나를 보지 못할 것이나, 너희는 다시 보게 될 것이다. 내가 살아있고, 너희도 살아있을 것이기 때문이다. 그날 너희는 내가 아버지 안에 있고, 너희가 내 안에 있으며, 내가 너희 안에 있음을 깨달을 것이다.

누구든지 내 계명을 받아들이고 지키면 나를 사랑하는 사람이다. 나를 사랑하는 사람은 내 아버지의 사랑을 받을 것이고, 나 또한 그를 사랑하여 그에게 나를 나타내 보일 것이다."

그때 가룟 사람 아닌 다른 유다가 물었다.

"주님, 저희에게는 자신을 드러내 보이시고, 세상에는 드러내 보이시지 않는 이유가 무엇입니까?"

"누구든지 나를 사랑하는 사람은 내 말을 지킬 것이다. 그러면 내 아버지께서 그를 사랑하실 것이고, 아버지와 내가 그를 찾아가 그와 함께 살 것이다. 그러나 나를 사랑하지 않는 사람은 내 말을 지키지 않는다. 너희가 듣는 이 말은 내 말이 아니라 나를 보내신 아버지의 말씀이다.

내가 너희와 함께 있는 동안 이 모든 것을 들려주었다. 그러나 보혜사, 곧 아버지께서 내 이름으로 보내실 성령이 오시면, 그가 너희에게 모든 것을 가르쳐주시고, 내가 너희에게 한 말을 모두 생각나게 하실 것이다."

✳ 85 ✳
포도나무와 가지

그리스도 안에 모든 신성이 있다

"나는 참 포도나무요, 내 아버지는 농부시다. 내게 붙어 열매 맺지 못하는 가지는 아버지께서 다 잘라내시고, 열매 맺는 가지는 더 많은 열매를 맺게 하려고 깨끗이 손질하여 주신다. 너희는 내 말로 이미 깨끗하게 되었으니, 나를 떠나지 말고 내 안에 머물러 있어라. 나도 너희를 떠나지 않고 너희 안에 머물러 있겠다.

포도나무에 붙어 있지 않은 가지가 스스로 열매를 맺을 수 없듯이, 너희도 내 안에 머물러 있지 않으면 열매를 맺을 수 없다. 나는 포도나무요, 너희는 가지다. 너희가 내 안에 붙어 있고 내가 너희 안에 머물러 있으면, 너희가 많은 열매를 맺는다. 나를 떠나서는 너희가 아무것도 할 수 없다.

누구든지 나를 떠난 사람은 나무에서 잘려나간 가지처럼 버림을 받아 말라버린다. 사람들이 그것을 모아다가 불에 던져 태워버린다. 너희가 내 안에 있고 내 말이 너희 안에 있으면, 너희가 무엇을 구하든지 그대로 다 이루어질 것이다. 너희가 열매를 많이 맺어 내 제자임을 드러내면, 내 아버지께서 영광을 받으실 것이다.

아버지께서 나를 사랑하신 것처럼 나도 너희를 사랑하였다. 내 사랑 안에 머물러 있어라. 내가 아버지의 계명을 지키며 그 사랑 안에 머물러 있듯이, 너희도 내 계명을 지키면 내 사랑 안에 머물러 있을 것이다. 내 기쁨을 너희 안에 있게 하고, 너희 기쁨을 넘치게 하려고 내가 이 말을 하였다."

✳86✳
성령(1)
성령의 사람은 성령의 일을 생각한다

"이제 나는 나를 보내신 분께 돌아간다. 너희는 어디로 가느냐고 묻기는커녕 오히려 내가 이런 말을 한다고 모두 슬픔에 잠겨 있다. 내가 분명히 말한다. 내가 떠나는 것이 너희에게 유익하다. 내가 가지 않으면 보혜사가 너희에게 오시지 않을 것이다. 내가 가서 보혜사를 너희에게 보내겠다. 그가 오시면 죄와 의와 심판에 대하여, 세상의 잘못된 생각을 꾸짖고 바로잡으실 것이다.

보혜사는 나를 믿지 않는 것이 바로 죄라고 지적하시며, 내가 아버지께 가므로 너희가 더이상 나를 다시 보지 못하게 되는 것이 하나님의 의라고 가르치시며, 이 세상의 통치자가 이미 심판을 받았다는 사실을 근거로 정말 심판을 받을 자가 누구인지 보여주실 것이다.

아직 내가 할 말이 많지만, 지금은 너희가 그 말을 알아듣지 못할 것이다. 진리의 영이 오시면 그가 너희를 모든 진리 가운데로 이끌어 온전히 깨닫게 하실 것이다. 그는 자기 뜻대로 말하지 않고 오직 들은 것만 일러주시며, 또 앞으로 일어날 일도 알려주실 것이다. 그는 내 것을 받아 너희에게 알려주므로 나를 영광스럽게 하실 것이다. 아버지께 속한 것은 다 내 것이므로 성령이 내 것을 받아 너희에게 알려주신다고 하였다."

87
안나스
전갈처럼 쏘는 권세를 가지고 있었다

부대장의 지휘하에 로마군과 성전 경비대가 예수님을 붙잡아 묶었다. 먼저 안나스에게 끌고 갔다. 대제사장 가야바의 장인이었다. 가야바는 한 사람이 온 백성을 위해 대신 죽는 것이 낫다고 유대인에게 조언한 사람이다.

안나스가 예수님께 그 제자와 가르침에 대해 이것저것 물어보았다. 예수님이 대답하셨다.

"나는 세상에 드러내놓고 버젓이 말했습니다. 모든 유대인이 모이는 회당과 성전에서 항상 가르쳤으며, 은밀하게 말한 것은 아무것도 없습니다. 어찌하여 내게 묻습니까? 내가 무슨 말을 하였는지 내 말을 들은 사람에게 직접 물어보십시오. 그들이 내가 한 말을 다 알고 있습니다."

그때 경비병이 손바닥으로 예수님의 뺨을 후려치며 말하였다.

"대제사장님께 대답하는 태도가 그게 뭐요?"

"내 말에 잘못이 있다면 증거를 대시오. 내 말이 옳다면 어찌하여 나를 치시오?"

안나스가 예수님을 결박한 상태로 가야바에게 보냈다.

✳ 88 ✳
가야바

그는 멸시를 당하고 퇴박맞았다

예수님을 대제사장 공관으로 끌고 갔다. 대제사장과 율법학자와 장로가 모두 모여들었다. 베드로가 멀찌감치 떨어져 예수님을 따르다가 그 공관 안마당까지 들어가게 되었다. 거기서 일의 결말을 보려고 경비병과 하인들 틈에 앉아 숯불을 쬐고 있었다.

대제사장과 공회가 예수님을 죽이려고 증거를 찾았으나 아무것도 나오지 않았다. 여러 사람이 일어나 증언하였으나 서로 맞지 않아 신빙성 있는 증거는 하나도 없었다. 그때 목격자라는 새로운 증인 2명이 나타나 말하였다.

"저 사람이 손으로 지은 이 성전을 허물고, 손으로 짓지 않은 다른 성전을 3일 만에 세우겠다고 한 말을 우리가 들었습니다."

그러나 그 증언조차 서로 일치하지 않았다. 대제사장이 공회 앞에

서서 직접 심문하였다.

"이들이 이렇듯 불리한 증언을 하잖소? 그대는 어찌하여 아무 말이 없소?"

예수님이 여전히 침묵을 지키시자 대제사장이 다시 물었다.

"내가 살아계신 하나님께 맹세하고 명하니 여기서 분명히 말하시오. 그대가 정말 찬양을 받으실 하나님의 아들 그리스도요?"

"그렇다고 당신이 말했습니다. 내가 다시 말합니다. 앞으로 인자가 전능하신 분의 오른편에 앉은 것과, 하늘에서 구름을 타고 오는 것을 여러분이 볼 것입니다."

대제사장이 자기 옷을 찢으며 크게 외쳤다.

"이 사람이 하나님을 모독하였소! 이제 우리에게 무슨 증인이 더 필요하겠소? 보시오, 여러분 모두가 이 사람의 말을 직접 들었소! 어떻게 생각하시오?"

"마땅히 죽어야 합니다!"

그때 예수님의 얼굴에 침을 뱉고, 눈을 가린 후 주먹으로 치며, 손바닥으로 뺨을 때리는 사람도 있었다.

"그리스도야, 너를 때린 사람이 누구냐? 어디 한번 알아맞혀 보고 예언자 노릇이나 해라."

예수님을 넘겨받은 경비병들도 손찌검하며 희롱하기를 마지않았다.

✳ 89 ✳
베드로(4)

사람은 입김이요 인생은 속임수다

예수님이 대제사장의 공관으로 끌려갈 때, 시몬 베드로와 요한이 멀찌감치 떨어져 뒤따라갔다. 요한은 대제사장 가문과 친분이 있어 안으로 쉽게 들어갈 수 있었으나, 베드로는 그러지를 못해 대문 밖에서 서성거리고 있었다. 요한이 문지기 하녀에게 잘 말하여 베드로를 안으로 데리고 들어갔다. 하녀가 베드로에게 물었다.

"당신도 그 사람의 제자인가요?"

"나는 아니오!"

날이 추워서 경비병과 하인들이 바깥뜰에 숯불을 피우고 둘러앉아 있었다. 베드로도 그들 틈에 끼어 앉아 숯불을 쬐었다. 빛을 안고 불을 쬐는 베드로를 빤히 쳐다보던 한 여종이 말하였다.

"당신도 갈릴리 사람 예수와 함께 다녔지요?"

"아니오, 나는 정말 아니오! 무슨 말을 하는지 모르겠소!"

그리고 베드로가 은근슬쩍 자리를 피해 앞뜰 출입구 쪽으로 갔다. 그때 첫닭이 울었다. 다른 여종이 곁에 있는 사람에게 말하였다.

"저 사람은 그들과 한패가 틀림없어요!"

사람들이 가세하였다.

"이제 보니 저자는 틀림없이 그 도당이요! 지금 갈릴리 사투리를 쓰고 있잖소?"

베드로가 맞받아 소리쳤다.

"내가 아니라고 분명히 말했잖소? 괜히 생사람 잡지 마시오!"

그리고 1시간쯤 지나서, 베드로의 칼에 귀가 잘린 말고의 친척 되는 대제사장의 종이 거기 있다가 말하였다.

"그러고 보니 당신은 분명히 그 동산에 있었소! 내가 이 눈으로 똑똑히 보았소. 그런데 끝까지 아니라고 우길 셈이오?"

베드로가 더욱 강경하게 주장하였다.

"아니오! 나는 절대 아니오! 거짓말이면 천벌을 받겠소!"

그때 닭이 2번째 울었다. 예수님이 고개를 돌려 베드로를 바라보셨다. 예수님의 눈과 마주치자 베드로는 그 말씀이 떠올랐다.

'오늘 밤 닭이 2번 울기 전에, 네가 나를 3번이나 모른다고 부인할 것이다.'

베드로가 안절부절못하다가 그대로 밖으로 뛰쳐나갔다. 땅바닥에 주저앉아 한없이 울었다.

✳90✳
가룟 유다(2)
은 30개는 내게 매긴 몸값이다

배신자 유다는 예수님께 유죄 판결이 내려진 것을 보고, 양심의 가책을 받아 뉘우치게 되었다. 그가 대제사장과 장로들을 찾아가 은화 30개를 돌려주며 말하였다.

"내가 죄 없는 분의 피를 팔아 정말 큰 죄를 지었소!"

"그게 우리와 무슨 상관이오? 당신이 한 일이니 당신이 알아서 하시오!"

유다가 그 돈을 성전에 내동댕이치고 물러가 스스로 목을 매달아 자살하였다. 대제사장들이 그 돈을 주워들고 말하였다.

"이 돈은 피 값이니 성전 금고에 넣어서는 안 되오."

그리고 의논한 끝에 토기장이 밭을 사서 나그네의 묘지로 삼았던바, '피밭'이라 불렀다. 예언자 예레미야의 말씀이 이루어졌다.

'그들이 은 30개, 곧 이스라엘 자손이 매긴 한 사람의 몸값을 받아 토기장이 밭을 사는 값으로 주었으니, 주께서 내게 지시하신 것이다.'

✳91✳
빌라도 (1)

그는 도살장으로 가는 어린양과 같았다

이른 새벽, 공회가 일어나 가야바 관저에서 총독 공관으로 예수님을 끌고 갔다. 그들은 깨끗한 몸으로 유월절 음식을 먹기 위해 공관 안으로 들어가지 않았다. 빌라도가 밖으로 나와 물었다.

"무슨 일로 이 사람을 고소하시오?"

"이 사람이 범죄자가 아니라면 왜 총독님께 끌고 왔겠습니까?"

"그러면 데리고 가서 당신네 법대로 재판하시오."

"우리는 사람을 죽일 권한이 없지 않습니까?"

예수님이 자기 죽음에 대해 미리 암시하신 말씀이 이루어졌다. 그들이 예수님을 고소하기 시작하였다.

"이 사람은 우리 민족을 선동해 소란을 피웠으며, 황제에게 세금을 바치지 못하게 하였고, 자칭 그리스도 곧 왕이라 했습니다."

그밖에도 여러 죄목을 붙여 고소했으나 예수님은 일체 대답지 않으셨다. 빌라도가 예수님께 물었다.

"당신은 어찌하여 아무 말이 없소? 이들이 이렇듯 많은 죄목으로 고소하고 있잖소?"

예수님이 침묵으로 일관하시자 총독은 매우 이상하게 여겼다. 그가 예수님을 공관 안으로 데리고 가서 조용히 물었다.

"당신이 유대인의 왕이오?"

"당신이 그렇게 말했습니다. 그게 당신의 생각에서 나온 것입니까, 아니면 다른 사람이 일러준 것입니까?"

"당신은 내가 유대인으로 보이오? 당신 동족과 대제사장이 당신을 내게 넘겨주었소. 대체 무슨 일을 저질렀소?"

"내 나라는 이 세상에 속한 것이 아닙니다. 내 나라가 세상에 속했다면, 내 종들이 싸워서 나를 유대인의 손에 넘어가지 못하게 막았을 겁니다."

"그러면 당신이 왕이란 말이오?"

"그렇다고 당신이 말했습니다. 나는 진리를 위해 났으며, 진리를 증언하기 위해 왔습니다. 누구든지 진리에 속한 사람은 내 말을 알아듣습니다."

"진리가 무엇이오?"

이 말을 하고 빌라도가 다시 밖으로 나와 말하였다.

"나는 그에게서 아무 죄도 찾지 못하였소!"

그러자 그들이 억지를 부리며 더욱 강경하게 말하였다.

"그는 갈릴리에서 시작하여 여기 예루살렘에 이르기까지, 온 유대를 누비고 다니며 백성을 가르치고 선동했습니다."

"그가 갈릴리 사람이란 말이오?"

빌라도는 예수님이 헤롯 안티파스의 관할에 속한 것을 알고, 마침 예루살렘에 와서 머물고 있는 그에게 예수님을 넘겨주었다.

✳92✳
헤롯 안티파스(1)

사흘에 모든 일을 마칠 것이다

헤롯이 예수님을 보고 매우 기뻐하였다. 오래전부터 예수님의 소문을 듣고 한번 만나보고 싶었을 뿐만 아니라, 예수님이 행하시는 기적도 보고 싶었기 때문이다. 그가 이것저것 물어보았으나 예수님은 일체 대답하지 않으셨다. 대제사장과 율법학자들이 곁에 서서 맹렬히 고소하였다.

헤롯과 그 호위병이 예수님을 업신여기며 조롱한 후, 붉고 화려한 옷을 입혀 빌라도에게 도로 보냈다. 헤롯 안티파스와 빌라도가 전에는 반목하며 원수처럼 지냈으나, 이날 서로 다정한 친구가 되었다.

✳93✳
빌라도(2)

나무에 달린 자마다 저주를 받았다

총독은 유월절마다 군중이 원하는 죄수 하나를 놓아주는 전례가 있었다. 바라바 예수라는, 성안에서 폭동을 일으키고 살인한 죄로 감옥에 갇힌 소문난 죄수가 있었다. 빌라도가 대제사장과 지도자와 백성을 불러 모으자, 그들이 전례대로 죄수 하나를 놓아달라고 하였다. 빌라도가 물었다.

"여러분은 누구를 놓아주기 바라오? 유대인의 왕이라는 예수요?"

그들의 시기로 죄 없는 예수님을 죽이려 한다는 것을 빌라도가 알고 있었기 때문이다. 그리고 재판석에 앉았다. 그때 그의 아내가 사람을 보내 전하였다.

"그 의로운 사람에게 당신은 아무 관여도 하지 마세요. 그로 인해 제가 지난밤 몹시 힘들었어요!"

총독이 다시 물었다.

"내가 유대인의 왕을 놓아주는 게 어떻겠소?"

대제사장과 장로들이 군중을 선동하여 바라바를 놓아달라고 소리치게 하였다.

"그 사람이 아니라 바라바를 놓아주시오!"

"그러면 유대인의 왕이라는 예수를 어떻게 하란 말이오?"

"십자가에 못 박으시오!"

빌라도가 고개를 갸우뚱하며 말하였다.

"도대체 무슨 일이오? 그가 무슨 나쁜 짓을 하였소? 여러분이 백성을 선동한다는 이유로 내게 끌어왔으나, 여러분이 보는 앞에서 내가 직접 심문한 결과, 여러분이 고소한 죄목은 하나도 찾지 못하였소. 헤롯도 그를 심문했으나 역시 죄를 찾지 못하고 되돌려 보냈소. 보시오! 그는 죽을 만한 죄를 지은 일이 없소. 매질이나 해서 놓아주겠소."

이는 명절을 맞아 총독이 반드시 한 사람을 놓아주어야 했기 때문이다. 그들이 일제히 아우성치며 미친 듯이 소리를 질렀다.

"그를 십자가에 못 박고, 바라바를 놓아주시오!"

빌라도는 예수님을 놓아주고 싶어 그렇게 말했으나, 그들은 더욱 고래고래 소리를 지르며 악을 썼다. 빌라도가 말하였다.

"도대체 그가 무슨 나쁜 짓을 하였다고 이다지 안달이오? 내가 그에게서 죽일 만한 죄를 찾지 못하였다고 하잖소? 매질해서 놓아줄 테니 그리들 아시오!"

그리고 예수님을 채찍질하라고 명한 후 다시 공관 안으로 들어갔다. 군중은 악을 쓰며 계속 소리를 질러댔다.

"십자가에 못 박으시오! 십자가에 못 박으시오!"

빌라도가 다시 밖으로 나와 말하였다.

"보시오! 내가 그를 여러분 앞으로 데려오겠소. 나는 그에게서 아무 죄도 찾지 못하였다고 분명히 말했소. 여러분은 이것을 알아주기 바라오."

예수님이 가시관을 쓰고, 자주색 옷을 입고 초라한 모습으로 나타났다. 빌라도가 손으로 가리키며 소리쳤다.

"자, 보시오! 이 사람을!"

대제사장과 장로들이 성전 경비병들과 함께 일어나 연호하기 시작하였다.

"십자가에 못 박으시오! 십자가에 못 박으시오! 십자가에 못 박으시오!"

빌라도가 빈정거리며 짜증스럽게 말하였다.

"당신들이 이 사람을 데려다가 십자가에 못 박으시오! 나는 그에게서 아무 죄도 찾지 못하였소!"

"우리에게도 법이 있습니다. 그에 따르면 그는 마땅히 죽어야 합니다. 자기를 하나님의 아들이라 했기 때문입니다."

이 말을 듣고 빌라도가 더욱 두려움에 사로잡혀 예수님을 공관 안으로 다시 데리고 들어가 물었다.

"당신은 어디서 왔소?"

예수님이 아무 대답도 하지 않자 빌라도가 다시 말하였다.

"내게도 말하지 않을 작정이오? 내게는 당신을 놓아줄 권한도 있고, 십자가에 못 박을 권세도 있다는 것을 모르시오?"

"하나님께서 주시지 않았다면 그 권한이 당신에게 없었을 것입니다. 나를 당신에게 넘겨준 사람들의 죄가 더 큽니다."

이 말을 듣고 빌라도가 다시 예수님을 놓아줄 기회를 찾았으나, 계속해서 고함치는 군중과 대제사장 때문에 어찌할 방도가 없었다. 그때 대제사장이 황제를 들먹이며 총독을 겁박하였다.

"이 사람을 놓아주시면, 총독님은 황제 폐하의 충신이 아닙니다. 무릇 자기를 왕이라고 하는 자는 황제 폐하를 반역하는 것이 아닙니까?"

빌라도는 더이상 애써봐야 소용이 없을뿐더러, 폭동이 일어날지 모른다는 생각에 재판석에 앉았다. 이날은 유월절 예비일이고 시간은 오전 6시쯤이었다. 빌라도가 군중을 향해 소리쳤다.

"자, 보시오! 여러분의 왕을!"

"없애버리시오! 죽여 버리시오! 십자가 못 박으시오!"

"여러분의 왕을 나더러 십자가에 못 박으란 말이오?"

그때 대제사장이 대답하였다.

"황제 폐하 외에는 우리에게 왕이 없습니다!"

대제사장과 장로들이 더욱 흥분하여 들고일어나자, 빌라도는 대야에 물을 떠다가 그들이 보는 앞에서 손을 씻으며 말하였다.

"이 사람의 피에 대하여 나는 죄가 없으니, 당신들이 그 책임을 지시오!"

그들이 일제히 소리쳤다.

"우리와 우리의 자손에게 그 사람의 피에 대한 책임을 돌리시오!"

결국은 그들의 목소리가 빌라도의 뜻을 꺾게 되었고, 빌라도는 그들에게 마음대로 하라고 하면서 예수님을 넘겨주었다. 그래서 폭동과 살인죄로 수감 된 바라바는 석방되고, 예수님은 십자가에 못 박히게 되었다.

✳ 94 ✳
막달라 마리아(1)
그 몸을 썩지 않게 하실 것이다

예수님이 무덤에 묻힌 후, 제자들은 실의에 빠져 있었다. 그때 막달라 마리아가 허겁지겁 달려와 시몬 베드로와 요한에게 말하였다.

"누가 우리 주님을 무덤에서 가져갔나 봐요! 어디에 두었는지 모르겠어요!"

베드로와 요한이 다짜고짜 무덤을 향해 달음질치기 시작하였다. 두 사람이 같이 뛰었으나 요한이 먼저 무덤에 도착하였다. 요한이 몸을 굽혀 수의가 흩어진 것을 보았으나 안으로 들어가지는 않았다.

시몬 베드로가 뒤따라와 단숨에 무덤 안으로 들어갔다. 예수님의 몸을 쌌던 수의는 한쪽에 흩어져 있었고, 머리를 쌌던 수건은 따로 개켜져 있었다. 그제야 요한도 무덤 안으로 들어가 보고 예수님의 시신이 사라진 것을 믿었다.

하지만 그들은 예수님이 죽은 사람 가운데서 다시 살아나야 한다는 말씀을 여전히 깨닫지 못했다. 그래서 무엇인가 이상히 여기면서도 자기들이 있던 곳으로 돌아갔다.

＊95＊
엠마오 제자
육체의 잣대로 알려고 하지 마라

예수님의 제자 2명이 예루살렘에서 11km쯤 떨어진 엠마오 마을로 내려가고 있었다. 그들이 최근의 일에 대하여 서로 얘기하며 토론할 때, 예수님이 다가와 나란히 걸었다. 그러나 눈이 가려 예수님을 알아보지 못하였다. 예수님이 물으셨다.

"길을 가면서 무슨 이야기를 서로 나누었습니까?"

글로바가 침통한 표정을 지으며 걸음을 멈추고 말하였다.

"당신도 예루살렘에 머물다 오시면서 최근에 일어난 일을 혼자만 모르신다는 말씀입니까?"

"무슨 일이 있었습니까?"

"나사렛 예수님의 일입니다. 그는 하나님과 백성 앞에서 그 하신 일이나 말씀에 있어 큰 능력을 보이신 예언자였습니다. 그런데 우리 대제사장과 지도자가 그를 총독에게 넘겨 사형선고를 받게 하였고, 결국은 십자가에 못 박아 죽였습니다. 그가 이스라엘을 구원하실 것으로 우리는 잔뜩 기대하고 있었는데 말입니다.

그러나 그는 이미 처형을 당하셨고, 그 일이 있은 지도 벌써 3일이 되었습니다. 그런데 우리 가운데 있던 여인들이 우리를 깜짝 놀라게 하였습니다. 그들이 새벽에 무덤을 찾아갔다가 그의 시신은 보지 못하고 돌아와서 하는 말이, 그가 살아났다고 천사가 일러주었다는 것입니다. 그래서 우리 동료 몇 사람이 무덤에 달려가 보았습니다. 과연 무덤은 비어 있었고, 그는 볼 수 없었습니다."

"그대들은 참으로 어리석기도 합니다. 예언서의 말씀이 그렇게도 믿기 어렵습니까? 그리스도가 영광을 받으시기 전에 마땅히 그런 고난을 받아야 하지 않습니까?"

그리고 율법서와 예언서를 전반적으로 인용하여 자신에 대한 기록을 자세히 설명하셨다. 그러자 어느덧 그들이 가려던 마을에 가까이 이르렀다. 예수님이 더 멀리 가시려는 듯 하자, 그들이 한사코 말리며 말하였다.

"이제 날이 저물어 저녁이 되었으니, 여기서 우리와 함께 묵었다가 가십시오."

예수님이 그들과 함께 집으로 들어가 식탁에 앉으셨다. 그리고 떡을 들어 축사하고 떼어주셨다. 그때 그들의 눈이 밝아져 예수님을 알아보았다. 순간 예수님은 눈앞에서 사라지고 더이상 보이지 않았다. 그들이 서로 말하였다.

"길에서 주님이 말씀하시고 성경을 풀어주실 때, 우리의 마음이 얼마나 뜨거운 감동을 받았던가?"

그리고 바로 일어나 예루살렘으로 돌아갔다. 11사도와 여러 사람이 모여 예수님의 이야기를 나누고 있었다.

"주님이 정말 다시 살아나 시몬에게 나타나셨습니다."

그들도 길에서 있었던 일과, 주님이 떡을 떼어주실 때 그를 알아보게 된 사정을 자세히 들려주었다. 그러나 그 말도 믿지 않는 사람이 있었다.

✳96✳
도마

조금도 의심하지 말고 오직 믿음으로 구하라

사도들 가운데 디두모 도마는, 예수님이 오셨을 때 그 자리에 없었다. 다른 제자들이 일러주었다.

"우리가 부활하신 주님을 뵈었습니다."

"나는 내 눈으로 그 손의 못 자국을 보고, 내 손가락으로 그 자리를 만져보고, 내 손을 그 옆구리에 넣어보지 않고는 도저히 믿지 못하겠습니다."

그리고 8일이 지나 제자들이 다시 모여 식사할 때, 도마도 그 자리에 있었다. 모든 문이 잠겨 있었으나, 예수님이 그들 가운데 갑자기 나타나 인사하셨다.

"너희에게 평화가 있기를!"

그리고 도마에게 말씀하셨다.

"네 손가락으로 내 손을 만져보고, 네 손을 내밀어 내 옆구리에 넣어보아라. 그리고 믿음 없는 자가 되지 말고 믿는 자가 되라."

도마가 그 자리에 풀썩 주저앉으며 말하였다.

"나의 주님! 나의 하나님!"

"너는 나를 봐야만 믿느냐? 보지 않고 믿는 사람이 더 복이 있다."

그리고 제자들의 마음이 완고하여 도무지 믿으려 하지 않는 것을 책망하셨다. 예수님을 목격한 사람들의 말도 믿지 않았기 때문이다.

✳97✳
베드로(5)
하나님의 양 떼를 먹이고 잘 돌보아라

___

예수님이 디베랴 호숫가에 다시 나타나셨다. 시몬 베드로, 디두모 도마, 갈릴리 가나 사람 나다나엘, 세베대의 아들들, 그리고 다른 제자 2명이 더 있었다. 베드로가 말하였다.

"나는 고기를 잡으러 가겠소."

"우리도 같이 가겠습니다."

그들이 함께 배를 탔으나 그날 밤 아무것도 잡지 못하였다. 동틀 무렵에 예수님이 호숫가에 서 계셨으나, 제자들은 그를 알아보지 못하였다. 예수님이 물으셨다.

"얘들아, 무엇을 좀 잡았느냐?"

"아무것도 못 잡았습니다."

"그물을 배 오른편에 던지면 좀 잡을 것이다."

제자들이 그대로 하였더니, 너무 많은 고기가 잡혀 그물을 끌어 올릴 수도 없었다. 요한이 베드로에게 말하였다.

"저분은 주님이십니다!"

베드로가 벗은 몸에 겉옷만 두르고 그냥 물속으로 뛰어들었다. 다른 제자들은 배에 탄 채 고기가 잔뜩 담긴 그물을 끌면서 호숫가로 나왔다. 배가 육지에서 약 90m정도 떨어져 있었다. 제자들이 육지에 올라와 보니 숯불이 피워져 있었다. 그 위에 생선이 놓여 있고 떡도 있었다. 예수님이 말씀하셨다.

"지금 잡은 고기를 좀 가져오너라."

베드로가 배에 올라가 그물을 끌어 내렸다. 그물 안에는 큼직큼직한 고기가 153마리 들어 있었다. 그렇게 고기가 많았으나 그물은 찢어지지 않았다.

"와서 아침을 먹어라."

주님이 분명하여 누구냐고 묻는 사람이 없었다. 예수님이 가까이 와서 제자들에게 떡도 나눠주시고 생선도 주셨다. 예수님이 부활하여 제자들에게 3번째 나타나신 것이다. 제자들이 식사를 마치자 예수님이 베드로에게 물으셨다.

"요한의 아들 시몬아, 네가 이들보다 나를 더 사랑하느냐?"

"주님, 그렇습니다. 제가 주님을 사랑하는 줄 주님께서 아십니다."

"내 어린양을 먹여라."

"요한의 아들 시몬아, 네가 나를 사랑하느냐?"

"주님, 그렇습니다. 제가 주님을 사랑하는 줄 주님께서 아십니다."

"내 양을 쳐라."

"요한의 아들 시몬아, 네가 나를 사랑하느냐?"

예수님이 3번이나 똑같은 질문을 하시자, 베드로는 불안에 휩싸여 근심하며 대답하였다.

"주님, 주님은 모든 것을 다 아십니다. 제가 주님을 사랑하는 줄 주님께서 아십니다."

"내 양을 먹여라. 내가 분명히 말한다. 네가 젊어서는 스스로 옷 입고 원하는 곳으로 다녔으나, 늙어서는 남들이 네 팔을 벌리고 묶어 네가 원하지 않는 곳으로 끌어갈 것이다."

이 말은 베드로가 장차 어떤 죽음으로 하나님께 영광을 돌릴 것인가를 예수님이 암시하신 것이다. 그리고 다시 이르셨다.

"나를 따라라."

그때 베드로가 돌아보니 요한이 따라오고 있었다. 그는 마지막 만찬때, 예수님의 가슴에 기대어 '주님, 주님을 배반할 사람이 누구입니까?'라고 묻던 제자다. 베드로가 물었다.

"주님, 이 사람은 어찌 되겠습니까?"

"내가 다시 돌아올 때까지 그가 살아있기를 내가 바란다고 한들, 그것이 너와 무슨 상관이 있느냐? 너는 나를 따라라."

이 말로 그 제자는 죽지 않을 것이라는 소문이 형제들 사이에 퍼지게 되었다.

✳ 98 ✳
맛디아

그 자리를 다른 사람이 차지하게 하소서

예수님이 승천하신 후, 사도들이 감람산에서 예루살렘으로 돌아왔다. 안식일에 걸을 수 있는 거리였다. 사도들이 거주하는 2층 다락방으로 올라갔다. 그들은 베드로, 요한, 야고보, 안드레, 빌립, 도마, 바돌로매, 마태, 알패오의 아들 야고보, 열심당원 시몬, 야고보의 아들 유다였다.

그 자리에 예수님의 어머니 마리아와 다른 여인들과 주님의 동생들도 있었다. 그들은 120명쯤 되었으며, 한마음으로 기도에 힘썼다. 베드로가 일어나 말하였다.

"형제자매 여러분! 예수님을 잡아간 자들의 앞잡이가 된 유다에 대하여, 성령님이 다윗의 입을 통해 미리 예언하신 말씀이 그대로 이루어졌습니다. 그는 우리와 함께 사도의 직무를 맡았으나 불의의 삯으로 밭을 사고, 그 밭에 거꾸로 떨어져 배가 터지고 창자가 쏟아져 죽었습니다.

이 일은 예루살렘 사람들이 다 알고 있는 사실입니다. 그 밭을 아람어로 '아겔다마'라 하며 '피밭'이라는 뜻입니다. 시편에 '그의 거처를 황폐하게 하여 아무도 살지 못하게 하소서'라 하였고, 또 '그 직분을 다른 사람이 차지하게 하소서'라고 하였습니다.

그러므로 주 예수님이 우리와 함께 계시는 동안, 요한이 세례를 베풀 때부터 예수님이 우리를 떠나 승천하실 때까지, 우리와 늘 함께 다닌 사람들 중에서 하나를 뽑아, 우리와 함께 부활의 증인으로 삼아야 할 것입니다."

그리고 사도들이 바사바 또는 유스도라는 요셉과 맛디아를 추천한 후 기도하였다.

"모든 사람의 마음을 다 아시는 주님, 이 두 사람 가운데 누구를 택하여 봉사와 사도의 직무를 맡기셨는지 보여주십시오. 유다는 이 직무를 버리고 자기 갈 곳으로 갔습니다."

기도를 마치고, 두 사람에게 제비를 뽑게 하였더니 맛디아가 뽑혔다. 그가 11사도와 함께 12사도의 수에 들었다.

＊99＊
성령(2)
우리가 모두 한 성령을 마시게 되었다

오순절을 맞아 120명의 제자들이 한자리에 모여 있었다. 갑자기 세찬 바람 같은 소리가 하늘에서 나더니 온 집안을 가득 채웠다. 그리고 헛바닥 같은 불길이 갈래갈래 갈라지며 각 사람 위에 임하였다. 모두가 성령을 충만히 받아 외국어로 말하기 시작하였다.

그때 세계 각 나라에서 온 경건한 유대인들이 예루살렘에 머물고 있었다. 그들이 그 소리를 듣고 모여들었다가 제자들의 말이 자기네 말로 들리자 어안이 벙벙하였다. 너무 놀랍기도 하고 신기하기도 하여 말하였다.

"보십시오! 저들은 다 갈릴리 사람이 아닙니까? 그런데 지금 우리는 우리 지방의 말로 듣고 있지 않습니까? 우리는 바대인, 메대인, 엘람인이고, 메소포타미아, 유대, 갑바도기아, 본도, 아시아, 브루기아, 밤빌리아, 이집트, 그리고 구레네에 가까운 리비아 등 여러 지방에 사는 사람들이며, 또 로마에서 방문한 나그네, 곧 유대인과 유대교로 개종한 이방인도 있고, 크레타인과 아라비아인도 있지 않습니까? 그런데 지금 저들이 말하는 하나님의 큰일을 우리 각자의 말로 듣고 있지 않습니까?"

그들이 당황하여 서로 얼굴을 쳐다보며 말하였다.

"이게 대체 어찌 된 영문입니까?"

그러나 어떤 이들은 제자들을 조롱하며 빈정거렸다.

"저들이 낮술에 잔뜩 취했군!"

✳ 100 ✳
베드로(6)
모든 사람에게 내 영을 부어주겠다

베드로가 사도들과 함께 일어나 목소리를 높여 엄숙히 선포하였다.

"유대인과 예루살렘 시민 여러분, 제 말을 들어주시기 바랍니다. 지금은 아침 9시입니다. 어떻게 술에 취할 수 있습니까? 여러분의 생각처럼 우리는 술에 취한 것이 아닙니다. 오늘 일어난 일은 하나님께서 예언자 요엘을 시켜서 하신 말씀을 이루신 것입니다.

'마지막 날 내가 내 영을 모든 사람에게 부어주겠다. 너희 자녀는 예언을 하고, 너희 청년은 환상을 보고, 너희 노인은 꿈을 꿀 것이다. 그날 내가 내 영을 내 남종과 여종에게 부어 주리니, 그들도 예언할 것이다.

또 내가 위로 하늘에서는 기사를 나타내고, 아래로 땅에서는 징조를 보이리니, 피와 불과 짙은 연기가 일어나고, 해는 빛을 잃어 어두워지고, 달은 핏빛처럼 붉어질 것이다. 그리고 마침내 주의 크고 영화로운 날이 이를 것이다. 그러나 누구든지 주의 이름을 부르는 자는 구원을 얻을 것이다.'

이스라엘 동포 여러분, 제 말을 들어보십시오. 나사렛 예수님은 하나님의 권위를 가지고 오셨습니다. 하나님께서 여러 가지 능력과 기사와 표적으로 그를 여러분에게 증언하셨습니다. 이 일은 여러분 가운데서 행하여 여러분도 잘 아실 것입니다.

이 예수님이 버림받은 것은, 하나님께서 미리 아시고 정하신 계획에 따라 이루어진 일이며, 여러분이 법 없는 자들의 손을 빌려 십자가에 못 박은 것입니다. 그러므로 하나님께서 그를 죽음의 고통에서 풀어 다시 살리셨고, 죽음의 세력에 계속 사로잡혀 계실 분도 아니었습니다. 다윗이 이에 대해 말했습니다.

'나는 내 앞에 계신 주를 항상 뵙습니다. 주께서 내 오른편에 계시니 내가 흔들리지 않습니다. 그러기에 내 마음은 기쁨에 넘치고, 내 혀는 즐거워 노래하며, 내 육신은 소망 속에 살 것입니다. 주께서 내 영혼을 죽음의 세계에 버려두지 않으시고, 주의 거룩한 종을 썩지 않게 지켜 주실 것입니다. 주께서 내게 생명의 길을 알려주셨으니, 나는 주를 모시고 항상 기쁨에 넘칠 것입니다.'

형제 여러분, 저는 우리 조상 다윗에 대해 분명히 말할 수 있습니다. 다윗은 죽어 장사되었고, 그의 무덤은 오늘까지 우리 땅에 남아있습니다. 다윗도 예언자로서 자기 후손을 세워 왕위에 앉혀주시겠다고 약속하신 하나님의 말씀을 알고 있었습니다. 그래서 그리스도의 부활을 내다보며 말했습니다.

'하나님께서 그를 죽음의 세계에 버려두지 않으시고, 그의 육신을 썩지 않게 하셨다!'

바로 이 말씀대로 하나님께서 예수님을 다시 살리셨습니다. 이 일에 대하여 우리가 모두 증인입니다. 하나님께서 예수님을 높여 우편에 앉히시고 약속하신 성령을 주셨으며, 예수님은 그 성령을 다시 우리에게 부어주셨습니다. 그래서 지금 여러분이 이런 일을 보기도 하고, 듣기도 하는 것입니다. 다윗은 하늘에 올라가지 못했으나 분명히 말했습니다.

'하나님께서 내 주께 말씀하시기를, 내가 네 원수를 네 발아래 굴복시킬 때까지 너는 내 오른편에 앉아 있어라.'

그러므로 이스라엘 온 집은 확실히 아시기 바랍니다. 여러분이 십자가에 못 박은 이 예수님을, 하나님께서 주와 그리스도가 되게 하셨습니다."

그들이 이 말을 듣고 마음이 찔려 베드로와 사도들에게 물었다.

"형제여, 우리가 어떻게 해야 합니까?"

베드로가 대답하였다.

"회개하십시오. 그리고 각자 예수 그리스도의 이름으로 세례를 받으십시오. 그러면 여러분도 죄 사함을 받고, 성령을 선물로 받을 것입니다. 이 약속은 여러분과 여러분의 자녀와 먼 데 있는 모든 사람, 곧 주 우리 하나님께서 부르시는 모든 사람에게 주신 약속입니다."

그리고 여러 가지 증거를 들어 설득하며 권하였다.

"이 패역한 세대에서 벗어나 구원을 받으십시오!"

그날 그 말을 받아들인 사람들이 세례를 받았던바, 신자의 수가 3천 명이나 늘어났다. 그들은 사도들의 가르침을 받아 서로 교제하고, 성찬을 나누며 기도에 힘썼다.

사도들 이야기

1
앉은뱅이

모든 이름 위에 뛰어난 이름을 주셨다

─────────

오후 3시 기도 시간에 베드로와 요한이 성전으로 올라가고 있었다. 사람들이 앉은뱅이를 떠메고 와서, 성전으로 들어가는 사람들에게 구걸을 시키려고 날마다 '미문'이라는 성전 문 곁에 앉혀 놓았다. 베드로와 요한이 성전에 들어가는 것을 보고, 그가 손을 내밀어 구걸하였다. 두 사도가 눈여겨보고 말하였다.

"우리를 보시오!"

그가 무엇을 얻으려니 생각하고, 두 사도를 빤히 쳐다보았다. 베드로가 말하였다.

"은금은 없으나 내게 있는 것으로 그대에게 주겠습니다. 나사렛 예수 그리스도의 이름으로 일어나 걸어라!"

그리고 그의 오른손을 잡아 일으키자, 그 발과 발목에 힘이 생겨 벌떡 일어나 걷기 시작하였다. 그가 두 사도와 함께 성전으로 들어가면서, 걷기도 하고 뛰기도 하며 하나님을 찬양하였다.

그가 걸어 다니며 하나님을 찬양하는 모습을 보고, 또 그가 '미문'에 앉아 구걸하던 바로 그 거지라는 사실을 알고, 사람들이 심히 놀라 이상히 여겼다. 그가 베드로와 요한의 곁을 떠나지 않고 '솔로몬의 행각'에 계속 머물러 있자, 사람들이 소문을 듣고 몰려들었다. 베드로가 말하였다.

"이스라엘 백성 여러분, 어찌하여 이 일로 놀라십니까? 왜 그런 눈으로 우리를 유심히 쳐다보십니까? 마치 우리가 우리의 능력이나 경건으로 이 사람을 걷게 한 것처럼 말입니다.

아브라함과 이삭과 야곱의 하나님, 곧 우리 조상의 하나님께서 그의 종, 예수님을 영화롭게 하셨습니다. 그러나 여러분은 예수님을 넘겨주었고, 빌라도가 예수님을 놓아주기로 판결했음에도 끝까지 거부했습니다.

여러분은 거룩하고 의로운 예수님을 거절하고, 도리어 살인자를 놓아주라고 요청하여 생명의 근원이신 주님을 죽였습니다. 그러나 하나님께서 그를 죽은 사람 가운데서 다시 살리셨습니다. 우리는 이 일에 대한 증인입니다.

지금 여러분이 보시는 대로, 이 사람은 바로 그 예수님의 이름으로 낫게 된 것입니다. 예수님의 이름을 믿는 믿음의 힘으로 나은 것이며, 예수님을 믿는 믿음의 힘이 여러분 앞에서 이 사람을 완전히 낫게 한 것입니다.

형제여, 여러분의 지도자와 마찬가지로 여러분도 예수님이 누구신지 모르고 그런 줄로 압니다. 하지만 하나님께서 예언자의 모든 입을 빌려, 그리스도가 고난을 당해야 한다고 미리 선포하신 것을 그와 같이 이루셨습니다.

그러므로 여러분은 회개하고 돌이켜 죄 씻음을 받으십시오. 주님께서 여러분의 죄를 깨끗이 씻어주실 것입니다. 그러면 여러분도 주님 앞에서 편히 쉴 때가 있을 것이며, 주께서 여러분을 위해 미리 정하신 그리스도를 다시 보내실 것입니다.

그러나 예수님은, 하나님께서 오래전부터 거룩한 예언자를 통해 말씀하신 대로, 만물을 회복하실 때까지 하늘에 머물러 계실 것입니다. 모세가 말했습니다.

'주 하나님께서 너희를 위하여 너희 형제 가운데서 나와 같은 예언자 하나를 세우실 것이다. 그러므로 너희는 그의 말에 귀를 기울여야

한다. 누구든지 그 말을 듣지 않는 사람은 하나님의 백성 가운데서 끊어질 것이다.'

또 사무엘과 그 뒤를 이은 여러 예언자들도 이때를 가리켜 예언했습니다. 여러분은 그 예언자의 후손이요, 하나님께서 여러분의 조상과 맺으신 언약의 자손입니다. 하나님께서 아브라함에게 말씀하셨습니다.

'네 후손으로 말미암아 땅 위의 모든 족속이 복을 받을 것이다.'

그래서 하나님이 먼저 여러분을 위해 그 종을 다시 살려 보내셨습니다. 여러분을 하나도 빠짐없이 악한 길에서 돌아서게 하고, 그를 통해 복을 받게 하시려고 말입니다."

✳ 2 ✳
아나니아
사람을 속임 같이 하나님을 속이려느냐?

아나니아가 그의 아내 삽비라와 함께 자기 땅 일부를 팔았다. 그 값의 얼마를 떼어 감추고, 나머지만 사도들의 발 앞에 갖다 놓았다. 그 내막을 삽비라도 알고 있었다. 베드로가 아나니아를 꾸짖었다.

"아나니아는 들으시오! 어찌하여 그대의 마음이 사탄에게 홀려 성령을 속이고, 땅값 얼마를 떼어 감췄소? 그 땅은 팔기 전에도 그대의 것이고, 판 뒤에도 그대가 마음대로 할 수 있지 않았소? 그런데 왜 그런 마음을 품었소? 그대는 사람을 속인 게 아니라 하나님을 속인 것이오!"

이 말을 듣고 아나니아가 그 자리에 쓰러져 숨졌다. 이 소문을 듣고 사람들이 크게 두려워하였다. 그때 청년들이 들어와 시신을 싸매고 나가 묻었다. 그리고 3시간쯤 지나서, 그의 아내 삽비라가 그 일을 알지 못하고 들어왔다. 베드로가 물었다.

"그대와 남편 아나니아가 땅을 판 값이 이것뿐이오? 어디 바른대로 말해보시오."

"예, 그게 전부입니다."

"어쩌자고 그대 내외는 서로 짜고, 주님의 영을 시험하려 하였소? 보시오, 그대의 남편을 묻은 사람들의 발이 이제 막 문 앞에 이르렀으니, 이번에는 그대를 메고 나갈 것이오!"

삽비라도 베드로의 발 앞에 거꾸러져 죽었다. 그때 청년들이 들어와 삽비라가 죽은 것을 보고 메어다 그 남편 곁에 묻었다. 온 교회는 물론, 믿지 않는 사람들까지 몹시 두려워하였다.

✳ 3 ✳
가말리엘
훈계를 굳게 잡고 놓치지 마라

가말리엘이 공회의 분위기가 심상치 않음을 깨닫고 자리에서 일어났다. 그는 유대 최고의 교법사로서 온 백성의 존경을 받고 있었다. 그가 사도들을 잠시 밖으로 나가게 하고 말하였다.

"이스라엘 형제여, 우리가 이들을 조심스럽게 다루는 것이 좋겠습니다. 얼마 전 드다가 일어나 자기를 대단한 인물인 양 주장하자 400명이 그를 따랐습니다. 그러나 그가 죽임을 당하자 그 추종자는 뿔뿔이 흩어지고 말았습니다.

또 인구를 조사할 때도, 갈릴리 사람 유다가 나타나 많은 사람을 꾀어 반란을 도모했으나 그 역시 죽임을 당했으며, 그의 추종자 또한 모두 흩어져 아무 일도 아닌 것으로 끝났습니다.

그러므로 내가 여러분에게 드리고 싶은 말씀은, 이번에도 저들을 간섭하지 말고 그냥 내버려 두자는 것입니다. 그 목적이나 행동이 사람에게서 비롯된 것이라면 당연히 망할 것이고, 혹시 하나님께서 허락하신 것이라면 아무도 그 일을 막을 수 없으며, 우리가 도리어 하나님을 대적하는 사람이 될지도 모릅니다."

공회가 그 권고를 선하게 받아들여 사도들을 매질한 후, 예수의 이름으로 말하는 것을 엄히 금하고 놓아주었다. 사도들은 예수님의 이름을 위해 모욕당한 것을 특권으로 여기고, 오히려 기뻐하며 공회를 물러 나왔다. 그리고 성전에 있든지 집에 있든지, 날마다 가르치고 전하기를 쉬지 않았다.

"예수님이 그리스도십니다!"

4
일곱 전도자
추수할 일꾼을 보내달라고 청하라

제자의 수가 부쩍 늘어났을 때, 교포 유대인이 본토 유대인에게 불만을 터뜨렸다. 매일 식량을 배급하는 과정에서 본토 과부에 비해 외국 과부가 소홀히 여김을 받았기 때문이다. 12사도가 제자들을 불러 말하였다.

"우리가 식량을 배급하는 일에 골몰하기보다, 하나님의 말씀을 가르치는 일에 치중하는 것이 옳다고 봅니다. 형제 여러분, 여러분 가운데 신망이 두텁고 성령과 지혜가 충만한 사람 7명을 뽑으십시오. 그들에게 이 일을 맡기고, 우리는 기도하고 말씀을 전하는 일에 전념하겠습니다."

모든 사람이 이를 선하게 받아들여 믿음이 좋고 성령이 충만한 사람 일곱을 뽑아 사도들 앞에 세웠다. 스데반, 빌립, 브로고로, 니가노르, 디몬, 바메나, 그리고 유대인으로 개종한 안디옥 사람 니골라였다.

사도들이 기도하고 그들의 머리 위에 손을 얹어 안수하였다. 하나님의 말씀은 더욱 널리 퍼져나가 제자들도 부쩍 늘어났다. 제사장 중에서도 이 믿음을 받아들인 사람이 많았다.

＊5＊
스데반
나와 같은 예언자를 보내니 그 말을 들어라

스데반은 은혜와 능력이 충만하여 큰 기사와 표적을 민간에 많이 행하였다. 그때 구레네, 알렉산드리아, 길리기아, 아시아 등에서 온 유대인으로 구성된, 이른바 '리버디노'라는 자유인의 회당에 속한 몇 사람이 들고일어나 스데반과 논쟁을 벌였다. 그들이 성령과 지혜가 충만한 스데반을 당할 수 없자, 돈을 주고 무리를 매수하여 헛소문을 퍼뜨렸다.

"스데반이 모세와 하나님을 모독하는 것을 우리가 들었습니다."

이렇게 백성과 장로와 율법학자를 분노하게 만든 후, 그들이 스데반을 붙잡아 공회 앞으로 끌어가 거짓 증인을 내세워 말하였다.

"이 거룩한 성전과 율법을 거슬러 이자가 쉴 새 없이 험담을 늘어놓았습니다. 또 나사렛 예수가 이곳을 헐고 모세가 우리에게 전한 규례를 뜯어고칠 것이라고 했습니다."

공회원의 시선이 일제히 스데반에게 쏠렸다. 그의 얼굴은 마치 천사와 같았다. 대제사장이 물었다.

"이들의 말이 사실이오?"

"부형 여러분, 제 말을 들어보십시오. 우리 조상 아브라함이 하란에 살기 전, 아직 메소포타미아에 있을 때 영광의 하나님이 나타나 말씀하셨습니다.

'네 고향과 친척을 떠나 내가 네게 보여줄 땅으로 가라!'

아브라함은 갈대아 땅을 떠나 하란으로 갔습니다. 거기서 그 아버지가 죽은 후, 하나님이 지금 여러분이 사는 이 땅으로 옮겼습니다. 하나님은 여기서 발붙일 만한 땅도 주시지 않고, 그와 그 후손에게 이 땅을 주시겠다고 약속하셨습니다. 그때 아브라함은 아직 자식이 없었습니다. 하나님께서 말씀하셨습니다.

'네 자손이 이국땅에서 나그네 되어 400년간 학대를 받으며 종살이할 것이다. 내가 그 민족을 벌하리니, 그 뒤에 이곳으로 돌아와 나를 섬길 것이다.'

또 하나님이 아브라함에게 언약의 표시로 할례를 주셨습니다. 아브라함이 이삭을 낳아 8일 만에 할례를 행하였고, 이삭도 야곱에게 그렇게 하였으며, 야곱도 우리 12조상에게 할례를 행하였습니다.

우리 조상이 요셉을 시기하여 이집트의 노예로 팔았습니다. 하나님이 요셉과 함께하여 그 숱한 어려움에서 구해주셨습니다. 또 은혜와 지혜를 더하여 이집트 왕 바로의 신임을 얻게 하였습니다. 이집트 왕은 요셉을 총리로 세워 이집트와 왕궁을 다스리게 하였습니다.

그때 이집트와 가나안 땅에 큰 가뭄이 들어 재난이 극심했습니다. 우리 조상도 먹을거리가 없었습니다. 야곱은 이집트에 곡식이 있다는 소문을 듣고, 먼저 우리 조상을 그곳에 보냈습니다. 그들이 이집트에 다시 갔을 때 요셉이 형들에게 자기 정체를 밝혔으며, 이집트 왕 바로도 요셉의 가족에 대해 알게 되었습니다.

이후 요셉이 사람을 보내 자기 아버지 야곱을 비롯해 75명의 가족을 전부 이집트로 불렀습니다. 그리하여 야곱과 우리 조상이 이집트로 내려가게 되었으며, 거기서 살다가 모두 죽었습니다. 그들의 유해는 세겜으로 옮겨져 아브라함이 하몰의 자손에게서 사 둔 무덤에 안장되었습니다.

그리고 하나님이 아브라함에게 약속하신 때가 가까워지자, 이집트의 우리 민족은 크게 번성하여 그 수가 엄청 불어났습니다. 그때 요셉을 알지 못하는 새 왕이 등극하여 이집트를 다스리게 되었습니다. 그는 우리 민족을 교묘히 속여 우리 조상을 학대하였고, 갓난아기를 강제로 버리게 하여 살아남지 못하게 하였습니다.

그때 모세가 태어났습니다. 그는 평범한 아기가 아니라 하나님이 보시기에 그 용모가 아주 준수했습니다. 모세의 부모가 3개월 동안 집에서 몰래 키우다가 더이상 숨길 수가 없어 강에 버리게 되었습니다. 그러나 바로의 딸이 그를 건져 자기 아들로 삼아 길렀습니다. 그는 이집트의 모든 지혜와 학문을 배웠고, 그 말과 행동에 있어서 뛰어난 능력을 갖추게 되었습니다.

모세가 40세 때 이스라엘 백성의 사정을 살피다가 자기 동족을 돌볼 생각을 하게 되었습니다. 하루는 이스라엘 사람이 이집트 사람에게 학대받는 것을 보고, 그를 보호하러 갔다가 이집트인을 죽여 그 원한을 풀어주었습니다.

그는 하나님이 자기를 통해 동족을 구원하신다는 것을 동족이 깨달은 줄로 생각하였으나, 그들은 알지 못했습니다. 다음날 이스라엘 사람들끼리 서로 싸우는 것을 보고, 그가 그들을 화해시키려 했습니다.

'여보시오, 당신들은 한 형제가 아닙니까? 어찌 서로 해치려고 합니까?'

동무를 해치려고 시비를 건 사람이 모세를 밀며 대들었습니다.

'누가 당신을 우리의 지도자나 재판관으로 세웠소? 어제는 이집트 사람을 죽이더니 오늘은 나를 죽일 참이오?'

이 말을 듣고 모세는 이집트를 떠나 미디안 땅으로 도망쳤습니다. 거기서 나그네 생활을 하며 아들 둘을 낳았습니다. 그리고 40년이 지나서, 모세가 시내 산 근처의 광야에 있을 때 천사가 가시나무 떨기 불꽃 속에 나타났습니다. 그가 보고 놀랍게 여겨 자세히 보려고 가까이 다가갔습니다. 그때 주의 음성이 들렸습니다.

'나는 네 조상의 하나님, 아브라함의 하나님, 이삭의 하나님, 야곱의 하나님이다.'

모세는 두렵고 떨려 얼굴을 들어 쳐다보지 못했습니다. 주께서 말씀하셨습니다.

'네 신을 벗어라. 네가 서 있는 곳은 거룩한 땅이다. 나는 내 백성이 이집트 땅에서 학대받는 것을 똑똑히 보았고, 그 신음 소리도 들었다. 내가 그들을 구원하려고 내려왔다. 자, 가거라. 내가 너를 이집트로 보낸다.'

이 모세로 말하면 이스라엘 백성이 '누가 당신을 우리의 지도자나 재판관으로 세웠소?'라며 배척한 사람입니다. 그러나 하나님이 가시나무 떨기 불꽃 속에 나타난 천사의 능한 손에 붙여, 그를 이스라엘의 지도자와 해방자로 세웠습니다. 그는 이집트에서, 홍해에서, 광야에서 40년간 여러 가지 기적과 표적을 행하며 백성을 인도했습니다. 바로 이 모세가 이스라엘 백성에게 이 말을 한 사람입니다.

'하나님께서 너희 동족 가운데서 나와 같은 예언자를 세워 보내주실 것이다.'

또 시내 산에서, 우리 조상과 함께 광야에서 회중으로 모여 있을 때, 그에게 말하는 천사와 우리 조상 사이의 중재자가 되어 살아계신 하나님의 말씀을 전해주었습니다. 그러나 우리 조상은 그의 말을 듣지 않고, 오히려 배척하며 이집트로 돌아갈 궁리를 하였습니다. 그들이 아론에게 말했습니다.

'우리를 인도할 신을 만들어주시오. 우리를 이집트에서 인도한 모세는 어떻게 되었는지 전혀 소식이 없소.'

그들이 송아지 우상을 만들어 제물을 바치고, 자기 손으로 만든 것을 섬기며 즐거워했습니다. 하나님께서 그들을 외면하시고 하늘의 별들을 섬기게 내버려 두었습니다. 이는 예언서에 기록된 바와 같습니다.

'이스라엘 족속아, 너희가 광야에서 40년간 있을 때 내게 희생과 예물을 바친 적이 있느냐? 오히려 몰록의 신당과 레판의 우상을 떠메고 다니며 섬겼다. 내가 너희를 바빌론 저편으로 옮길 것이다.'

우리 조상은 광야에서 증거의 장막을 가지고 있었습니다. 하나님이 분부하신 양식대로 모세가 만든 것입니다. 이 장막을 우리 조상이 물려받았고, 하나님이 쫓아내신 이방인의 땅을 차지할 때, 여호수아가 가지고 들어가 다윗 시대까지 그 땅에 있었습니다.

다윗은 하나님의 은혜를 받아 야곱의 집을 위해 하나님의 처소를 짓게 해달라고 간구했습니다. 그러나 하나님을 위해 집을 지은 사람은 솔로몬이었습니다. 그러나 지극히 높으신 하나님은 사람의 손으로 지은 집에 계시지 않습니다. 이는 예언자가 말한 바와 같습니다.

'주께서 말씀하셨다. 하늘은 내 보좌요, 땅은 내 발판이다. 너희가 나를 위해 무슨 집을 짓고, 내가 쉴 곳이 어디 있겠느냐? 내가 이 모든 것을 다 내 손으로 짓지 않았느냐?'

목이 곧고 마음과 귀가 꽉 막혀 하나님의 말씀에 귀를 기울이지 않는 백성이여, 여러분도 여러분의 조상과 같이 항상 성령님을 거역하고 있습니다. 여러분의 조상들이 핍박하지 않은 예언자가 어디 한 사람이라도 있었습니까? 그들은 의인이 올 것을 예언한 사람을 죽였고, 이제 여러분은 바로 그 의인을 배반하고 죽였습니다. 여러분은 천사가 전한 율법을 받기만 하고 지키지 않았습니다."

이 말을 듣고 격분하여 그들이 스데반을 노려보며 이를 갈았다. 그때 스데반은 성령으로 충만하여 하늘을 우러러보았다. 하나님의 영광과 하나님의 오른편에 서 계신 예수님이 보였다. 스데반이 외쳤다.

"보십시오! 하늘이 열려 있고, 하나님의 오른편에 인자가 서 계십니다!"

그러자 그들이 귀를 막고 소리를 지르며 일제히 달려들어, 스데반을 성 밖으로 끌어내 돌로 치기 시작하였다. 그때 증인들이 자기 겉옷을 벗어 사울이라는 청년의 발 앞에 두었다. 그들이 계속 돌을 던지자 스데반이 기도하였다.

"주 예수여, 제 영혼을 받아주십시오!"

그리고 무릎을 꿇고 크게 외쳤다.

"주여, 이 죄를 저들에게 돌리지 마십시오!"

이 말을 하고 스데반은 조용히 눈을 감았다.

＊6＊
사울⑴
핍박하는 자를 축복하고 저주하지 마라

사울이 스데반의 죽음을 마땅히 여겼다. 그날 예루살렘 교회에 큰 핍박이 일어나, 사도들을 제외한 모든 사람이 유대와 사마리아 지방으로 뿔뿔이 흩어졌다. 경건한 사람들이 스데반의 장례를 치르고, 그의 죽음을 애석히 여기며 크게 울었다.

사울은 아예 교회를 말살하려고 집집마다 찾아다니며, 남녀를 가리지 않고 모조리 끌어내 감옥에 보냈다.

＊7＊
빌립
하나님의 나라는 정의와 평화와 기쁨입니다

스데반의 순교를 계기로 흩어진 신자들이, 사방을 두루 다니며 복음을 전하였다. 전도자 빌립은 사마리아 성에 내려가 그리스도를 소개하였다. 그 말을 듣고 표적을 본 사람들이 하나같이 빌립에게 주의를 기울였다. 숱한 사람에게 붙었던 더러운 귀신이 울부짖으며 떠나갔고, 많은 중풍병자와 장애인이 고침을 받았다. 그 성에 큰 기쁨이 있었다.

그곳에 시몬이라는 사람이 있었다. 그는 오래전부터 마술을 부려 사마리아 사람들을 놀라게 하였고, 스스로 위대한 사람인 양 행세하며 우쭐대고 있었다. 각계각층의 사람들이 그를 따르며 말하였다.

"이 사람은 정말 하나님의 큰 능력자다!"

시몬이 마술로 오랫동안 그들의 마음을 빼앗아 그 꽁무니를 따라다니며 그렇게 말했던 것이다. 그때 빌립이 나타나 예수 그리스도의 이름으로 하나님의 나라에 대한 복음을 전하자, 남녀가 모두 믿고 세례를 받았다. 마침내 시몬도 믿고 세례를 받았다. 그가 줄곧 빌립을 따라다니며, 큰 표적과 능력이 잇따라 일어나는 것을 보고 놀랐다.

✳ 8 ✳
마술사 시몬
돈이나 권력으로 용서받지 못한다

빌립의 전도로 사마리아인이 하나님의 말씀을 받아들였다는 소식을 듣고, 사도들이 베드로와 요한을 보냈다. 그들이 사마리아로 내려가 성령이 내리기를 기도하였다. 그들은 주 예수님의 이름으로 세례는 받았으나, 아직 성령을 받지 못하였다. 베드로와 요한이 손을 얹자 그들이 성령을 받았다. 마술사 시몬이 보고, 사도들에게 돈을 주며 말하였다.

"내게도 그런 권능을 주십시오. 내가 손을 얹는 사람도 성령을 받게 해주십시오."

베드로가 말하였다.

"하나님의 선물을 돈으로 살 수 있다고 생각하다니, 당신은 그 돈과 함께 망할 것이오. 당신의 마음이 하나님 앞에서 바르지 못하니, 이 일에 대한 분깃이나 자리는 없소. 마음에 품은 악한 생각을 버리고 주님께 기도하시오. 혹시 용서하실지 모르오. 그러나 내가 보기에, 당신은 악의가 가득하고 불의에 얽매여 그 마음이 심히 비뚤어져 있소."

시몬이 슬피 울며 말하였다.

"지금 하신 말씀이 저에게 조금도 미치지 않도록 해주십시오."

두 사도가 주님의 말씀을 증언하고 선포한 후, 사마리아인의 여러 마을에 들러 복음을 전하며 예루살렘으로 돌아갔다.

✳ 9 ✳

에티오피아 내시

주님도 믿음도 세례도 하나이다

주님의 천사가 빌립에게 나타나 일러주었다.

"일어나 남쪽으로, 예루살렘에서 가사로 내려가는 길로 가라. 그곳은 인적이 드문 광야다."

빌립이 일어나 길을 가다가 한 내시를 만났다. 그는 에티오피아 여왕 간다게의 재정을 맡은 고위 관리로, 예배하러 예루살렘에 왔다가 돌아가는 길이었고, 마차에 앉아 예언자 이사야의 글을 읽고 있었다. 성령님이 빌립에게 말씀하셨다.

"저 마차로 가까이 다가가라."

빌립이 달려가 예언자 이사야의 글 읽는 소리를 듣고 물었다.

"지금 읽고 계시는 말씀을 이해하십니까?"

"풀어주는 사람이 없으니, 어찌 이해할 수 있겠습니까?"

그리고 빌립에게 권하였다.

"이 마차에 올라앉으십시오."

그가 읽던 성경은 이 구절이었다.

'그는 도살장으로 끌려가는 어린 양처럼, 털 깎는 자 앞에서 잠잠한 어미 양처럼 그 입을 열지 않았다. 그는 굴욕을 당하며 공평한 재판을 받지 못하고, 이 땅에서 생명을 빼앗겼다. 누가 이 세대의 악함을 말로 다 표현할 수 있겠는가?'

그가 빌립에게 물었다.

"이는 누구를 두고 한 말입니까? 예언자 자신입니까, 다른 사람입니까?"

빌립이 이 글에서부터 예수님에 대한 복음을 자세히 들려주었다. 그리고 길을 따라가다가 물 있는 곳에 이르러 내시가 말하였다.

"보십시오, 여기 물이 있습니다. 나도 세례를 받았으면 합니다. 무슨 거리낌이라도 있습니까?"

"당신이 진심으로 믿으면 세례를 받을 수 있습니다."

"예수 그리스도가 하나님의 아들이심을 믿습니다."

그리고 마차를 세우게 하고, 그는 빌립과 함께 물에 내려가 세례를 받았다. 그들이 물에서 나오자 주님의 영이 순식간에 빌립을 데리고 가셨다. 그는 더이상 빌립을 볼 수 없었지만, 기뻐하며 가던 길을 계속 갔다.

빌립은 아소도에 나타나, 여러 성을 두루 다니며 복음을 전하다가 가이사랴에 이르렀다.

✳ 10 ✳
사울(2)
귀한 그릇도 있고 천한 그릇도 있다

사울은 여전히 주님의 제자들을 위협하며 살기를 띠고 있었다. 그가 대제사장에게 가서 다마스쿠스 여러 회당으로 보낼 공문을 요청하였다. 그리스도를 따르는 사람을 만나기만 하면, 남녀를 가리지 않고 모조리 결박하여 예루살렘으로 끌어올 생각이었다.

사울이 길을 떠나 다마스쿠스 가까이 이르렀을 때, 갑자기 하늘에서 강렬한 빛이 내려와 그를 둘러 비추었다. 그가 땅에 엎어지자 하늘에서 음성이 들려왔다.

"사울아, 사울아! 네가 어찌하여 나를 핍박하느냐?"

"주여, 누구십니까?"

"나는 네가 핍박하는 예수다. 일어나 시내로 들어가라. 네게 할 일을 일러줄 사람이 있다."

사울과 같이 가던 사람들은 소리만 들리고, 아무것도 보이지 않자 말을 못 하고 서 있었다. 사울이 일어나 눈을 떴으나 앞이 보이지 않았다. 동행자의 손에 이끌려 다마스쿠스 시내로 들어갔다. 사울은 3일 동안 아무것도 보지 못한 채, 먹지도 않고 마시지도 않았다.

아나니아라는 주님의 제자가 다마스쿠스에 살고 있었다. 환상 가운데 주님이 부르셨다.

"아나니아!"

"주님, 제가 여기 있습니다."

"어서 일어나 '곧은 길' 거리로 가서 유다의 집에 있는 다소 사람 사울을 찾아라. 그가 지금 기도하며, 네가 들어가 손을 얹어 시력을 회복시키는 환상을 보았다."

"주님, 제가 그에 대하여 들은 바가 많습니다. 예루살렘에 있는 주님의 제자들에게 적잖은 해를 끼쳤다고 합니다. 더구나 주님의 이름을 부르는 사람을 모조리 결박해 예루살렘으로 끌어가려고, 대제사장의 권한을 받아 여기까지 왔다고 합니다."

"가라, 그는 내가 택한 그릇이다. 내 이름을 이방인과 왕과 이스라엘 백성 앞에 널리 전할 사람이다. 내 이름을 위해 얼마나 많은 고난을 받아야 하는지, 내가 그를 통해 보일 것이다."

아나니아가 유다의 집을 찾아 사울에게 손을 얹고 말하였다.

"사울 형제, 나는 주님의 심부름으로 왔습니다. 그는 그대가 여기 오는 길에 나타나신 주 예수님이십니다. 그가 나를 보내 그대의 눈을 뜨게 하고, 성령을 충만히 받게 하라고 분부하셨습니다."

그 즉시 눈에서 비늘 같은 것이 떨어져 시력이 회복되었다. 사울이 일어나 세례를 받고, 음식을 먹은 뒤 기운을 되찾았다. 그가 다마스쿠스 제자들과 함께 며칠 지내다가, 여러 회당을 찾아 예수님이 하나님의 아들이라 선포하기 시작하였다. 그 말을 듣는 사람들이 다 놀라 말하였다.

"아니, 저 사람은 예루살렘에서 주님의 이름을 부르는 제자를 마구 잡이로 잡아 해를 끼친 자가 아닙니까? 여기 온 것도 주님의 제자를 잡아 대제사장에게 끌어가기 위함이고요!"

사울은 더욱 힘을 얻어 예수님이 그리스도라 증언하여 다마스쿠스 유대인을 당혹하게 만들었다. 그렇게 여러 날이 지나자 유대인이 사울을 죽이려고 음모를 꾸몄다. 모든 성문을 밤낮으로 철통같이 지키고 서 있었다. 그러나 사울은 그들의 음모를 알게 되었고, 그의 제자들이 밤에 사울을 광주리에 담아 성 밖으로 달아 내렸다.

＊11＊
바나바(1)

성령과 믿음이 충만하고 착한 사람이다

사울이 예루살렘의 제자들과 사귀려고 하였으나, 그의 개종을 믿지 못해 제자들은 여전히 두려워하였다. 바나바가 사울을 데리고 사도들에게 가서, 그가 다마스쿠스로 가는 길에 어떻게 주님을 만났으며, 주님이 그에게 무슨 말씀을 하셨고, 또 그가 다마스쿠스에서 예수님의 이름을 담대히 전한 이야기를 자세히 들려주었다.

그래서 사울은 제자들과 함께 지내게 되었고, 예루살렘을 자유롭게 드나들며 주님의 이름을 담대히 전하게 되었다. 사울이 그리스 교포 유대인들과 대화도 하고 토론도 벌였으나, 그들은 사울을 죽이려고 음모를 꾀하였다. 형제들이 그 사실을 눈치채고, 사울을 가이사랴로 데려갔다가 다시 다소로 보냈다.

그 사이에 유대와 갈릴리와 사마리아의 모든 교회가 안정을 찾아 든든히 세워져 나갔고, 주님을 경외하는 마음과 성령의 위로로 정진하여 그 수가 점점 더 늘어났다.

＊12＊
애니아

죽일 때가 있고 살릴 때가 있다

베드로는 사방을 두루 다니다 룻다의 성도들을 방문하였다. 애니아라는 사람이 중풍으로 8년 동안 자리에 누워 있었다. 베드로가 말하였다.

"애니아여, 예수 그리스도가 그대를 고치십니다. 일어나 자리를 정돈하십시오."

그 즉시 일어났다. 룻다와 사론의 사람들이 그를 보고 다 주님께 돌아왔다.

✳ 13 ✳
다비다
주여, 나를 고치시고 살려주소서

욥바에 다비다라는 여제자가 있었다. 그리스어로 도르가, 사슴이라는 뜻이다. 그녀는 선행과 구제 사업을 많이 하다가 병들어 죽었다. 사람들이 그 시신을 씻어 2층 다락방에 안치하였다. 그리고 욥바에서 그리 멀지 않은 룻다에 베드로가 있다는 소식을 듣고, 제자들이 두 사람을 보내 속히 와달라고 청하였다.

베드로가 일어나 그들과 함께 욥바로 갔다. 그가 도착하자 사람들이 2층 다락방으로 안내하였다. 모든 과부들이 그 곁에 서서 울며, 도르가가 살았을 때 만든 속옷과 겉옷을 보여주었다. 그들을 방에서 다 내보내고, 베드로가 무릎을 꿇고 기도한 후 시신을 향해 말하였다.

"다비다여, 일어나시오!"

다비다가 눈을 뜨고 베드로를 바라보며 일어나 앉았다. 베드로가 손을 잡아 일으켜 세우고, 성도와 과부를 다 불러들여 다시 살아난 다비다를 보여주었다. 이 일이 온 욥바에 알려지면서 많은 사람이 주님을 믿었다. 베드로는 한동안 무두장이 시몬의 집에 머물러 있었다.

✳14✳
고넬료
천사를 바람으로 일꾼을 불꽃으로 쓰신다

가이사랴에 고넬료라는 사람이 있었다. '이탈리아 부대'에 배속된 로마군의 백부장이었다. 그는 경건하여 온 가족이 하나님을 믿었고, 가난한 사람에게 아낌없이 나눠주며 항상 기도하였다. 그가 오후 3시 기도 시간에 환상을 보았다. 하나님의 천사가 와서 자기를 부르는 소리를 똑똑히 들었다.

"고넬료!"

천사를 보고 겁에 질려 말하였다.

"주여, 무슨 일이십니까?"

"네 기도와 자선이 하나님께 상달 되어 기억하신 바 되었다. 지금 욥바로 사람을 보내 베드로라는 시몬을 불러라. 그는 바닷가에 있는 무두장이 시몬의 집에 있다."

이 말을 하고 천사가 떠나자, 즉시 집안 하인 2명과 경건한 부하 1명을 불러 자초지종을 들려주고 욥바로 보냈다.

다음날 정오쯤, 고넬료가 보낸 사람들이 욥바에 이르렀을 때, 베드로는 지붕에 올라가 기도하려는 참이었다. 그때 점심이 준비되고 있었다. 베드로가 시장기를 느끼고 무엇을 좀 먹었으면 하다가 비몽사몽 간에 환상을 보았다.

하늘이 열리며 큰 보자기 같은 그릇이 네 귀퉁이에 끈이 달려 땅으로 드리워져 내려왔다. 그 안에는 온갖 짐승과 기어 다니는 것과 공중의 새가 골고루 들어 있었다. 그때 하늘에서 음성이 들려왔다.

"베드로야, 일어나 잡아먹어라."

"주님, 그럴 수 없습니다. 저는 이제까지 속되고 부정한 것을 먹어본 적이 없습니다."

"하나님이 깨끗하게 하신 것을 속되다고 하지 마라."

이런 일이 3번 있고 난 뒤 그것이 다시 하늘로 올라갔다. 베드로가 이 환상을 보고 무슨 뜻인지 몰라 어리둥절하고 있을 때, 고넬료가 보낸 사람들이 시몬의 집을 찾아와 문 앞에 서 있었다. 그들이 문밖에 서서 큰 소리로 물었다.

"베드로라는 시몬이 여기 계십니까?"

베드로가 골몰할 때 성령님이 말씀하셨다.

"시몬아, 지금 세 사람이 너를 찾아왔으니 일어나 내려가라. 그들은 내가 보냈으니 의심하지 말고 함께 가라."

베드로가 내려가 말하였다.

"내가 바로 그 사람입니다. 무슨 일로 오셨습니까?"

"우리는 고넬료라는 로마군 백부장이 보낸 사람입니다. 그는 의인으로 하나님을 경외하며, 모든 유대인에게 존경을 받습니다. 그가 선생님을 집으로 모셔다가 하나님의 말씀을 들으라는 천사의 지시를 받고, 우리를 보냈습니다."

베드로가 그들을 맞아들여 하룻밤을 묵게 하였다. 그리고 다음 날 아침 일어나 가이사랴로 떠날 채비를 하였다. 욥바의 형제 몇 사람이 따라나섰다.

✳ 15 ✳

베드로(7)

율법의 행위로 의롭게 되지 못한다

베드로가 가이사랴에 들어갔다. 고넬료는 친척과 친구들을 모아놓고 기다리다 소식을 듣고, 급히 마중을 나가 그 발 앞에 엎드려 절하였다. 베드로가 급히 일으켜 세우며 말하였다.

"어서 일어나시오. 나도 사람입니다."

그리고 서로 이야기를 나누며 집안으로 들어갔다. 거기 이미 많은 사람이 모여 있는 것을 보고 베드로가 말하였다.

"여러분도 아시다시피 유대인은 율법에 따라 이방인과 사귀거나 가까이할 수 없습니다. 그러나 하나님이 그 어떤 사람도 속되거나 부정하지 않다고 하셨습니다. 그래서 여러분이 사람을 보냈을 때, 제가 사양치 않고 기꺼이 따라왔습니다. 그런데 무슨 일로 저를 부르셨습니까?"

고넬료가 대답하였다.

"그러니까 4일 전 이맘때, 제가 집에서 오후 3시 기도를 드리고 있었습니다. 그때 갑자기 눈부신 옷을 입은 천사가 제 앞에 나타나 말했습니다.

'고넬료, 네 기도와 자선이 하나님께 상달 되어 기억하신 바 되었다. 지금 욥바로 사람을 보내 베드로라는 시몬을 불러라. 그는 바닷가에 있는 무두장이 시몬의 집에 있다.'

그래서 제가 선생님께 사람을 보냈습니다. 정말 잘 오셨습니다. 이제 우리가 하나님 앞에 모였으니, 주님이 선생님을 통해서 하시는 말씀을 귀담아듣겠습니다."

"이제야 내가 참으로 깨달았습니다. 하나님을 경외하고 의롭게 사는 사람은, 그 어떤 차별도 하시지 않고 다 받아주신다는 사실을 말입니다. 하나님이 예수 그리스도를 통해 평화의 복음을 이스라엘 백성에게 선포하셨습니다. 바로 이 예수님이 만유의 주요, 만민의 주님이십니다.

여러분이 아시는 대로 이 일은 요한이 세례를 선포한 후, 갈릴리에서 시작하여 온 유대에 걸쳐 이루어졌습니다. 하나님이 나사렛 예수에게 성령과 능력을 붓고, 그와 함께하셨습니다. 그래서 예수님은 사방을 두루 다니며 선한 일을 하시고, 마귀에게 짓눌린 사람을 모두 고쳐주셨습니다. 우리는 예수님이 유대와 예루살렘에서 행하신 이 모든 일의 증인입니다.

사람들은 예수님을 십자가에 매달아 죽였으나, 하나님은 그를 3일 만에 다시 살리시고 우리에게 나타나게 하셨습니다. 예수님은 모든 사람에게 나타나신 것이 아니라, 미리 택하여 증인으로 세우신 우리에게 나타나셨습니다. 우리는 죽은 사람 가운데서 부활하신 예수님과 함께 먹기도 하고 마시기도 하였습니다.

예수님이 우리에게 명하시기를, 하나님께서 자기를 산 자와 죽은 자의 심판자로 정하신 것을 선포하고 증언하라 하셨습니다. 이 예수님을 두고, 그를 믿는 사람은 누구나 죄 사함을 받는다고 예언자들도 다 증언하였습니다."

토크 지저스

이때 그 자리에 모인 사람들에게 성령이 내려오셨다. 베드로와 함께 온 유대인 신자들이 성령님의 은사가 이방인에게 내리는 것을 보고 깜짝 놀랐다. 그들이 방언을 하고 하나님을 찬양하는 소리를 들었기 때문이다. 베드로가 말하였다.

"이 사람들도 우리와 같이 성령님을 선물로 받았으니, 물로 세례를 주는 것을 누가 막을 수 있겠습니까?"

그리고 그들에게 예수 그리스도의 이름으로 세례를 받으라고 명하였다. 그들은 베드로에게 며칠만 더 머물러 달라고 간청하였다.

∗ 16 ∗
베드로(8)
할례를 주장하는 사람들을 조심하라

사도와 유대에 있는 신자들이 이방인도 하나님의 말씀을 받아들였다는 소문을 들었다. 베드로가 예루살렘에 갔을 때, 할례를 주장하는 신자가 비난하였다.

"당신이 할례받지 않은 사람의 집에 들어가 음식까지 함께 먹었다면서요?"

베드로가 그동안 있었던 일을 차근차근 설명하였다.

"내가 욥바에서 기도하다가 비몽사몽간에 환상을 보았습니다. 큰 보자기 같은 그릇이 네 귀퉁이에 끈이 달려 하늘에서 내려왔습니다. 그 속을 들여다보니 네발짐승과 야생동물과 파충류와 조류가 골고루 들어 있었습니다. 그때 하늘에서 음성이 들려왔습니다.

'베드로야, 일어나 잡아먹어라!'

'주님, 그럴 수 없습니다. 저는 이제까지 속되고 부정한 것을 먹어본 적이 없습니다.'

'하나님께서 깨끗하게 하신 것을 속되다고 하지 마라.'

이런 일이 3번 있고 난 뒤 그 그릇이 다시 하늘로 올라갔습니다. 그때 내가 묵고 있는 집에 가이사랴에서 보낸 세 사람이 찾아왔습니다. 그리고 성령님이 주저하지 말고 그들과 함께 가라고 하셨습니다. 그래서 여기 있는 6명의 형제와 함께 고넬료라는 사람의 집으로 갔습니다.

그는 자기 집에서 기도하다가, 욥바에 있는 나를 불러 자기와 집안사람이 다 구원의 말씀을 들으라고, 천사가 나타나 일러주었다는 이야기를 들려주었습니다. 그래서 내가 입을 열어 말하기 시작하였더니, 성령님이 처음 우리에게 내려오신 것처럼 그들에게도 내려오셨습니다. 그때 나는 주님의 말씀이 생각났습니다.

'요한은 물로 세례를 주었으나 너희는 성령으로 세례를 받을 것이다.'

우리가 주 예수 그리스도를 믿을 때 받은 그 선물을, 하나님이 그들에게도 똑같이 주셨던 것입니다. 그런데 내가 누구라고 감히 하나님의 뜻을 거역하겠습니까?"

이 말을 듣고 그들은 잠잠히 있다가, 하나님께 영광을 돌리며 입을 열었다.

"그렇다면 이방인에게도 회개하고 생명에 이르는 길을 하나님이 허락하신 것이 아닙니까?"

＊17＊
바나바(2)

선한 일을 하되 특히 신자들에게 하라

스데반의 사건으로 핍박을 받고 뿔뿔이 흩어진 신자들이, 페니키아와 키프로스, 안디옥까지 가서 유대인에게 말씀을 전하였다. 그들 중에 키프로스와 구레네 사람 몇이, 안디옥에 이르러 헬라인에게 주 예수님을 전하였다. 주님의 손길이 그들과 함께하여 많은 사람이 믿고 주님께 돌아왔다.

예루살렘 교회가 그 소식을 듣고, 바나바를 안디옥으로 파송하였다. 그가 안디옥에 가서 하나님의 은혜가 내린 것을 보고, 크게 기뻐하며 모든 사람에게 권하였다.

"마음을 굳게 먹고 끝까지 주님을 의지하십시오!"

바나바는 심성이 착하고 성령과 믿음이 충만한 사람이었다. 그래서 더욱 많은 사람이 주님을 믿게 되었다. 바나바가 다소로 가서 사울을 찾아 안디옥에 데리고 왔다. 바나바와 사울이 1년간 안디옥에 머물며 여러 모임을 갖고 많은 사람을 가르쳤다. 그때 안디옥 제자들이 처음으로 '그리스도인'이라 불리게 되었다.

그즈음 예언자 몇 사람이 예루살렘에서 안디옥으로 내려왔다. 그들 가운데 아가보라는 사람이, 성령님의 감동을 받아 로마 전역에 큰 기근이 들 것이라고 예언하였다. 그것이 글라우디오 황제 때 들었다. 그래서 제자들이 각자 형편에 따라 유대에 있는 형제들을 돕기로 하였다. 그렇게 모은 구제금을 바나바와 사울 편으로 예루살렘 교회의 장로에게 보냈다.

18
야고보
복음으로 목숨을 잃는 사람은 살 것이다

헤롯 아그립바 1세가 박해의 손을 뻗쳐 교회에 속한 몇 사람을 해쳤다. 그가 먼저 요한의 형 야고보를 칼로 죽였다. 이 일을 유대인이 기뻐하는 것을 보고 베드로도 잡아들였다. 무교절 기간이었다.

그가 베드로를 감옥에 가두고, 4인조 경비병 4개 조에 맡겨 지키게 하였다. 유월절이 지나면 백성 앞에 끌어내 공개적으로 재판하고 죽일 속셈이었다. 베드로는 감옥에 갇혔고, 교회는 그를 위해 하나님께 간절히 기도하였다.

19
베드로(9)
사람을 섬기라고 보낸 하나님의 천사다

헤롯이 베드로를 백성 앞에 끌어내기로 한 전날 밤이었다. 베드로는 쇠사슬 2개에 묶여 2명의 군인들 틈에 끼어 잠들어 있었고, 경비병은 옥문을 지키고 서 있었다. 주님의 천사가 갑자기 나타나 감방을 환하게 비쳤다. 천사가 베드로의 옆구리를 쳐서 깨우며 말하였다.

"어서 일어나라!"

베드로의 양쪽 손목에 묶인 쇠사슬이 풀어지며 벗겨졌다.

"허리띠를 매고 신을 신어라!"

베드로가 엉겁결에 그대로 하였다.

"겉옷을 두르고 나를 따르라!"

베드로가 천사를 따라 나오면서도, 그것이 생시가 아니고 환상을 보려니 생각하였다. 1번 초소와 2번 초소를 지나 시가지로 통하는 철문에 이르자 문이 저절로 열렸다. 밖으로 나가 거리의 한 구간을 지나자 천사는 사라지고 보이지 않았다. 그때 베드로가 제정신이 들어 말하였다.

"이제야 내가 분명히 알겠다. 주님이 천사를 보내 헤롯의 손아귀와 유대인의 흉계에서 나를 구해주신 것을!"

베드로가 마가라는 요한의 어머니 마리아의 집으로 갔다. 거기서 사람들이 모여 기도하고 있었다. 베드로가 대문을 두드리자 로데라는 여자아이가 문간으로 나왔다. 그녀가 베드로의 목소리를 알아듣고 너무 기쁜 나머지, 문도 열어주지 않고 도로 달려 들어가 소리쳤다.

"베드로가 대문 밖에 와 있어요!"

"저 아이가 미쳤구나!"

"정말 밖에 와 있어요!"

"그렇다면 그의 천사겠지!"

베드로가 계속 문을 두드리자 그들이 문을 열어보고 깜짝 놀랐다. 그가 조용히 하라고 손짓하고, 주님이 자기를 탈옥시킨 경위를 설명하였다. 그리고 다른 곳으로 가면서 말하였다.

"이 일을 야고보와 다른 형제들에게도 알려주시오."

날이 새자 베드로가 없어진 일로 군인들 사이에 적잖은 소동이 벌어졌다. 헤롯이 수하를 풀어 샅샅이 찾았으나 행방이 묘연해지자, 경비병을 문초하고 그들을 대신 죽이라고 명령하였다. 그 후 헤롯은 유대를 떠나 가이사랴에 가서 머물렀다.

✳ 20 ✳
헤롯 아그립바
교만하면 망하고 거만하면 넘어진다

두로와 시돈 사람들이 헤롯에게 몹시 노여움을 사고 있었다. 그들이 뜻을 모아 헤롯을 찾아왔다. 먼저 왕의 침실 시종인 블라스도를 설득하여 사귀어놓고 헤롯에게 화친을 청하였다. 헤롯의 영토에서 나는 식량을 그들이 공급받고 있었기 때문이다.

약속한 날 헤롯이 용포를 입고 보좌에 좌정하여 연설하였다. 그들이 소리를 질렀다.

"이는 사람의 소리가 아니라 신의 소리요!"

헤롯이 하나님께 영광을 돌리지 않았던바, 주님의 천사가 내리쳐 벌레에 먹혀 죽고 말았다. 하나님의 말씀은 더욱 흥왕하여 믿는 사람들의 수가 점점 더 늘어났다.

✳ 21 ✳
갈리오

신앙의 힘을 부인하는 자를 멀리하라

갈리오가 아가야 지방의 총독일 때, 유대인이 일제히 들고일어나 바울을 고소하였다. 그들이 바울을 법정으로 끌어가 말하였다.

"이 사람이 율법을 어기며 하나님을 섬기라고 백성을 선동하고 있습니다."

바울이 변명하려고 하자 갈리오가 가로막으며 말하였다.

"유대인 여러분, 이 사건이 크든 작든 무슨 범죄나 악행에 관련된 일이라면, 내가 여러분의 송사를 들어주어야 마땅하지만, 이 문제가 언어와 명칭과 여러분의 율법에 관한 것이라면, 여러분이 알아서 해결하시오. 나는 그런 일에 재판관이 되고 싶지 않소."

그리고 법정에서 쫓아내자, 그들은 회당장 소스데네를 붙잡아 법정 앞에서 마구 때렸다. 갈리오는 그 일에도 관여하지 않았다.

✳ 22 ✳
아볼로

바로 이 성경이 나를 증언하고 있다

알렉산드리아 출신의 유대인 아볼로가 에베소에 왔다. 그는 학식이 높아 언변이 좋고 성경에 능통하였다. 그는 일찍 주님의 도를 배워서 잘 알고 있었으며, 열심히 전도하고 예수님에 대해 정확히 가르쳤으나, 요한의 세례만 알고 있었다.

브리스길라와 아굴라 부부가 회당에서 담대히 가르치는 그의 말을 듣고, 자기 집으로 초대하여 하나님의 도에 대해 좀 더 자세히 설명해 주었다.

아볼로가 아가야 지방으로 건너가고 싶어 하는 것을 알고, 에베소 형제들이 격려하며 아가야 제자들에게 그를 영접하라고 편지를 써 보냈다.

그가 아가야에 가서 하나님의 은혜로 신자가 된 많은 사람에게 큰 도움을 주었다. 성경을 가지고 대중 앞에서 유대인들과 열정적으로 토론한 끝에, 예수님이 그리스도라고 증언함으로써 그들의 주장을 보기 좋게 물리쳤기 때문이다.

✳ 23 ✳
스게와의 아들들
악한 것은 흉내도 내지마라

하나님께서 바울을 통해 특별한 기적을 행하셨다. 그의 손수건이나 앞치마를 환자 위에 얹기만 해도 병이 낫고 악령이 떠나갔다. 그때 귀신 축출가로 행세하며 떠돌아다니던 어떤 유대인이, 주 예수님의 이름을 빙자해 귀신을 쫓아내려고 시도하였다.

"바울이 전하는 예수의 이름으로 명한다. 귀신아, 떠나가라!"

스게와라는 유대인 제사장의 아들 7명도 그런 짓을 하였다. 귀신이 말하였다.

"나는 예수도 알고 바울도 안다. 그런데 너희는 누구냐?"

그리고 악귀 들린 사람이 달려들어 옷을 찢고 때려눕히자, 그들은 벗은 몸에 상처만 입고 집 밖으로 뛰쳐나가 도망하였다. 이 일이 에베소 유대인과 이방인에게 알려지자, 모든 사람이 두려움에 사로잡혀 주 예수님의 이름을 높이 찬양하였다.

그때 숱한 사람이 자기 죄를 자백하고 공개하였으며, 마술사들은 책을 가지고 나와 군중이 보는 앞에서 불태웠다. 그 책값이 무려 5만 드라크마나 되었다. 주의 말씀은 점점 더 줄기차게 퍼져 나갔고, 더욱 세력을 발하였다.

✳ 24 ✳
데메드리오
장사꾼이 죄를 안 짓기는 어렵다

바울이 마케도니아와 아가야 지방을 거쳐 예루살렘에 가기로 영 안에서 작심하고 말하였다.

"내가 예루살렘에 들렀다가 로마에도 꼭 가야겠다."

그리고 바울은 자기를 돕는 사람 중에서 디모데와 에라스도를 마케도니아로 먼저 보내고, 아시아에 조금 더 머물러 있었다. 그때 에베소에서 큰 소동이 일어났다. 데메드리오라는 은장이가 아데미 신상의 모형을 만들어 직원에게 적잖은 돈벌이를 시켜주고 있었다. 하루는 그가 직원과 동업자를 모두 불러놓고 말하였다.

"여러분도 아시다시피 우리는 이 사업으로 잘 살아왔습니다. 그런데 바울이라는 자가 사람이 만든 것은 신이 아니라고 하면서, 여기 에베소뿐만 아니라 아시아 온 지방에서 숱한 사람을 설득하여, 그 마음을 돌려놓았다는 소문을 여러분도 들었을 겁니다. 이대로 두다가는 우리 사업이 심각한 타격을 입을 뿐만 아니라, 위대한 아데미 여신의 신전도 명성이 실추되어, 아시아와 온 세계가 숭배하는 여신의 위엄마저 땅에 떨어질 것입니다."

이 말을 듣고 그들은 화가 치밀어 올라 고래고래 소리를 질렀다.

"에베소 사람의 아데미 여신은 위대하다!"

도시는 순식간에 큰 혼란에 빠져들었고, 군중이 바울과 동행한 마케도니아 사람 가이오와 아리스다고를 붙잡아 일제히 연극장으로 몰려갔다. 그때 바울이 군중 속에 들어가려고 하였으나 제자들이 말렸다. 평소 바울과 친하게 지내던 아시아 지방의 관리들도, 사람을 보내 위험하니 연극장에 가지 말라고 권하였다.

한편 연극장 안에서 어떤 사람은 이렇게 외치고, 또 어떤 사람은 저렇게 외치는 바람에 장내는 아수라장이 되었고, 무엇 때문에 모여들었는지 모르는 사람도 태반이나 되었다.

유대인들이 알렉산더라는 사람을 앞으로 밀어내자, 군중 가운데 몇 사람이 그를 끌어내 세우며 다그쳤다. 그가 조용히 하라고 손짓하며 변명하려고 하였다. 그러나 군중은 그가 유대인인 줄 알고, 일제히 일어나 2시간 동안 한목소리로 외쳐댔다.

"에베소 사람의 아데미 여신은 위대하다!"

마침내 에베소 시장이 나와서 군중을 진정시키며 말하였다.

"에베소 시민 여러분, 우리의 도시 에베소가 위대한 아데미 여신의 신전과, 제우스가 내린 그 신상의 수호자가 된 것을 모르는 사람이 어디 있습니까? 이는 아무도 부인할 수 없습니다.

여러분은 마음을 가라앉히고 경솔한 행동을 삼가시기 바랍니다. 여러분이 여기 끌고 온 이 사람들은, 우리 신전의 물건을 훔친 일도 없고, 우리의 여신을 모독한 일도 없습니다.

데메드리오와 그 직원 여러분이 누구를 걸어 송사할 일이 있으면, 법정도 열려 있고 총독도 있으니, 거기서 정식으로 고소도 하고 맞고소도 해야 할 것입니다.

그 밖에 여러분이 제기하고 싶은 다른 문제가 또 있다면, 그것도 정식 집회에서 옳고 그름을 가려야 할 것입니다. 특별한 사유도 없이 일어난 오늘의 이 소요로 인해 우리가 문책당할 수 있습니다. 그럴 경우 이 불법 집회에 대해 우리는 변명할 여지가 없습니다."

이렇게 말하고 시장이 그 모임을 해산시켰다.

✳ 25 ✳

유두고

내 열정이 내 안에서 불처럼 타고 있다

에베소에서 소동이 그치자 바울은 신자들을 불러 격려하고, 작별인사를 나눈 뒤 마케도니아로 떠났다. 그가 마케도니아 지방을 지나며

신자들을 만나 격려하고 그리스에 이르렀다. 그리스에서 3개월쯤 있다가 배를 타고 시리아로 떠나려 하였으나, 유대인들이 해치려고 흉계를 꾸몄던바, 바울은 마케도니아를 거쳐 돌아가기로 결심하였다.

바울과 아시아까지 동행한 사람은 베뢰아 사람 부로의 아들 소바더, 데살로니가 사람 아리스다고와 세군도, 더베 사람 가이오, 디모데, 아시아 사람 두기고와 드로비모였다. 이들이 먼저 드로아에 가서 바울을 기다리고 있었다.

그러나 바울은 무교절 뒤에 배를 타고 빌립보를 떠나, 5일이 지나 드로아에 있는 그들과 합류하여 7일을 보냈다. 주간의 첫날에 떡을 떼려고 모두 한자리에 모였다.

바울은 다음날 떠날 생각으로 시간 가는 줄 모르고 한밤중까지 강론을 계속하였다. 그들이 모인 다락방에는 등불이 많이 켜져 있었다. 그때 유두고라는 청년이 창문에 걸터앉아 있었다. 바울의 이야기가 오랫동안 지속되자 깜빡 잠이 들어 3층에서 떨어지고 말았다. 사람들이 급히 내려가 일으켜 보았으나 이미 죽어 있었다. 바울이 뛰어 내려가 그 위에 엎드려 몸을 껴안고 말하였다.

"여러분, 가만히 계십시오. 아직 숨이 붙어있습니다!"

그리고 다시 위층으로 올라가 떡을 떼어 먹고, 날이 새기까지 이야기를 나누다가 길을 떠났다. 그들은 살아난 청년을 집으로 데리고 가서 한없는 위로를 받았다.

바울이 앗소까지 걸어가겠다고 하여 일행만 배를 타고 앗소로 갔다. 앗소에서 바울을 만나 배에 태우고 미둘레네로 갔다. 이튿날 기오 맞은편에 이르렀고, 다음날 사모에 들렀다가, 그다음 날 밀레도에 도착하였다.

바울은 아시아에서 지체하지 않으려고 에베소에 들리지 않기로 하였다. 가능한 오순절에 맞춰 예루살렘에 도착하려고 서둘렀다.

26

바울(1)

주님과 합한 사람은 주님과 한 영이 된다

바울이 밀레도에서 에베소로 사람을 보내 장로들을 불렀다. 그들이 도착하자 말하였다.

"내가 아시아에 들어온 첫날부터 지금까지 어떻게 지내왔는지, 여러분이 잘 아실 것입니다. 그동안 유대인의 음모로 온갖 시련을 겪으면서도, 숱한 눈물과 겸손으로 주님을 섬겨왔습니다. 또 여러분에게 유익한 것이라면 하나도 빼놓지 않고, 공중 앞에서나 여러분의 집에서나 주저하지 않고 전하며 가르쳤습니다.

유대인이나 헬라인이나 똑같이 회개하고 하나님께 돌아와야 하며, 우리 주 예수님을 믿어야 한다고 엄숙히 선포했습니다. 보십시오, 이제 나는 성령에 매여 예루살렘으로 갑니다. 거기서 무슨 일을 당할지 아무것도 모릅니다. 다만 내가 아는 하나는, 어느 도시에 들어가든지 환난과 투옥이 기다린다고, 성령이 일러주신다는 것입니다.

그러나 내가 달려갈 길을 다 가고, 주 예수님께 받은 사명, 곧 하나님의 은혜의 복음을 전하는 일을 마칠 수만 있다면, 내 목숨을 조금도 아끼지 않을 것입니다. 보십시오, 내가 이제까지 여러분 가운데 드나들며 줄곧 하나님의 나라를 선포했으나, 다시는 여러분이 내 얼굴을 보지 못할 것입니다.

그래서 오늘 여러분에게 엄숙히 선포합니다. 여러분 중에서 누가 구원을 받지 못해도 그것은 내 책임이 아닙니다. 내가 하나님의 계획을 빠짐없이 여러분에게 모두 전해주었기 때문입니다. 그러니 여러분은

늘 자신을 살피고 주님의 양 떼를 잘 돌보십시오. 성령이 여러분을 감독자로 세우시고, 하나님께서 아들의 피로 사신 교회를 보살피게 하셨습니다.

내가 떠난 후 사나운 이리들이 여러분 가운데 들어와, 양떼를 마구 해치려고 할 것입니다. 여러분 가운데서도 그와 같은 사람이 나타나 그릇된 것을 가르치고, 신자를 꾀어 자기를 따르게 하며, 진리를 왜곡시킬 것입니다.

그러므로 여러분은 정신을 바짝 차리고 항상 깨어있어야 합니다. 내가 3년 동안 밤낮 쉬지 않고 여러분 각 사람을 눈물로 훈계한 것을 잊지 마십시오. 나는 이제 하나님과 그 은혜의 말씀에 여러분을 맡깁니다. 하나님의 말씀은 여러분을 든든히 세울 수 있고, 거룩함을 입은 모든 사람 가운데서 기업을 받게 하실 것입니다.

나는 누구의 은이나 금이나 옷을 탐낸 적이 없습니다. 여러분이 아시는 대로 나와 일행은 필요한 것을 손수 벌어서 썼습니다. 이처럼 내가 매사에 본을 보였으니, 여러분도 열심히 수고하여 어려운 사람들을 도와주십시오. '주는 것이 받는 것보다 복이 있다'라고 하신 주 예수님의 말씀을 꼭 명심하십시오."

이 말을 하고 바울은 장로들과 함께 무릎을 꿇고 기도하였다. 그리고 서로 입을 맞추며 석별의 정을 나누었다. 그들이 바울을 껴안고 소리 내어 실컷 울었다. 다시는 자기 얼굴을 보지 못할 것이라는 말로, 장로들은 더욱 슬퍼하며 배 타는 곳까지 바울을 전송하였다.

* 27 *
주의 형제 야고보

우리에게 화해의 직책을 주셨다

바울 일행이 예루살렘에 도착하자 형제들이 따뜻하게 맞아주었다. 이튿날 바울이 일행과 함께 주의 형제 야고보를 방문하였다. 모든 장로가 거기 있었다. 바울이 장로들에게 문안하고, 하나님이 자기를 통해 이방인 가운데 행하신 일을 자세히 보고하였다. 그들이 바울의 보고를 듣고 하나님께 영광을 돌리며 말하였다.

"바울 형제, 그대도 알다시피 유대인 중에도 신자가 수없이 많고, 그들 모두가 율법에 열성적입니다. 그런데 소문으로 듣기에는, 그대가 이방인 가운데 사는 모든 유대인에게 모세의 율법을 저버리고, 아들에게 할례도 베풀지 말며, 유대인의 관습도 따르지 말라고 가르친다는 것입니다.

그리고 그대가 여기 온 것도 곧 알게 될 터이니, 이 일을 어쩌면 좋습니까? 그대는 우리가 일러주는 대로 하십시오. 우리 가운데 4명의 서원한 사람이 있습니다. 그대가 이들을 데리고 가서 함께 정결 의식을 행하고, 그대가 비용을 들여 이들의 머리를 깎게 하십시오. 그러면 그대에 대한 소문이 사실이 아니고, 그대도 율법을 지킨다는 사실을 알게 될 것입니다.

이방인 신자에게는, 우상에 바쳐진 음식과 피와 목매어 죽인 짐승의 고기와 음행을 피하면 된다고, 우리가 결의한 것을 이미 편지로 써 보냈습니다."

이튿날 바울이 서원한 4명의 사람들을 데리고 가서 함께 정결 의식을 행하고, 성전에 올라가 정결 기간이 끝나는 날짜와 각자 예물을 바칠 날짜를 신고하였다.

✳ 28 ✳
바울(2)

의식은 개혁의 때까지 유효할 뿐이다

　7일간의 정결 기간이 거의 끝날 무렵, 아시아에서 온 몇몇 유대인이 성전 뜰에 있는 바울을 보았다. 그들이 무리를 선동하여 바울을 붙잡고 소리쳤다.

　"이스라엘 동포 여러분, 우리를 도와주십시오. 이자는 가는 곳마다 우리 민족과 율법과 성전을 비방하며 가르칩니다. 게다가 이제는 이방인까지 성전에 데리고 와서, 이 거룩한 곳을 더럽혀 놓았습니다."

　그들이 전에 에베소 사람 드로비모가 바울과 함께 시내에 있는 것을 보고, 바울이 그를 성전 안에 데려온 줄로 생각하였던 것이다. 그러자 온 도시가 소란해지며 사람들이 몰려들었다. 그들이 바울을 붙잡아 성전 밖으로 끌고 나가자 성전 문이 곧 닫혔다.

　그들이 바울을 죽이려고 할 때, 예루살렘 시내에서 폭동이 일어나 온 도시가 소요에 휘말렸다는 보고가 로마군 천부장에게 올라갔다. 천부장이 즉시 백부장과 병사들을 거느리고 현장으로 출동하였다. 그들이 보고 폭행을 멈추었다.

　천부장이 다가가 바울을 체포하고, 2개의 쇠사슬로 단단히 묶으라

고 명령하였다. 그리고 그가 누구며 무슨 일을 저질렀는지 알아보려고
하였다. 그러나 사람들이 저마다 다른 소리를 하고 소란을 피워, 사건
의 진상을 제대로 파악할 수가 없었다. 그래서 바울을 병영 안으로 데
려가라고 명령하였다.

바울이 층계에 이르렀을 때, 무리가 하도 난폭하게 굴어 병사들이
바울을 둘러메고 올라갔다. 무리가 계속 따라오며 소리를 질렀다.

"그자를 죽여라! 그놈을 없애버려라!"

바울이 천부장에게 말하였다.

"제가 한 말씀만 드려도 되겠습니까?"

"당신이 그리스말을 할 줄 아시오? 그러면 얼마 전에 폭동을 일으키
고, 4천 명의 자객과 광야로 나간 그 이집트인이 당신이오?"

"아닙니다. 저는 길리기아 다소에서 태어난 유대인으로, 그 유명한
도시의 시민입니다. 제가 저들에게 한마디 하도록 허락해 주십시오."

천부장이 허락하자 바울이 층계 위에 서서 손을 흔들어 무리를 진
정시키고, 히브리어로 말하기 시작하였다.

✻ 29 ✻
바울(3)

유대교의 전통에 가장 열성적이었다

"부형 여러분, 제가 해명하니 들어주시기 바랍니다."

바울이 히브리말을 하자 사람들은 이내 조용해졌다.

"저도 유대인입니다. 길리기아 다소에서 태어나 예루살렘에서 자랐습니다. 가말리엘 선생님 문하에서 우리 조상의 율법에 따라 엄격한 교육을 받고, 오늘 여기 모인 여러분 못지않게 열성적으로 하나님을 섬겼습니다.

저는 이 도를 따르는 사람을 죽이기까지 하였으며, 남녀를 가리지 않고 모조리 잡아 감옥에 처넣었습니다. 이 말이 사실인지 아닌지는 대제사장과 모든 공회원이 증언하실 것입니다.

또 저는 그들로부터 다마스쿠스 동포에게 보낼 공문을 받아 길을 떠났습니다. 거기 있는 신자들까지 모조리 잡아 예루살렘에서 처벌하려고 했습니다.

그런데 정오쯤, 다마스쿠스 가까이 이르렀을 때, 갑자기 하늘에서 강렬한 빛이 내려와 제 주변을 둘러 비추었습니다. 저는 너무 놀라 땅바닥에 엎드려졌습니다. 그때 하늘에서 소리가 들려왔습니다.

'사울아, 사울아! 네가 왜 나를 핍박하느냐?'

'주여, 당신은 누구십니까?'

'나는 네가 핍박하는 나사렛 예수다.'

그때 제 일행은 빛은 보고 음성은 듣지 못했습니다. 제가 물었습니다.

'주여, 제가 어떻게 해야 합니까?'

'일어나 다마스쿠스로 들어가라. 거기서 네가 할 일을 모두 일러줄 것이다.'

그 빛의 광채로 저는 앞을 보지 못하고 동행자의 손에 이끌려 다마스쿠스로 들어갔습니다. 그곳에 아나니아라는 사람이 살고 있었습니다. 그는 율법을 지키는 경건한 사람으로 다마스쿠스 모든 유대인에게 존경을 받았습니다. 그가 찾아와 제 곁에 서서 말했습니다.

'사울 형제, 눈을 뜨고 다시 보시오.'

그 즉시 저는 눈을 뜨고 그를 쳐다보았습니다. 그가 말했습니다.

'우리 조상의 하나님이 그대를 택하여 그 뜻을 알게 하시고, 의로운 그를 보게 하시고, 그의 입에서 나오는 음성을 듣게 하셨습니다. 이제 그대는 그의 증인이 되어, 그대가 보고 들은 모든 일을 전할 것입니다. 이제 망설일 까닭이 있습니까? 어서 일어나 주님의 이름을 부르고 세 례를 받으십시오. 그러면 죄 사함을 받을 것입니다.'

이후 저는 예루살렘으로 돌아와 성전에서 기도하고 있었습니다. 그 때 환상 가운데 주님이 말씀하셨습니다.

'너는 속히 예루살렘을 떠나라. 이곳 사람들이 네 증언을 받아들이 지 않을 것이다.'

'주님, 제가 회당마다 찾아다니며 주님을 믿는 사람을 붙잡아 감옥 에 가두고, 매질한 것을 그들도 알고 있습니다. 주님의 증인 스데반이 피를 흘리고 죽을 때도, 제가 곁에 서서 그 일에 찬동하고 그를 죽이 는 자들의 옷까지 지켜주었습니다.'

'그래도 가거라. 내가 너를 멀리 이방인에게 보낼 것이다.'라고 말씀 하셨습니다."

여기까지 듣다가 사람들이 갑자기 소리를 질렀다.

"저자를 죽여라! 저놈을 없애버려라!"

그리고 미친 듯이 고함을 지르며, 옷을 벗어 던지고 공중에 티끌을 날렸다. 천부장이 명하였다.

"병영 안으로 데리고 들어가라!"

그리고 사람들이 왜 그렇게 아우성을 치는지, 또 그 이유가 무엇인 지 알아보려고 바울을 채찍질하여 심문하라고 하였다. 병사가 채찍질 하려고 바울을 눕혀 가죽끈으로 기둥에 묶자, 바울이 곁에 서 있는 백 부장에게 말하였다.

"로마 시민을 재판도 하지 않고 이렇게 채찍질하는 법이 어디 있소?"

백부장이 천부장에게 가서 보고하였다.

"이제 어찌하시렵니까? 이 사람은 로마 시민입니다."

천부장이 와서 바울에게 물었다.

"내게 바른대로 말하시오. 당신이 정말 로마 시민이오?"

"그렇소!"

"나는 많은 돈을 들여 시민권을 얻었소!"

"나는 태어나면서부터 시민권을 가지고 있었소!"

그때 바울을 심문하려는 사람들이 물러가고, 천부장도 그를 결박한 일로 두려워하였다.

이튿날 천부장은 유대인이 무슨 일로 바울을 고소하는지, 그 진상을 확실히 알아보려고 대제사장과 온 공회를 소집하게 하였다. 그리고 바울의 결박을 풀어 그들 앞에 데려다 세웠다. 바울이 공회를 똑바로 쳐다보며 말하였다.

"형제 여러분! 나는 이날 이때까지 범사에 양심을 따라, 오로지 하나님만 섬기며 살아왔습니다."

이 말에 대제사장 아나니아가 바울 곁에 서 있는 사람에게 그 입을 치라고 명하였다. 바울이 말하였다.

"회칠한 벽이여, 하나님이 당신을 칠 것이오! 당신이 율법대로 나를 재판한다고 거기 앉아, 오히려 율법을 어기고 나를 치라고 하시오?"

바울 곁에 선 사람이 말하였다.

"어디라고 감히 하나님의 대제사장을 모욕하는가?"

"형제여, 나는 그가 대제사장인 줄 몰랐소. 성경에 '네 백성의 지도자를 모욕하지 말라'고 하였소."

그때 바울은 그들의 일부가 사두개인이요, 일부는 바리새인임을 알고 큰소리로 외쳤다.

"내 형제여! 나는 바리새파 사람이요, 바리새인의 아들입니다. 내가 지금 심문을 받는 것은 죽은 사람의 부활에 대한 소망 때문입니다."

그러자 바리새인과 사두개인 사이에 다툼이 생겨 공회가 양쪽으로 갈라졌다. 사두개파는 부활도 없고 천사도 없고 영의 존재도 없다고 하였으나, 바리새파는 그 모든 것이 있다고 하였기 때문이다.

장내가 갑자기 소란해지며 큰 소동이 일어났다. 바리새파의 율법학자 몇 사람이 일어나 바울을 두둔하고 나섰다.

"이제 보니 이 사람은 아무 잘못이 없소. 혹시 영이나 천사가 그에게 나타나 말했다면 여러분은 어쩌겠소?"

싸움이 점점 커지자, 바울이 그들에게 찢겨 죽을까 싶어 천부장이 부하에게 명하였다.

"내려가 그를 빼앗아 병영 안으로 데려가라!"

그날 밤 주님이 바울 곁에 서서 말씀하셨다.

"담대해라! 네가 예루살렘에서 나를 증언한 것처럼 로마에서도 증언해야 한다."

✳ 30 ✳
바울의 조카
악인들의 음모에서 나를 지켜주소서

날이 새자 유대인들이 작당하여 음모를 꾸몄다. 바울을 죽이기 전에는 먹지도 않고 마시지도 않겠다고 맹세한 사람이 40명 넘었다. 그들이 대제사장과 장로들에게 가서 말하였다.

"우리가 바울을 죽이기 전에는 아무것도 입에 대지 않기로 굳게 맹세했습니다. 여러분은 공회와 짜고, 바울을 좀 더 자세히 심문하겠다는 구실로, 여러분 앞에 데려다 달라고 천부장에게 청원하여 주십시오. 우리는 이미 그가 이곳에 이르기 전에 죽여 버릴 만반의 준비를 갖춰 두었습니다."

바울의 조카가 그 음모를 전해 듣고, 서둘러 병영으로 달려가 바울에게 알렸다. 바울이 한 백부장을 불러 말하였다.

"이 청년을 천부장에게 데려다 주십시오. 그에게 전할 말이 있습니다."

백부장이 그를 데리고 천부장에게 가서 보고하였다.

"죄수 바울이 저를 불러 이 청년을 대장님께 데려다 주라고 부탁했습니다. 그가 무슨 드릴 말씀이 있다고 합니다."

천부장이 그의 손을 잡고 아무도 없는 조용한 곳으로 가서 물었다.

"내게 전할 말이 무엇이오?"

"유대인들이 바울을 좀 더 자세히 심문하겠다는 구실로, 내일 공회에 데려다 달라고 대장님께 청원키로 하였습니다. 그러나 대장님은 그 말을 들어주지 마십시오. 바울을 죽이기 전에는 먹지도 않고 마시지도 않겠다고 맹세한 사람 40명이, 지금 길목에 매복해 바울을 기다리고 있습니다. 그들은 바울을 죽일 만반의 준비를 하고, 대장님의 승낙만 떨어지기를 기다리고 있습니다."

천부장이 그를 돌려보내며 단단히 주의를 주었다.

"이 정보를 내게 제공했다는 말을 아무에게도 누설하지 마시오."

✳31✳
루시아

여러분의 몸을 정의의 도구로 바쳐라

천부장이 백부장 2명을 불러 명령하였다.

"보병 200명, 창병 200명, 기병 70명을 무장시켜 오늘 밤 9시에 가이사랴로 떠날 준비를 해라. 또 바울을 벨릭스 총독에게 안전하게 호송할 수 있도록 그를 태울 짐승도 마련하라."

그리고 천부장이 편지를 써 주었다.

'글라우디오 루시아가 벨릭스 총독 각하께 문안드립니다. 이 사람은 유대인에게 붙잡혀 살해될 뻔했습니다. 그런데 그가 로마 시민임을 알고, 제가 병력을 동원하여 구했습니다.

그리고 유대인이 무슨 이유로 그를 고소하는지 알아보려고, 그들의 공회로 데려갔습니다. 그런데 그것이 그들의 율법에 관한 문제였지, 사형이나 징역에 해당하는 죄가 아니었습니다.

그러나 유대인이 그를 암살하려는 음모를 꾸민다는 정보가 있어, 각하께 바로 이 사람을 보내는 바입니다. 고소인에게도 이 사건에 대해 각하께 직접 고소하라고 일러두었습니다. 안녕히 계십시오."

밤에 병사들이 바울을 데리고 안디바드리까지 갔다. 날이 밝자 기병대에 바울의 호송을 맡기고, 다른 병사들은 병영으로 돌아갔다. 기병대가 가이사랴에 도착해 총독에게 편지를 전달하고, 바울을 데려다그 앞에 세웠다. 총독이 편지를 읽고 바울에게 물었다.

"어느 지방 출신이오?"

"길리기아입니다."

"그대를 고소하는 사람들이 오는 대로 그대의 말을 들어보겠소."

그리고 바울을 헤롯의 궁전에 가두어 지키라고 하였다.

＊32＊
더둘로
아첨하는 입술과 자랑하는 혀를 끊어주소서

대제사장 아나니아가 장로와 더둘로라는 변호사를 대동하고, 가이사랴에 내려와 총독에게 바울을 고소하였다. 바울이 불려 나오고, 더둘로의 논고가 시작되었다.

"벨릭스 각하! 우리는 각하의 탁월하신 지도력 덕분으로 오랫동안 태평성대를 누리고 있습니다. 또한 각하의 선견지명으로 이 나라는 여러 방면에서 많은 개혁을 이루었습니다. 저희는 언제 어디서나 각하의 공로를 높이 인정하며, 항상 감사해 마지않습니다.

이제 더이상 각하께 폐를 끼쳐 드리지 않으려고 간단히 몇 말씀만 드리겠습니다. 부디 관용을 베풀어 저희 말을 너그러이 들어주시기 바랍니다.

저희가 알아본 결과, 이 사람은 몹쓸 전염병 같은 존재입니다. 온 세상에 흩어져 사는 유대인을 선동하여 소란을 일으키는 나사렛 이단의 괴수입니다. 심지어 그가 성전까지 더럽히려고 하였습니다. 그래서 저희가 그를 붙잡아 율법대로 재판하려고 하였습니다.

그런데 천부장 루시아가 와서 그를 저희 손에서 강제로 빼앗아갔습니다. 그리고 각하께 직접 고소하라고 하였습니다. 사건의 전말이 이러하오니, 각하께서 친히 조사해 보시면 이 모든 내용이 사실임을 아실 것입니다."

유대인들이 가세하여 그것이 모두 사실이라고 하였다.

＊33＊
바울(4)
바른 교훈에 합당한 말을 하라

더둘로의 논고가 끝나자, 총독이 바울에게 변론하라고 손짓하였다. 바울이 말하였다.

"저는 각하께서 여러 해 동안 이 나라의 재판권을 행사해 오신 것으로 알고 있습니다. 이제 기쁜 마음으로 변호하고자 합니다.

제가 예배를 드리러 예루살렘에 올라간 지 12일밖에 되지 않습니다. 이는 각하께서 조사해 보시면 금방 아실 수 있습니다. 그리고 저를 고소하는 저분들은, 제가 성전이나 회당, 거리 등에서 누구와 논쟁하거나 군중을 선동해 모은 것을 본 적이 없습니다. 그래서 지금 제가 한 일을 들어 고소하고 있지만, 각하께 아무 증거도 제시하지 못하는 것입니다.

다만 각하께 이것만은 시인합니다. 저분들이 이단이라고 하는 그 도를 따라 우리 조상의 하나님을 섬기고, 율법과 예언서의 기록을 제가 다 믿는다는 것입니다. 또 저분들과 같이 하나님께 소망을 두고 있으며, 그것이 이루어지기를 기다리고 있습니다. 다름 아닌 장차 의인과 악인이 다 부활한다는 것입니다.

따라서 저는 하나님과 사람 앞에서 항상 깨끗하고, 거리낌 없는 양심을 지키려 애쓰고 있습니다. 저는 여러 해 동안 예루살렘을 떠나 있다가 제 민족에게 구제금을 전달하고, 하나님께 예물을 바치려고 다시 돌아왔습니다.

제가 성전에서 정결 의식을 행하고 예물을 바칠 날짜를 신고할 때, 저분들이 성전에 있는 저를 보았지만, 그때 제 주변에는 군중도 없었고 전혀 소란하지도 않았습니다. 다만 아시아에서 온 유대인 몇이 그 자리에 있었는데, 혹시 저를 고소할 일이 있다면, 그들이 각하 앞에 와서 고소해야 할 것입니다.

그렇지 않다면, 제가 유대인 공회 앞에 섰을 때 무슨 죄를 찾아냈는지, 저분들이 밝혀야 할 것입니다. 저는 다만 저분들 앞에 서서, 죽은 사람의 부활에 대한 문제로 제가 심문을 받는다고 한마디 외쳤을 뿐입니다."

그러자 그 도에 대해 익히 알고 있던 벨릭스가 재판을 연기하였다.

"천부장 루시아가 오면, 그때 가서 이 사건을 처리하겠소."

그리고 총독이 백부장을 불러 명하였다.

"이 사람을 지키되 어느 정도의 자유를 주고, 친구나 친척의 뒷바라지를 허락하라."

✳34✳
벨릭스
자신이 행한 대로 심판을 받았다

벨릭스 총독이 유대인 아내 드루실라와 함께 와서, 바울을 불러내 그리스도 예수를 믿는 믿음에 대하여 들었다. 바울이 정의와 절제, 장차 임할 심판에 대해 설명하자, 벨릭스가 두려워하며 말하였다.

"이제 되었으니 그만 돌아가시오. 시간이 나면 다시 부르겠소."

동시에 벨릭스는 바울에게 뇌물을 받을 속셈으로, 수시로 불러내 이야기를 나누곤 하였다. 그렇게 2년이 지난 후, 벨릭스 총독의 후임으로 보르기오 베스도가 부임하였다. 그때까지 벨릭스는 유대인의 환심을 사려고 바울을 감옥에 가둬두었다.

✳35✳
베스도
주님의 판결은 영원히 공정하다

베스도는 부임한 지 3일 만에 가이사랴에서 예루살렘으로 올라갔다. 대제사장과 유대인 지도자가 바울을 고소하며 줄곧 졸라댔다.

"우리에게 은전을 베풀어주시는 셈치고, 바울을 예루살렘으로 이송해 주십시오."

그들은 길목에 사람을 매복시켰다가 바울을 죽일 속셈이었다. 베스도가 대답하였다.

"바울은 가이사랴에 갇혀 있고, 나도 곧 그리로 가야 하니, 그에게 무슨 잘못이 있거든, 여러분의 대표자가 나와 함께 가서 고소하도록 하시오."

베스도가 예루살렘에서 10일쯤 머물다가 가이사랴로 내려갔다. 그리고 다음 날 바로 법정을 열어 바울을 데려오라고 하였다. 바울이 나오자 예루살렘에서 내려온 유대인들이 그를 에워싸고, 여러 가지 무거운 죄목을 걸어 고소하였다. 그러나 그 죄를 입증할 만한 증거는 하나도 대지 못하였다. 바울이 항변하였다.

"저는 유대인의 율법이나 성전은 물론, 가이사에게 죄를 지은 일이 없습니다."

베스도가 유대인의 환심을 사려고 바울에게 물었다.

"예루살렘에 가서 이 사건에 대하여 재판을 받겠소?"

"저는 지금 가이사의 법정에 서 있습니다. 당연히 여기서 재판을 받아야 합니다. 각하도 아시다시피, 저는 유대인에게 조금도 잘못한 일이 없습니다. 제가 무슨 나쁜 짓을 했거나 죽을 만한 죄를 지었다면, 사형도 마다하지 않겠습니다. 그러나 그들이 고소한 내용이 사실이 아니라면, 아무도 저를 그들에게 넘겨줄 수 없습니다. 저는 가이사에게 상소합니다."

베스도가 배심원과 상의하여 선고하였다.

"그대가 가이사에게 상소하였으니, 가이사에게 갈 것이오!"

✳ 36 ✳
아그립바
그가 체포되어 심문을 당하고 끌려갔다

아그립바 왕과 버니게가 새로 부임한 베스도 총독을 예방하였다. 가이사랴에서 여러 날 머무는 동안, 베스도가 바울의 사건을 왕에게 소개하였다.

"이곳에 벨릭스가 인계한 죄수 하나가 있습니다. 내가 예루살렘에 갔더니, 대제사장과 장로들이 그를 고소하며 유죄 판결을 내려달라고 청했습니다. 그러나 나는, 피고가 원고 앞에서 항변할 기회도 주지 않고 먼저 넘겨주는 것은, 로마의 관례가 아니라고 일러주었습니다. 그래서 그들이 나와 함께 여기까지 오게 되었는데, 나는 지체하지 않고 바로 다음 날 법정을 열어 그를 데려오라고 하였습니다.

그때 고소인이 일어나 여러 가지 죄목을 늘어놓기는 하였으나, 내가 짐작한 그런 죄는 하나도 없었습니다. 그들의 다툼은 단지 자기네 종교 문제로서, 예수라는 죽은 사람을 두고 서로 의견을 달리할 뿐이었습니다. 바울은 그 예수가 다시 살아났다고 주장하였습니다.

나는 이 사건을 어떻게 처리할지 망설이다가, 그에게 예루살렘에 가서 이 사건에 대하여 내게 재판을 받을 의향이 있느냐고 물어보았습니다. 그러자 그가 황제의 판결을 받겠다고 상소하여, 로마로 보낼 때까지 가둬두라고 하였습니다."

"나도 그의 말을 한번 들어보고 싶습니다."

"내일 그렇게 하십시오."

이튿날 아그립바 왕과 버니게가 모든 위엄과 격식을 갖추고, 군 지휘관과 그 도시 요인들과 함께 재판정에 들어섰다. 베스도의 명령으로 바울이 불러 나왔다. 베스도가 말하였다.

"아그립바 전하와 이 자리에 참석하신 내빈 여러분! 지금 여러분이 보고 계시는 이 사람은, 예루살렘과 가이사랴의 모든 유대인이 더이상 살려둬서는 안 된다고 소리치며 내게 청원한 사람입니다. 그런데 내가 조사한 바로는, 그에게 죽일 만한 죄가 없었습니다. 하지만 그가 황제께 상소하여 로마에 보내기로 결정하였습니다.

그런데 황제께 써서 보낼 확실한 자료가 없습니다. 그래서 오늘 이 자리에서 그를 다시 심문하여 황제께 올릴 자료를 얻을까 하고, 여러분 앞에 특히 아그립바 전하 앞에 이 사람을 불러내 세웠습니다. 죄수를 보내면서 구체적인 혐의를 밝히지 않는 것은, 이치에 맞지 않는다고 봅니다."

✳ 37 ✳
바울(5)
썩지 않고 닳지 않는 유산을 주셨다

아그립바가 바울에게 말하였다.

"그대에게 해명할 기회를 주겠소."

바울이 손을 들어 인사하고, 그간의 사정을 말하기 시작하였다.

"아그립바 전하, 오늘 제가 전하 앞에서 유대인이 저를 걸어 고소한 사건에 대하여, 다시 해명하게 된 것을 다행으로 여깁니다. 특히 전하께서는 유대인의 풍속과 쟁점을 잘 알고 계시므로 더욱 그렇습니다. 아무쪼록 제 말을 너그러이 들어주시기 바랍니다.

제가 어릴 때부터 고향과 예루살렘에서 어떻게 살아왔는지, 유대인들이 다 알고 있습니다. 그들은 제가 오래전부터 우리 종교의 가장 엄격한 바리새파 사람으로 어떻게 살아왔는지, 마음만 먹으면 얼마든지 증언할 수 있습니다.

그런데 제가 지금 이 재판정에 서 있는 것은, 하나님께서 우리 조상에게 하신 약속에 소망을 두고 있기 때문입니다. 이는 우리 12지파가 밤낮으로 열심히 하나님을 섬기며 이루어지기를 간절히 바라고 있습니다.

전하, 바로 이 소망 때문에 제가 유대인에게 고소를 당한 것입니다. 하나님이 죽은 사람을 다시 살리신다는 사실을 어찌하여 믿지 못할 일로 여기는지, 저는 도무지 모르겠습니다.

사실 저도 한때는, 나사렛 예수를 대적하는 일에 발 벗고 나서야 한다는 생각으로 예루살렘에서 그 일에 손을 대었습니다. 저는 대제사장의 권한을 받아 많은 성도를 잡아 감옥에 가두었고, 그들을 처형하는 일에 앞장섰습니다. 그리고 회당마다 찾아가 그들에게 벌을 주고, 강제로 예수를 부인하고 저주하게 했습니다.

심지어 그들에 대한 분노가 극에 달하여, 외국의 여러 도시까지 찾아다니며 핍박했습니다. 그러한 일로 한번은 대제사장의 권한을 위임받아 다마스쿠스로 내려갔습니다.

전하, 그런데 정오쯤 길을 가다가 보니, 하늘에서 태양보다 더 눈 부신 빛이 내려와 저와 일행을 둘러싸며 비추었습니다. 우리가 땅에 엎드러지자 히브리말로 음성이 들렸습니다.

'사울아, 사울아! 네가 왜 나를 핍박하느냐? 가시채를 뒷발질해 봐야

너만 아플 뿐이다.'

'주님, 누구십니까?'

'나는 네가 핍박하는 예수다. 이제 일어나 네 발로 똑바로 서라. 내가 네게 나타난 것은 너를 내 일꾼으로 삼고, 오늘 네가 본 것과 장차 네게 보일 일의 증인이 되게 하려는 것이다. 내가 유대인과 이방인의 손에서 너를 구하여 다시 그들에게 보낼 것이다. 이제 너는 그들의 눈을 뜨게 하고, 어둠에서 빛으로, 사탄의 권세에서 하나님의 품으로 돌아오게 하고, 나를 믿어 거룩하게 된 사람이 받아 누릴 복을 그들도 받게 하라.'

아그립바 전하, 그때부터 저는 이 하늘의 계시를 거역하지 않고 우선 다마스쿠스 사람에게, 다음은 예루살렘과 온 유대인에게, 그다음은 이방인에게, 회개하고 하나님께 돌아와 그에 합당한 행실을 보이라고 선포했습니다.

제가 이런 일을 한다고 해서, 유대인이 성전에서 저를 붙잡아 죽이려고 했습니다. 그러나 저는 이날 이때까지 하나님의 도움을 받으며, 높은 사람이나 낮은 사람이나, 누구에게나 제가 믿는 바를 증언하고 있습니다.

저는 모세와 예언자가 장차 그렇게 되리라고 기록한 것 외에는, 아무것도 말하지 않았습니다. 그들은 그리스도가 고난을 받으시고 죽은 사람 가운데서 먼저 부활하여, 이스라엘 백성과 이방인에게 구원의 빛을 선포하신다고 했습니다."

바울이 여기까지 말하자, 베스도 총독이 그 말을 가로막으며 소리쳤다.

"바울아, 네가 미쳤구나! 네 많은 학문이 너를 미치게 하였다!"

"베스도 각하, 저는 미치지 않았습니다. 제가 드리는 말씀은 어디까지나 사실이며, 아주 맑고 깨끗한 정신으로 하는 말입니다. 이는 어느 한쪽 구석에서 일어난 일이 아니므로 제가 자신 있게 말씀드리는 것입니다. 아그립바 전하께서도 이 일에 대해 잘 알고 계시리라 생각합니다. 아그립바 전하, 예언자를 믿으십니까? 물론 믿으시는 줄 압니다."

아그립바가 말하였다.

"그대가 이 짧은 시간에 나를 설복하여 그리스도인으로 만들 수 있다고 생각하는가?"

"짧은 시간이든 긴 시간이든, 전하뿐만 아니라 지금 제 말을 듣고 계시는 모든 분이, 저와 같이 되기를 하나님께 빕니다. 이 쇠사슬만 빼고 말입니다."

그때 아그립바가 일어나자, 베스도 총독과 버니게, 그리고 그들과 함께 앉은 사람이 다 일어났다. 그들이 걸어 나가며 서로 말하였다.

"이 사람은 사형을 당하거나 감옥에 갇힐 만한 일은 하지 않았소."

아그립바 왕이 베스도 총독에게 말하였다.

"이 사람이 황제께 상소하지 않았다면, 석방될 수도 있었을 텐데요."

✳ 38 ✳

율리오(1)

친구의 책망은 아파도 진심에서 나온다

죄수를 배편으로 이탈리아에 보내기로 결정되었다. 바울과 다른 죄수 몇 사람이 친위대 소속의 율리오 백부장에게 넘겨졌다. 그들은 아시아 연안을 따라 항해하는 아드라뭇데노 배를 타고 떠났다. 마케도

니아 지방의 데살로니가 사람 아리스다고도 그 배에 동승하였다.

이튿날 배가 시돈에 닿았다. 율리오가 바울에게 친절을 베풀어 친구를 만나 필요한 물건을 공급받아도 좋다고 허락하였다. 시돈을 떠나 항해하다가 역풍을 만났다. 키프로스 섬을 바람막이 삼아 북쪽 해안을 따라 행선하다가, 길리기아와 밤빌리아 앞바다를 가로질러 루기아 지방의 무라에 상륙하였다. 거기서 이탈리아로 가는 알렉산드리아 배를 만나, 백부장이 그들을 그 배에 옮겨 태웠다.

며칠간 느린 항해 끝에 겨우 니도 앞바다에 이르렀다. 그러나 맞바람 때문에 더이상 앞으로 나아가지 못하고, 크레타 섬을 바람막이 삼아 간신히 살모네 앞바다를 지나갔다. 그리고 크레타 섬 남해안을 따라 어렵게 행선 하여, 라새아 성에서 가까운 미항에 닿았다. 거기서 많은 시간을 빼앗긴 데다 금식하는 절기도 이미 지나, 항해하기에 무척 어려운 때가 되었다. 바울이 권하였다.

"여러분, 제가 보기에 지금 항해를 계속하다가는 재난을 당할 우려가 있습니다. 배와 하물의 손실만이 아니라 우리의 목숨까지 위태로울 수 있습니다."

그러나 백부장은 바울의 말보다 선장과 선주의 말을 더 믿었다. 게다가 그 항구가 겨울을 나기에 적합하지 않았고, 대다수 사람들이 어떻게 해서라도 뵈닉스에 가서 겨울을 나자고 하였기 때문이다. 뵈닉스는 남서쪽과 북서쪽이 트인 크레타 섬의 항구였다.

✳ 39 ✳
유라굴로
그들을 고치시고 죽음에서 건져내셨다

그때 마침 순한 남풍이 불어왔다. 사람들은 자기 뜻대로 잘 되었다고 생각하며 닻을 올리고, 크레타 섬 해안으로 바싹 붙어 항해하였다. 그런데 얼마 가지 않아 그 섬에서 유라굴로 태풍이 불어 닥쳤다. 배가 폭풍에 휘말려 방향을 잡지 못하고 표류하기 시작하였다.

사람들은 모든 것을 체념하고 있다가, 가우다 섬 남쪽까지 배가 밀려갔을 때 간신히 끌고 가던 거룻배를 바로잡을 수 있었다. 그 섬이 어느 정도 바람막이가 되었기 때문이다.

선원들이 거룻배를 갑판 위에 끌어올리고, 부서지지 않게 밧줄로 선체를 동여매었다. 그리고 그대로 가다가는 리비아 해안에 돌출한 모래톱에 걸릴까 싶어, 돛을 내리고 계속 바람에 떠밀려 다녔다.

다음날 폭풍에 시달리다 못해 하물을 바닷속으로 집어 던졌다. 3일째 배의 장비와 기구까지 모두 바다에 던져버렸다. 여러 날 동안 해와 별이 보이지 않고, 사나운 폭풍만 계속 몰아쳤다. 사람들은 살아남을 가망이 전혀 없다고 생각하였다. 그때 바울이 일어나, 오랫동안 아무것도 먹지 못하고 시달려 온 사람들에게 말하였다.

"여러분, 제 말대로 미항을 떠나지 않았다면, 이런 재난과 손실은 당하지 않았을 것입니다. 그러나 이제라도 기운을 내십시오. 배는 잃겠지만 여러분의 목숨은 하나도 잃지 않을 것입니다. 지난밤 제 하나님 곧 제가 섬기는 하나님의 천사가, 제 곁에 서서 일러주었습니다.

'바울아, 두려워하지 마라. 네가 반드시 황제 앞에 서야 한다. 하나님

이 너와 함께한 사람들의 안전을 다 네게 맡겨주셨다.'

그러므로 여러분, 안심하십시오. 저는 하나님을 믿습니다. 하나님이 제게 말씀하신 것은 그대로 이뤄질 것이며, 우리는 반드시 어느 섬에 밀려가 닿을 것입니다."

∗ 40 ∗
율리오(2)
고난을 통해 구원을 받게 하려는 것이다

배가 아드리아 바다까지 떠밀려가 14일째 표류하고 있었다. 한밤중에 선원들은 배가 뭍에 가까워지고 있음을 감지하였다. 끈에 추를 달아 수심을 재어보니 37m, 조금 있다가 다시 재어 보니 28m였다. 배가 암초에 걸리지 않을까 싶어 고물에 닻 4개를 내리고, 날이 새기를 기다렸다.

그때 선원 몇 사람이 도망칠 속셈으로, 이물에서 닻을 내리는 척하며 거루를 풀어 바다에 띄웠다. 바울이 백부장과 병사에게 말하였다.

"저들이 배에 남아있지 않으면 당신들도 구조되지 못합니다."

병사가 밧줄을 끊어 거룻배를 떼어 버렸다. 날이 샐 무렵에 바울이 음식을 먹으라고 권하였다.

"여러분은 지난 14일 동안 아무것도 먹지 못하고, 마음을 졸이며 폭풍에 시달려왔습니다. 이제는 음식을 먹어야 합니다. 그래야 힘을 얻어 살아남을 수 있습니다. 여러분은 머리카락 하나도 잃지 않을 것입니다."

이 말을 하고, 바울이 떡을 조금 가져다가 하나님께 감사하고 떼어 먹기 시작하였다. 사람들이 다 용기를 얻어 음식을 먹었다. 배 안에 있던 사람은 276명이었다. 모든 사람이 배불리 먹고 남은 식량을 바다에 던져 배를 가볍게 하였다.

날이 새자 어느 땅인지 알 수는 없었으나, 모래밭이 있는 항만이 보였다. 선원들은 어떻게 해서라도 그 해변에 배를 대려고 하였다. 그래서 닻을 끊어 바다에 버리고, 키를 묶은 밧줄을 풀어 늦추고, 앞 돛을 올리고, 바람을 타고 해안으로 배를 몰았다.

배가 합수머리에 끼어들어 모래톱에 걸리고 말았다. 이물은 박혀 옴짝달싹하지 않고, 고물은 거센 파도에 부딪혀서 깨어지기 시작하였다. 병사들은 죄수가 헤엄쳐 도망칠까 싶어 모두 죽이려고 하였다. 그때 율리오 백부장이 바울을 살릴 요량으로 그들의 의도를 제지하고 명령하였다.

"헤엄칠 수 있는 사람은 먼저 바다로 뛰어내려 육지로 올라가고, 나머지 사람들은 널빤지나 부서진 배 조각에 매달려 나가시오!"

그래서 모든 사람이 무사히 육지에 올라서게 되었다.

＊41＊
보블리오

손님 대접을 소홀히 하지 마라

모든 사람이 무사히 구조되고 나서야 그곳이 몰타 섬이라는 사실을 알았다. 원주민이 각별한 친절을 베풀어 비를 맞고 떨고 있는 그들에게 모닥불을 지펴주었다.

바울이 마른 나뭇가지를 한 아름 모아 불 속에 넣었다. 그 안에 있던 독사가 뜨거운 열기로 튀어나와 바울의 손에 달라붙었다. 독사가 바울의 손에 매달려 있는 것을 보고, 원주민이 서로 수군거렸다.

"저 사람은 틀림없이 살인자다. 바다에서는 용케 살아났으나, '정의의 여신'이 살려두지 않나 보다!"

그러나 바울은 그 뱀을 불 속에 떨쳐버리고, 아무 해도 입지 않았다. 그들은 바울의 몸이 부어오르거나 갑자기 쓰러져 죽을 줄 알았으나, 아무리 기다려도 아무렇지 않자 생각을 바꿔 신이라 하였다.

그 부근에 보블리오 추장의 농장이 있었다. 그가 농장으로 초대하여 3일간 극진히 대접하였다. 그때 추장의 부친이 열병과 이질에 걸려 병석에 누워 있었다. 바울이 들어가 기도하고, 손을 얹어 고쳐주었다. 그 섬에 사는 다른 병자들도 찾아와 모두 고침을 받았다.

원주민은 여러모로 깍듯이 대접하였고, 그들이 떠날 때 필요한 물건까지 배에 실어주었다.

＊42＊
바울(6)
선한 싸움을 싸우며 달려갈 길을 마치다

몰타 섬에서 3개월이 지났다. 거기서 겨울을 난 알렉산드리아 배를 타고 떠났다. 그 뱃머리에 디오스구로 쌍둥이 신상이 새겨져 있었다.

수라구사에 입항해 3일간 있다가, 다시 항해를 계속하여 레기온에 닿았다. 레기온에서 하루를 보낸 후, 때마침 불어오는 남풍을 타고 다음 날 보디올에 닿았다. 거기서 형제들을 만나게 되었고, 그들의 초청을 받아 1주일을 머물렀다.

그리고 로마로 들어갔다. 바울의 일행이 온다는 소식을 듣고, 로마의 형제들이 아피온 광장과 세 여관이라는 트레스 마을까지 맞으러 나왔다. 바울이 그들을 보고, 하나님께 감사하며 용기를 얻었다.

로마에 도착한 바울은 경비병의 감시를 받으며, 민가에서 따로 지내도 좋다는 허락을 받았다.

✳ 43 ✳
바울(7)
로마에 복음 전하기를 간절히 원한다

로마에서 3일이 지나 바울이 유대인 지도자들을 초청하였다. 그들이 오자 바울이 말하였다.

"형제 여러분, 저는 우리 민족과 조상의 관습을 거스른 적이 없습니다. 그런데 예루살렘에서 죄수로 체포되어 로마인에게 넘겨졌습니다. 로마인이 저를 심문했으나, 죽일 만한 죄가 없어 놓아주려고 했습니다.

그러나 유대인이 반대하여 부득이 황제에게 상소한 것입니다. 제가 우리 민족을 고발할 생각은 결코 없었습니다. 그래서 제가 여러분을 뵙고, 이 사실을 말씀드리기 위해 오시라고 했습니다. 제가 이렇게 쇠사슬에 묶인 것은, 오로지 이스라엘의 소망 때문입니다."

"우리는 아직 유대에서 당신에 대한 편지를 받은 적도 없고, 또 여기 온 형제 중에서도 누가 그대를 나쁘게 평하거나 헐뜯는 사람이 없었습니다. 다만 그대의 종파가 어디서나 유대인의 반대를 받고 있다는 것입니다. 이에 대해 그대의 생각은 어떠한지, 직접 한번 들어보고 싶을 뿐입니다."

그들은 다시 만날 날짜를 정하고 돌아갔다. 정한 때가 되자 더 많은 유대인이 바울의 숙소로 찾아왔다. 바울은 아침부터 저녁까지 하나님의 나라를 강론하며 엄숙히 증언했고, 모세의 율법과 예언자의 글을 인용하여 예수님의 복음을 전하려고 자기 마음을 다 털어놓으며 애를 썼다.

그 말을 듣고 믿는 사람도 더러 있었으나, 끝내 믿지 않는 사람도 있었다. 그들의 의견이 서로 엇갈린 채 떠나려고 하자, 바울이 한마디 덧붙였다.

"성령이 이사야 예언자를 통해 여러분의 조상에게 하신 말씀이 옳습니다.

'너는 이 백성에게 가서 말하라. 너희가 듣기는 들어도 깨닫지 못하고, 보기는 보아도 알지 못할 것이다. 이 백성이 마음의 문을 닫고, 귀를 막고, 눈을 감은 탓이다. 그렇지 않으면 그들이 눈으로 보고, 귀로 듣고, 마음으로 깨닫고, 돌아서 마침내 온전히 고침을 받을 것이다.'

그러므로 여러분은 이 구원의 소식이 이방인에게 전파되고 있음을 알아야 합니다. 그들은 이 말씀을 듣고 받아들일 것입니다."

이 말을 듣고 그들은 서로 격렬한 논쟁을 벌이다가 돌아갔다. 바울은 만 2년 동안 셋집에 머물며 찾아오는 사람들을 따뜻하게 맞았다. 그리고 아무 방해도 받지 않고 담대하게 하나님의 나라를 전하며, 주 예수 그리스도의 복음을 거침없이 가르쳤다.

44

에베소 교회
첫사랑을 버렸다

오른손에 7별을 잡고 7금촛대 사이로 다니는 이가 말한다. 나는 너의 행위와 수고와 인내를 안다. 악한 자들을 용납지 않고, 자칭 사도라는 자들을 시험하여 그들의 거짓을 밝혀낸 것도 알고 있다. 너는 잘참고 내 이름을 위해 고난을 견디며 낙심하지 않았다.

그러나 너는 첫사랑을 버렸다. 어디서 무엇이 잘못됐는지 생각하고, 회개하여 처음 한 일을 회복하라. 그렇지 않으면 내가 가서 너의 촛대를 그 자리에서 옮겨버리겠다. 네가 잘하는 일도 하나 있다. 니골라파의 소행을 미워하는 것이다. 나도 그것을 미워한다.

귀 있는 사람은 성령이 여러 교회에 하시는 말씀을 들어라. 승리하는 자들에게는 하나님의 낙원에 있는 생명나무의 열매를 먹게 하겠다.

서머나 교회
죽도록 충성하라

처음이자 마지막이요, 죽었다가 살아난 이가 말한다. 나는 네 고난과 가난을 잘 알고 있다. 그러나 사실 너는 부요하다. 자칭 유대인이라는 자들에게 비방을 받는 것도 안다. 그들은 유대인이 아니라 사탄의 무리다.

네가 장차 받을 고난을 조금도 두려워하지 마라. 마귀가 너희를 시험하려고 몇 사람을 잡아 감옥에 가둘 것이며, 너희는 10일 동안 환난을 당할 것이다.

그러나 너는 죽기까지 충성하라. 내가 생명의 면류관을 주겠다. 귀 있는 사람은 성령이 여러 교회에 하시는 말씀을 들어라. 승리자는 결코 둘째 사망의 화를 입지 않을 것이다.

＊46＊
버가모 교회
회개하라

날카로운 양날 검을 가진 이가 말한다. 나는 네가 어디에 사는지 잘 알고 있다. 사탄의 왕좌가 있는 곳이다. 그러나 너는 내 이름을 굳건히 믿고 있다. 또 나의 진실한 증인 안디바가 거기서 죽임을 당할 때도 나에 대한 믿음을 저버리지 않았다.

그러나 몇 가지 책망할 것이 있다. 너희 가운데 발람의 교훈을 따르는 자들이 있다. 발람은 발락을 사주하여 이스라엘 자손에게 죄를 범하게 했다. 우상의 제물을 먹게 하였고, 음란한 짓을 하도록 부추겼다. 또 너희 중에도 니골라파의 가르침을 따르는 자들이 있다.

회개하라. 그렇지 않으면 내가 속히 가서 내 입에서 나오는 칼로 그들과 싸우겠다. 귀 있는 사람은 성령이 여러 교회에 하시는 말씀을 들어라. 승리자에게는 감춰둔 만나와 흰 돌을 주겠다. 그 돌에는 받는 사람밖에 모르는 새 이름이 새겨져 있다.

✳47✳
두아디라 교회
샛별을 주겠다

눈은 불꽃 같고 발은 놋쇠 같은 하나님의 아들이 말한다. 나는 네 행위를 잘 알고 있다. 사랑과 믿음과 봉사와 인내를 알고, 나중 행위가 처음 행위보다 더 낫다는 것도 안다.

그러나 네게 나무랄 것이 있다. 예언자로 자처하는 여자 이세벨을 용납하여 내 종들을 미혹하였고, 음란한 짓을 하였으며, 우상의 제물을 먹게 했다. 내가 회개할 기회를 주었으나 그녀는 자기 음행을 회개하지 않았다. 내가 그녀를 고통의 침상에 던지겠다. 그녀와 음행하는 자들도 회개하지 않으면 큰 고통을 당할 것이다. 내가 그녀의 자녀들을 반드시 죽이겠다. 그때 모든 교회는 내가 사람의 생각과 마음까지 꿰뚫어 보고 있다는 사실을 알게 될 것이다. 나는 너희가 행한 대로 갚아주겠다.

두아디라 사람들 중에서 그녀의 가르침을 받지 않은, 사탄의 흉계에 빠지지 않은 너희에게 말한다. 내가 다른 짐을 지우지 않겠다. 내가 돌아올 때까지 너희가 가진 것을 단단히 지켜라. 승리자, 곧 끝까지 내 일을 감당하는 너희에게 여러 민족을 다스리는 권세를 주겠다. 그는 쇠막대기로 질그릇을 부수듯 그들을 다스릴 것이다. 이는 내가 내 아버지로부터 받은 권세로 다스리는 것과 같다. 승리자에게는 내가 샛별을 주겠다. 귀 있는 사람은 성령이 여러 교회에 하시는 말씀을 들어라.

✳ 48 ✳
사데 교회
힌옷을 입을 것이다

하나님의 7영과 7별을 가진 이가 말한다. 나는 네가 한 일을 잘 알고 있다. 너는 살아있는 것 같으나 실상은 죽었다. 깨어나라. 너에게 남은 것이 완전히 사라지기 전에 힘을 북돋아 주어라. 나는 네가 하는 일이 하나님이 보시기에 완전하지 않다고 본다.

너는 그 가르침을 어떻게 받고 들었는지 모르지만, 그것을 되새겨 굳게 지켜라. 그리고 네 잘못을 뉘우치고 회개하라. 네가 깨어있지 않으면 내가 도둑같이 나타날 것이다. 너는 내가 언제 올지 모른다.

그러나 자기 옷을 더럽히지 않은 몇 사람이 있다. 그들은 흰옷을 입고 나와 함께 다닐 것이며, 그럴 만한 자격이 있다. 승리자는 이처럼 흰옷을 입을 것이며, 나는 생명책에서 결코 그의 이름을 지우지 않을 것이다. 그리고 내 아버지와 천사들 앞에서 그를 안다고 증언할 것이다. 귀 있는 사람은 성령이 여러 교회에 하시는 말씀을 들어라.

토크 지저스

✳ 49 ✳
빌라델비아 교회
내가 곧 가겠다

거룩하고 참되며, 다윗의 열쇠를 가지고 열면 닫을 자가 없고, 닫으면 열 자가 없는 이가 말한다. 나는 네 행위를 잘 알고 있다. 비록 힘은 약하나 너는 내 말을 잘 지키고, 내 이름을 모른다고 부인하지 않았다. 이제 내가 너를 위해 문을 열어놓았다. 아무도 그 문을 닫을 수 없다.

내가 사탄의 무리에 속한 자들을 네게 맡기겠다. 그들은 스스로 유대인이라 주장하지만, 사실은 거짓말하는 자들이다. 그들을 네 앞에 꿇어 엎드리게 하고, 내가 너를 사랑한다는 사실을 알게 하겠다. 네가 인내하라는 내 명령을 잘 지켰으니, 나도 너를 보호하여 온 세상에 닥칠 고난의 시험을 당하지 않게 하겠다.

내가 곧 가겠다. 네가 가진 것을 굳게 지켜 아무도 너의 면류관을 빼앗지 못하게 하라. 승리자는 내가 성전의 기둥으로 삼을 것이며, 그가 다시는 성전을 떠나지 않을 것이다. 내 하나님의 이름과, 하나님의 성, 곧 하늘에서 내려오는 새 예루살렘의 이름과, 나의 새로운 이름을 그에게 기록할 것이다. 귀 있는 사람은 성령이 여러 교회에 하시는 말씀을 들어라.

✳ 50 ✳
라오디게아 교회
차든지 뜨겁든지 하라

아멘이요, 신실하고 참된 증인이요, 하나님의 창조의 시작이 되는 이가 말한다. 나는 네 행위를 잘 알고 있다. 너는 차지도 않고 따뜻하지도 않다. 차든지 따뜻하든지 하라. 네가 미지근하여 차지도 않고 따뜻하지도 않으니, 내 입에서 너를 뱉어내겠다. 너는 풍족하여 조금도 부족한 것이 없다고 하지만, 사실은 비참하고 불쌍하고 가난하고 눈멀고 벌거벗었다. 그것을 네가 모르고 있다.

내가 권고한다. 너는 내게서 불로 단련된 금을 사서 부유하게 되고, 흰옷을 사서 입고 벌거벗은 수치를 가리며, 안약을 사서 눈에 바르고 밝히 보라. 나는 내가 사랑하는 사람일수록 책망하고 징계한다. 너는 열심히 노력하고 잘못을 뉘우쳐라.

보라, 내가 문밖에 서서 문을 두드리고 있다. 누구든지 내 음성을 듣고 문을 열면, 내가 그에게 들어가 그와 함께 먹고 그도 나와 함께 먹을 것이다. 승리자에게는, 내가 이기고 아버지와 함께 보좌에 앉은 것과 같이, 나와 함께 내 보좌에 앉게 하겠다. 귀 있는 사람은 성령이 여러 교회에 하시는 말씀을 들어라.

(교회에 대한 주님의 위로와 격려와 책망은 지금도 계속 이어지고 있다.)

라오 **87** 안나스 **20** 안드레와 베드로 **47** 아이로 딸 **81** 양과 염소 **64** 어리석은 부자 **3** 엘리사벳 **95** 엠마오 제자 **15** 예수의 부모 **22** 예수의 어머니 **11** 예언자들 **80** 열 처녀 **26** 왕실의 고관 **7** 요셉 **32** 위대한 의사 **69** 작은아들 **37** 조막손이 **44** 죄 많은 여자 **34** 중풍병자 **9** 천사들 **65** 청지기 **53** 치료자 **85** 포도나무와 가지 **75** 포도원 일꾼 **17** 하나님의 아들 (1) **50** 하나님의 아들(2) **46** 하혈병 여인 **92** 헤롯 안티파스(1) **13** 헤롯왕

| 제3편 |

3 가말리엘 **21** 갈리오 **14** 고넬료 **13** 다비다 **32** 더둘로 **24** 데메드리오 **47** 두아디라 교회 **50** 라오디게아 교회 **31** 루시아 **8** 마술사 시몬 **11** 바나바(1) **17** 바나바(2) **26** 바울 (1) **28** 바울(2) **29** 바울(3) **33** 바울(4) **37** 바울(5) **42** 바울(6) **43** 바울(7) **30** 바울의 조카 **46** 버가모 교회 **15** 베드로(7) **16** 베드로(8) **19** 베드로(9) **35** 베스두 **34** 벨릭스 **41** 보블리오 **49** 빌라델비아 교회 **7** 빌립 **48** 사데 교회 **6** 사울(1) **10** 사울(2) **45** 서머나 교회 **23** 스게와의 아들들 **5** 스데반 **36** 아그립바 **2** 아나니아 **22** 아볼로 **1** 앉은뱅이 **18** 야고보 **12** 애니아 **44** 에베소 교회 **9** 에티오피아 내시 **25** 유두고 **39** 유라굴로 **38** 율리오 (1) **40** 율리오(2) **4** 일곱 전도자 **27** 주의 형제 야고보 **20** 헤롯 아그립바

악한 자는 모두 내게서 물러가라 (12 니가노르)

어리석은 통치자는 백성을 억압한다 (13 로마 동맹)

어찌하여 배신자들을 보고만 계십니까? (11 알키모스)

예루살렘에서 봉헌절 축제가 열리고 있었다 (6 하누카)

인자를 천대까지 베풀 것이다 (26 요한 힐카누스)

작은 일에 충성하면 큰일에도 충성한다 (23 시몬(1))

잣나무야 통곡하라. 아름다운 나무들이 쓰러졌다 (14 바키데스)

주님이 악한 통치자의 권력을 꺾으셨다 (29 폼페이우스)

지금도 많은 적그리스도가 일어나고 있다 (2 안티오코스(1))

칼을 허리에 차고 왕의 영화와 위엄을 입으소서 (4 마카비)

한 사람은 심고 다른 사람은 거둔다 (19 데메드리오)

| 제2편 |

깨끗한 양심에 믿음의 비밀을 간직하라 (26 왕실의 고관)

거짓말쟁이는 망하고 말 것이다 (13 헤롯왕)

거짓말쟁이요 거짓의 아비다 (18 마귀)

고향에서 환영받는 예언자는 없다 (27 나사렛 사람들)

광야에서 외치는 소리가 있다 (16 세례 요한(2))

광야에서 주님의 길을 예비하라 (19 세례 요한(3))

구하라, 그러면 받을 것이다 (76 바디매오)

귀신들의 말을 허락하지 않으셨다 (29 귀신들린 자)

귀신을 쫓아내고 병을 고칠 것이다 (59 간질병 환자)

그가 꾸짖으면 하늘의 기둥이 떤다 (30 베드로의 장모)

그 고통을 기억하지 않을 것이다 (8 마리아(3))

그는 도살장으로 가는 어린양과 같았다 (91 빌라도(1))

눈먼 자들아, 눈을 뜨고 밝히 보아라 (55 벳새다 맹인)

더 큰 은사를 열심히 구하라 (63 마르다와 마리아)

모든 사람에게 내 영을 부어주겠다 (100 베드로(6))

목자를 치면 양 떼가 흩어질 것이다 (83 베드로(3))

목표를 향해 달려가고 있다 (21 빌립과 나다나엘)

믿음으로 믿음에 이르게 한다 (34 중풍병자)

믿음으로 하나님의 인정을 받았다 (46 하혈병 여인)

믿음은 사랑을 통하여 일합니다 (44 죄 많은 여자)

배신자가 배신하고 파괴자가 파괴한다 (82 가룟 유다(1))

보이지 않는 믿음으로 살아갑니다 (50 하나님의 아들)

불행합니다 (39 부요한 자)

사람은 입김이요 인생은 속임수다 (89 베드로(4))

사흘에 모든 일을 마칠 것이다 (92 헤롯 안티파스(1))

선을 행하고 아낌없이 베풀며 즐겨 나눠주라 (65 청지기)

성령의 사람은 성령의 일을 생각한다 (86 성령(1))

세리와 죄인의 친구다 (35 마태)

식구 수에 따라 양식을 공급하였다 (54 공급자)

신실한 증인은 거짓말하지 않는다 (24 세례 요한(4))

아, 슬프다. 그 날이여! (48 세례 요한(6))

안식일은 사람을 위해 있는 것이다 (68 수종병자)

앙심을 품거나 원수를 갚지 마라 (61 선한 사마리아인)

어찌하여 내 백성이 치료를 받지 못하는가? (32 위대한 의사)

예수는 본질상 하나님과 같은 분이다 (67 아들과 아버지)

예언을 멸시하지 마라 (6 사가랴(2))

예언자 엘리야를 너희에게 보내겠다 (43 세례 요한(5))

영광으로 영광에 이르게 된다 (58 모세와 엘리야)

오만한 뿔을 높이 들지 마라 (57 베드로(2))

우리가 모두 한 성령을 마시게 되었다 (99 성령(2))

우리는 그리스도 예수 안에서 하나다 (56 베드로(1))

육체의 잣대로 알려고 하지 마라 (95 엠마오 제자)

의식주를 위해 염려하지 마라 (75 포도원 일꾼)

의인의 자손은 복을 받는다 (3 엘리사벳)

은 30개는 내게 매긴 몸값이다 (90 가룟 유다(2))

은혜의 해를 선포하셨다 (36 베데스다 병자)

이는 그 목수의 아들이 아니냐? (7 요셉)

이스라엘 가운데 악을 제거하라 (60 간음한 여인)

이제 그리스도의 권세가 나타났다 (72 과부와 재판관)

잔칫집에 초대받은 사람은 복이 있다 (80 열 처녀)

재물이 아니라 하나님께 소망을 두라 (64 어리석은 부자)

재물이 있는 곳에 마음도 있다 (78 베다니 마리아)

전갈처럼 쏘는 권세를 가지고 있었다 (87 안나스)

조금도 의심하지 말고 오직 믿음으로 구하라 (96 도마)

죄 많은 곳에 은혜가 더욱 넘친다 (45 거라사 광인)

죄인을 불러 회개시키러 왔다 (77 삭개오)

주 너희 하나님을 시험하지 마라 (37 조막손이)

주께서 의인의 길을 평탄케 하신다 (1 사가랴(1))

주여, 저는 죄인입니다 (73 바리새인과 세리)

주의 말씀만 지킬 따름입니다 (41 백부장)

죽음과 지옥의 열쇠를 가지고 있다 (70 부자와 거지)

죽음아, 네 승리가 어디 있느냐? (42. 나인성 과부)

지금은 은혜의 때요 구원의 날이다 (4 마리아(2))

진리의 영과 미혹의 영을 분별하라 (84 보혜사)

착한 행실을 보이라 (40 빛과 소금)

하나님께 영광을 돌리라 (9 천사들)

하나님과 재물을 겸하여 섬길 수 없다 (74 부자 청년)

하나님의 나라는 말에 있지 않다 (23 니고데모)

하나님의 심판이 가까이 이르렀다 (81 양과 염소)

하나님의 양 떼를 먹이고 잘 돌보아라 (97 베드로(5))

하나님은 긍휼이 풍성한 분이시다 (33 나병환자)

하나님은 불가능한 일이 없다 (47 야이로 딸)

하나님은 사람을 차별하지 않는다 (25 사마리아 여인)

하나님이 진흙으로 사람을 만드셨다 (62 실로암 맹인)

행복합니다 (38 가난한 자)

| 제3편 |

고난을 통해 구원을 받게 하려는 것이다 (40 율리오(2))

교만하면 망하고 거만하면 넘어진다 (20 헤롯 아그립바)

귀한 그릇도 있고 천한 그릇도 있다 (10 사울(2))

그가 체포되어 심문을 당하고 끌려갔다 (36 아그립바)

그들을 고치시고 죽음에서 건져내셨다 (39 유라굴로)

나와 같은 예언자를 보내니 그 말을 들어라 (105 스데반)

내가 곧 가겠다 (49 빌라델비아 교회)

내 열정이 내 안에서 불처럼 타고 있다 (25 유두고)

돈이나 권력으로 용서받지 못한다 (08 마술사 시몬)

로마에 복음 전하기를 간절히 원한다 (43 바울(7))

모든 이름 위에 뛰어난 이름을 주셨다 (1 앉은뱅이)

바로 이 성경이 나를 증언하고 있다 (22 아볼로)

바른 교훈에 합당한 말을 하라 (33 바울(4))

복음으로 목숨을 잃는 사람은 살 것이다 (18 야고보)

사람을 섬기라고 보낸 하나님의 천사다 (19 베드로(9))

사람을 속임 같이 하나님을 속이려느냐? (2 아나니아)

샛별을 주겠다 (47 두아디라 교회)

썩지 않고 닳지 않는 유산을 주셨다 (37 바울(5))

선한 싸움을 싸우며 달려갈 길을 마치다 (42 바울(6))

선한 일을 하되 특히 신자들에게 하라 (17 바나바(2))

성령과 믿음이 충만하고 착한 사람이다 (11 바나바(1))

손님 대접을 소홀히 하지 마라 (41 보블리오)

신앙의 힘을 부인하는 자를 멀리하라 (21 갈리오)

아첨하는 입술과 자랑하는 혀를 끊어주소서 (32 더둘로)

악인들의 음모에서 나를 지켜주소서 (30 바울의 조카)

악한 것은 흉내도 내지 마라 (23 스게와의 아들들)

여러분의 몸을 정의의 도구로 바쳐라 (31 루시아)

우리에게 화해의 직책을 주셨다 (27 주의 형제 야고보)

유대교의 전통에 가장 열성적이었다 (29 바울(3))

율법의 행위로 의롭게 되지 못한다 (15 베드로(7))

의식은 개혁의 때까지 유효할 뿐이다 (28 바울(2))

자신이 행한 대로 심판을 받았다 (34 벨릭스)

장사꾼이 죄를 안 짓기는 어렵다 (24 데메드리오)

주님과 합한 사람은 주님과 한 영이 된다 (26 바울(1))

주님도 믿음도 세례도 하나이다 (9 에티오피아 내시)

주님의 판결은 영원히 공정하다 (35 베스도)

주여, 나를 고치시고 살려주소서 (13 다비다)

죽도록 충성하라 (45 서머나 교회)

죽일 때가 있고 살릴 때가 있다 (12 애니아)

차든지 뜨겁든지 하라 (50 라오디게아 교회)

첫사랑을 버렸다 (44 에베소 교회)

천사를 바람으로 일꾼을 불꽃으로 쓰신다 (14 고넬료)

추수할 일꾼을 보내달라고 청하라 (4 일곱 전도자)

친구의 책망은 아파도 진심에서 나온다 (38 율리오(1))

핍박하는 자를 축복하고 저주하지 마라 (6 사울(1))

하나님의 나라는 정의와 평화와 기쁨입니다 (7 빌립)

할례를 주장하는 사람들을 조심하라 (16 베드로(8))

회개하라 (46 버가모 교회)

훈계를 굳게 잡고 놓치지 마라 (3 가말리엘)

흰옷을 입을 것이다 (48 사데 교회)